黄金胎教一本通

北京市海淀区妇幼保健院产三科主任、主任医师
李智 编著

中国人口出版社
China Population Publishing House
全国百佳出版单位

图书在版编目（CIP）数据

黄金胎教一本通 / 李智编著. —北京：中国人口出版社，2013.7

ISBN 978-7-5101-1794-7

Ⅰ.①黄… Ⅱ.①李… Ⅲ.①胎教-基本知识 Ⅳ.①G61

中国版本图书馆CIP数据核字（2013）第113762号

黄金胎教一本通

李　智　编著

出版发行　中国人口出版社
印　　刷　北京恒石彩印有限公司
开　　本　710毫米×1000毫米　1/16
印　　张　16
字　　数　200千字
版　　次　2013年7月第1版
印　　次　2013年7月第1次印刷
书　　号　ISBN 978-7-5101-1794-7
定　　价　38.80元

社　　长　陶庆军
网　　址　www.rkcbs.net
电子信箱　rkcbs@126.com
电　　话　(010)83534662
传　　真　(010)83519401
地　　址　北京市西城区广安门南街80号中加大厦
邮　　编　100054

目录
contents

第一章
胎教是培养健康、聪明宝宝的起点

第二章

有效胎教始于备孕

第三章

40周奇妙胎教之旅

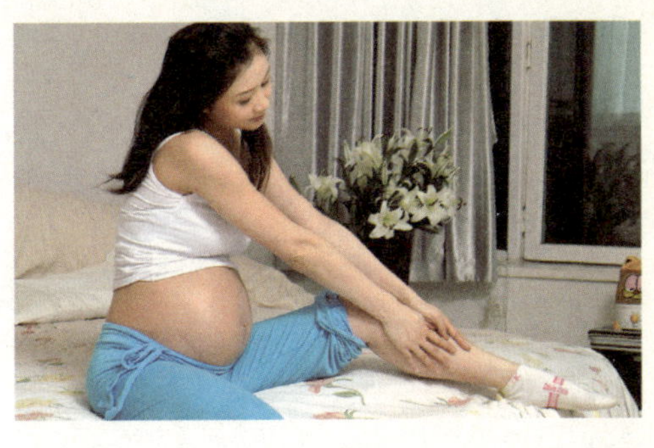

第四章

主题胎教助你提升胎教效果

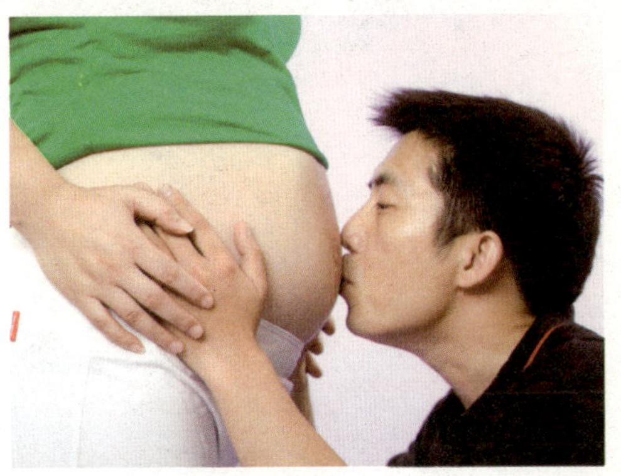

PINK

母乳喂养与人工喂养500问

鸣谢：

特邀模特：邓智予　鼎　鼎　李家桐　王云钧美　樱　桃　小东子　周庭泉　陈　润
崔晶晶　冯晓宝　耿　莉　李　枫　李晶晶　李玉娟　刘　辉　刘亚鹏
璐　麓　聂　苑　瞿　力　孙美玲　王小丹　吴廷旭　谢　晖　姚　瑶
张剑玲

摄影师：郭力绮　郭泳君　李　晋　李　雪　李永雄　武　勇　红　雷　张　磊
杨佳静　Daivd

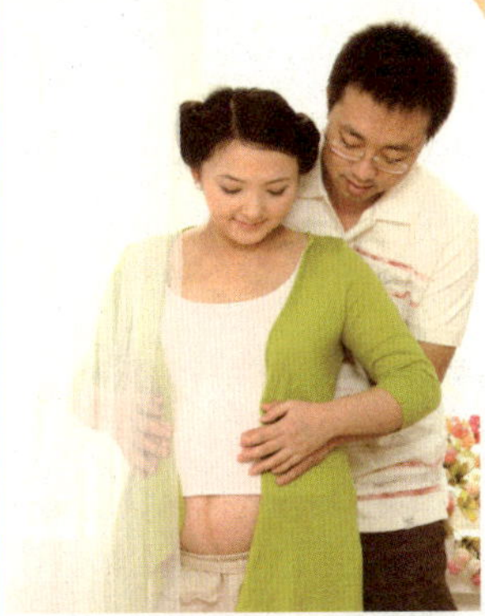

第一章

胎教是培养健康、聪明宝宝的起点

为什么要进行胎教？胎教有科学根据吗？任何一对准备怀孕或是刚刚怀孕的夫妇都很关心这一问题，您将在此找到答案。

胎教的含义

广义胎教

广义胎教，是指为了促进宝宝身心健康地发育成长，并确保孕产妇安全所采取的各项保健措施；同时利用一定的方法和手段，通过母体给予胎宝宝有利于其大脑和神经系统功能尽早成熟的有益活动，进而为出生后的继续教育打下良好基础。

狭义胎教

狭义胎教即直接胎教，即利用一定的方法和手段，通过母体给予胎宝宝有利大脑和神经系统功能尽早成熟的有益活动。胎教一词源于我国古代，古人认为，胎宝宝在母体中能够受到准妈妈情绪和言行的感化，所以准妈妈必须谨守礼仪，给胎宝宝以良好的影响。

胎教与环境优生学

广义胎教是为了促进胎宝宝生理上和心理上的健康发育成长，同时确保准妈妈能够顺利地度过孕产期所采取的精神、饮食、环境、劳逸等各方面的保健措施。因为没有健康的准妈妈，也不会生出强壮的宝宝。准妈妈的营养是影响宝宝发育的多种因素之一，生活环境中的有害因素可导致胎宝宝生长受限或器官功能缺陷、智力低下等。准妈妈的情绪对胎宝宝的发育成长起着很大的作用，孕期用药不当可使宝宝畸形或造成先天性功能异常。这些间接胎教所涉及的问题均包括在环境优生学中。

为什么要进行胎教

胎教能够发掘胎宝宝的能力

随着“怀孕时，宫内环境对胎儿的智力有极大影响”这一研究结果的发布，与胎教有关的研究如雨后春笋般出现了。美国的胎教专家斯瑟蒂克夫妇是一对普通人，在妻子怀孕时，他们对胎教（尤其是童话胎教）倾注了很多的时间和精力，最终，他们的四个天才孩子IQ都在160以上，跻身全美IQ的前5%之列。

胎教进行得好坏，关系到包含头脑发育、智商（IQ）、情商（EQ）、德商（MQ）等人类必需的所有机能和品质。

大韩胎教研究会会长朴文一教授在《胎教是一门科学》中将这些统称为“（胎教）总体指数”（TQ：Total Quotient）或是“胎教指数”，它是在发掘胎宝宝能力时必不可少的。

胎教为宝宝的美好人生打基础

胎教影响的不仅是宝宝出生时的健康状态，还包括宝宝一生的身心健康。毕业于英国剑桥大学，现担任美国康奈尔大学受孕及生育研究所所长的彼德·诺德尼尔斯教授认为，影响人一生健康的要素就是胎内的生长环境。母亲与胎儿之间在身体上、激素上、感应上的相互作用，对宝宝一生的身体和心理健康都有显著的影响。

宝宝的身心健康会成为家庭和睦的重要基础。若想生个健康的宝宝并让其拥有美好的人生，就不能马马虎虎地应付胎教。胎教不仅关系到宝宝一时的健康，而且对其一生都大有益处。

了解了这些，我们难道不应该在胎教方面多花一些时间和精力吗？

胎教的重任谁来担

胎教不是准妈妈一个人的责任

胎教的重担不应由准妈妈一个人承受。宝宝是夫妻二人的结晶，是爷爷奶奶的宝贝孙子孙女，也是叔叔、婶婶、姑妈的可爱侄儿或侄女。因此胎教并不应该由准妈妈一个人承担，而应该由以上所有的人齐心协力共同进行。

对于准妈妈本身而言，即使自己不多想也会本能地去进行胎教。她们会主动吃营养美味的食物；主动不去不安全的场所；主动听美妙的乐曲；在工作的时候受到压力，也能很好地进行自我调节；在心态平和的情况下想起自己以前对不起别人的地方，并会萌发出一丝歉疚和忏悔，这些都是准妈妈做出的本能胎教反应。

意识到胎教重要性的准妈妈，毫无疑问会在怀孕期间尽心尽力地进行胎教。在此基础上，如果胎教的合作伙伴——准爸爸能够给予一臂之力，无疑会使胎教进行得更加有声有色。毕竟从怀孕的那一刻，不，应当说是从怀孕之前开始，胎教就已经注定是妻子和丈夫两人共同的责任了。

如今，有了越来越多的职业女性，因而将自己怀孕的消息公开并寻求上司和同事的理解，也许是个好办法。对于女性来说，在怀孕期间有许多她无法舍弃的工作和家庭琐事，要让准妈妈一个人应付这些压力，实在是勉为其难。可以说，每个人都是这件事的承担者，应该一起为了保护准妈妈和胎宝宝去遵守各个事项，同时尽力缓解她的压力，为她创造更好的工作和生活条件。

准妈妈是胎教的主角

众所周知，胎宝宝是由准妈妈孕育的，准妈妈既为胎宝宝提供了赖以生存的基础，又是胎教的主角。一方面，准妈妈为胎宝宝的生长发育提供了一切必要的条件，准妈妈的身体素质和营养状况直接关系到胎宝宝的体质健康；另一方面，准妈妈的文化修养、心理情况又不可避免地在胎宝宝幼小的心灵中产生深远的影响，对他的心灵世界产生不可低估的影响。因此，准妈妈是胎教的主角。

一般情况下，从发现自己的腹内已萌发出一个小生命时起，多数准妈妈便意识到保护和培养这一幼小生命的责任感和使命感，她努力捕捉来自宫内的任何一点细小的信号，自然而然地开始了和小生命的“对话”，进行着亲切而又温暖的交流。

当然，由于每一位准妈妈的家庭环境、文化素养、道德修养、对胎教的认识与付出的时间和精力，以及对胎教投入的爱心等方面的差异，造成了胎教的不同结果。因此，每一位即将做妈妈的人都应充分认识自己所肩负的责任，加强修养，很好地进入“主角”的角色，为宝宝的胎教尽自己最大的努力。

爱心小叮咛

也许有些准妈妈会因为自己的文化水平不高等因素而感到气馁，对胎教缺乏信心。其实，在胎教过程中最关键的莫过于妈妈的爱心。因此只要你把培养孩子作为生活的中心，付出尽可能多的精力和时间，倾注你全部的爱，那么你对胎宝宝进行的胎教无疑就是成功的。

准爸爸在胎教中的作用

有人认为，胎宝宝在准妈妈的腹中，胎教的责任自然由准妈妈一人承担，其实这种想法是错误的。尽管准妈妈是胎教的主角，然而准爸爸在胎教过程中同样起着重要的作用。准爸爸参与的程度，直接关系着胎教的质量。

理论上可以把准爸爸在胎教中的作用分为两大类：“受孕胎教”和“协助胎教”。

受孕胎教就是准爸爸在妻子怀孕时，努力地优化一切条件，比如，调节自己的身体至最佳状态，坚定孕育杰出下一代的决心等。准爸爸在身体健康、心情放松时孕育的宝宝，身体结实、头脑发达的可能性相当高。

近些年来，逐渐意识到胎教重要性的准爸爸的人数不断增加，越来越多的准爸爸自发地参与到胎教活动当中。由于胎宝宝能够对外部传入的声音产生强烈的、积极的反应，因而准爸爸应该常跟宝宝说说话，甚至试着给准妈妈做轻微的按摩。其实准爸爸可以为胎宝宝做的事情有很多，其中最简单的就是陪准妈妈散步。

除了散步以外，准爸爸为了让准妈妈保持平和的心态所做的一切努力，都会转化为胎教成果，这就是协助胎教。

准爸爸的帮助与照顾，会使妻子的心情变得安定，这是任何东西都不可代替的“灵丹妙药”，准妈妈安定的心情继而又给胎宝宝带来好的影响。

长辈在胎教中的作用

不要以为胎教只是准父母的责任。实际上，家庭的其他成员，尤其是宝宝的爷爷、奶奶、外婆、外公等人也将在胎教中占据一席之地。胎教只有在准妈妈情绪良好、心情舒畅、家庭氛围和谐的情况下，才能发挥调节准妈妈情绪和启迪胎宝宝智慧的目的。如果长辈不能意识到自己在胎教中的作用，不能为准妈妈创设舒心、体贴的家庭环境，都会影响胎教的效果。

长辈怎样发挥参与作用

不要重男轻女：如果老人一心想要孙子，而不要孙女，就势必给准妈妈带来一定的精神压力，甚至造成心理障碍，以致影响腹中胎宝宝发育。

不要制造紧张气氛：不要用自己的经历，给准妈妈灌输怀孕如何麻烦和难受，分娩过程如何疼痛，培养宝宝如何困难等思想。这对于准妈妈来说无疑是一种不良刺激，甚至由于条件反射而产生恐惧症，导致一场痛苦而又沉闷的怀孕和分娩，给胎宝宝造成极为不利的影响。

不要轻视怀孕：不要对准妈妈不以为然，不要认为她太娇气。这对于准妈妈来说也是一种不良刺激，往往会给她原本就烦躁不安的情绪火上浇油，甚至发生口角，进而影响胎宝宝的良好发育。

众多家庭成员怎样才能更好地体谅准妈妈

怀孕期间，家庭所有成员都应给予准妈妈热情的帮助和充分的体谅，不要给准妈妈制造压力，更不要随意指责她懒惰、娇气等。如一旦发现有矛盾的苗头，家庭其他成员切不可计较，并尽量用幽默的方式化解，共同努力为准妈妈创造一个宽松的生活环境，使胎宝宝在祥和的气氛中健康地成长。这就是积极参与胎教，为胎教做贡献。

在胎教的各个环节中，婆婆一家起着重要作用。因此，为了让儿媳妇心平气和地度过这十个月的孕期，婆婆一家确实应当给予她更多的关怀和照顾。不仅不能让身体和神经皆处于敏感期的儿媳妇进行过多的体力劳动或处理大小事务，还应该多照顾儿媳妇的情绪。

母爱对胎宝宝至关重要

母爱对于胎宝宝来说更是至关重要的。在怀孕的过程中，准妈妈以莫大的爱，用自己的身体孕育了胎宝宝。在280天的等待过程中，准妈妈倾听着胎宝宝的心跳，关注着胎宝宝的成长，祈求着胎宝宝的平安，并积极地把爱付诸行动，用自己的心血精心周到地疼爱、照料着腹中的生命。准妈妈时刻注意增加营养，锻炼身体，避免有害因素的刺激，从而创造良好的胎教环境，最后又把胎宝宝带到了人世间。

怎样发挥母爱在胎教中的作用

在整个孕育过程中，准妈妈的情感逐步得到升华，产生对胎宝宝的健康成长极为重要的母子亲情。正是这种感情，使胎宝宝捕捉到爱的信息，为出生后形成热爱生活、乐观向上的良好性格打下基础。

令人遗憾的是，有些过早步入婚姻或面临强大的工作压力的女性没有认识到胎教的作用，使胎宝宝缺乏足够的母爱。因此，处于这种境遇下的准妈妈往往接收不到胎宝宝的信息，错过了与胎宝宝进行情感交流的时机。

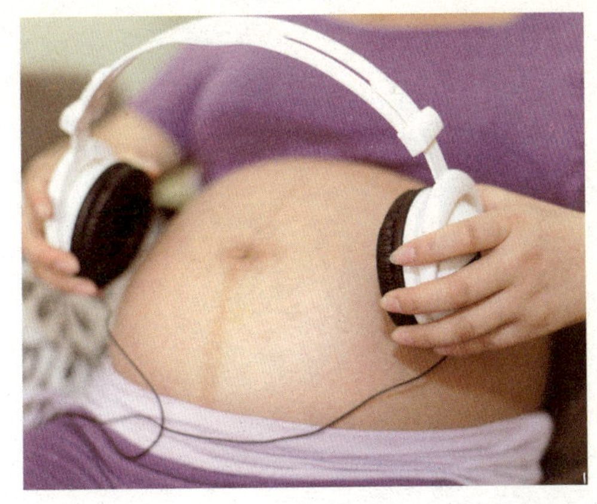

因此，每一个将成为母亲的女性，都应充分认识自己的使命，在孕期每一天的活动中，对胎宝宝倾注博大的母爱，细心捕捉来自胎宝宝的每一个信息，与胎宝宝进行亲切友好的交流，以一颗充满母爱的心浇灌萌芽中的小生命。

准妈妈与胎宝宝的信息传递

胎宝宝与准妈妈血脉相连，息息相关，无时无刻不在发生着信息传递。

一方面，胎宝宝的存在促进了母体分泌维持怀孕所需要的激素，并使母体产生孕育胎宝宝所必需的生理上的变化，如子宫增大、变软，乳腺增殖，乳房增大，基础代谢加快，激素分泌增加，以及全身各器官的生理功能增强等，从而协助准妈妈维持自己的生命。也就是说，胎宝宝已经能够对自己的生命施加一定的影响。

另一方面，准妈妈也在积极地向胎宝宝传递信息，如准妈妈感到不安时分泌出来的激素使血液中的成分发生变化，从而通过胎盘对胎宝宝的生长发育产生影响。当准妈妈有嗜烟、酗酒、滥用药物、暴饮暴食等不良习惯以及遭受外伤时，可使胎宝宝的生长环境处于不利的状态，进而使胎宝宝产生恐惧心理，表现为胎动异常、心跳过速等。

另外，当准妈妈因重体力劳动、大运动量活动、长途跋涉或繁重家务等引起极度疲劳，或者因种种原因而烦恼、气愤和不安时，也会自然而然地将此时的情绪传递给胎宝宝，从而影响胎宝宝的健康和发育，严重时甚至使胎宝宝感到无法忍受而发生流产、死产等意外。

第二章

有效胎教始于备孕

真正的胎教并非是从怀孕后才开始的，而是开始于有计划的受孕。在怀孕之前，夫妻两人在身体和心理上所做的准备，是胎教真正的开端。

心理准备

计划何时要宝宝

如果有了想要宝宝的念头，夫妇两人就应该好好地讨论一下什么时候要宝宝比较合适，最好包括怀孕的时机、育儿计划等所有具体事项，还要仔细考量家里的经济状况。因为怀孕、生育和幼龄教育等将是一笔不小的开销，而在经济环境较为宽裕的情况下，妻子的精神状态也会比较放松。

如果有长期旅行或是搬家的计划，最好推迟怀孕。

学习相关知识

读一些有关怀孕、胎教和分娩的书籍，常去社区中心、医院和幼教中心听一些相关的讲座，或者通过互联网参读网友的育儿日记、分娩日记和胎教经验谈……这些将对你有所帮助。

如果能为将要到来的孩子提前进行学习，准父母就能体会到胎教的重要性并为接下来的怀孕、分娩以及育儿做好准备。夫妻一起学习还能加深两人之间的感情，这种良好的情感会自然而然地延续到即将出生的孩子身上。

缓解思想压力

尽管压力在某种程度上是动力，但如果压力过大就很容易成为致病的诱因。承受过大压力的同时身心会变得非常虚弱，随之内分泌逐渐失调，受孕也会因此遇到障碍。

为了使夫妻双方的身心达到良好的状态，然后孕育生命，丈夫和妻子应该常常表达彼此之间的爱意，共度美好时光。

夫妻有共同关心的话题是一件再好不过的事情。养几盆花草，读相同的书籍并进行谈论，或者共同旅行、欣赏音乐……这些都是值得采用的方法。

明亮的色彩会使人的心情变得明朗。明亮而温馨的色彩装饰居室，暖色调衣服，墙壁挂上名画，再配上音乐，这一切都会令人的情绪变得稳定。

身体调理

孕前检查

怀孕之前应该去做孕前检查，以确定夫妻双方是否有对胎儿产生不良影响的疾病。

每个人都有可能患有自己不知道的疾病，因此在接受这些检查之后，如果患有某些疾病，应治愈后再怀孕。

贫血

贫血这是一种女性常见病，常出现头晕、头痛或站起来时头发晕等症状。严重贫血不仅对准妈妈本身有影响，而且对胎宝宝的发育也有不利影响。可以多食用豆制品、猪肝、猪肉松、河蟹、蛤蜊、芝麻酱、海带、木耳等含铁量高的食物，或在医生的指导下服用铁剂。

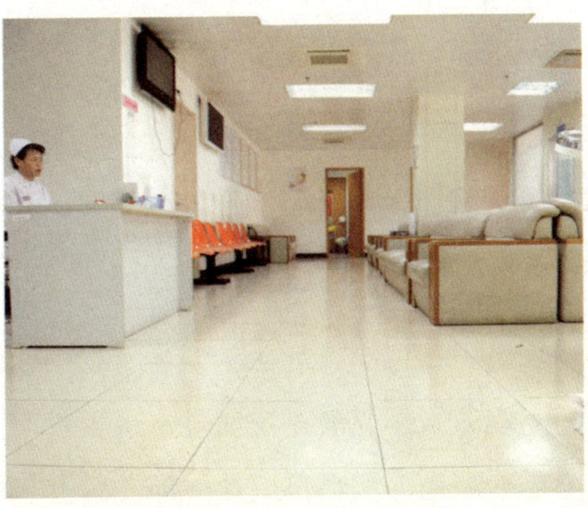

结核病

目前结核病的治愈率很高，但治愈前不应当怀孕，否则不但影响自身疾病的康复，还可能传染给胎宝宝，并有早产、流产的危险。经过抗结核药物治疗后，还应定期进行健康检查，确认已经完全治愈后，才能考虑怀孕。

肝脏病

怀孕后，肝脏的负担增加。如果肝脏有病，会使病情恶化，而且还容易并发妊娠期高血压等疾病。因此，应在肝脏疾病治愈后，再考虑怀孕。

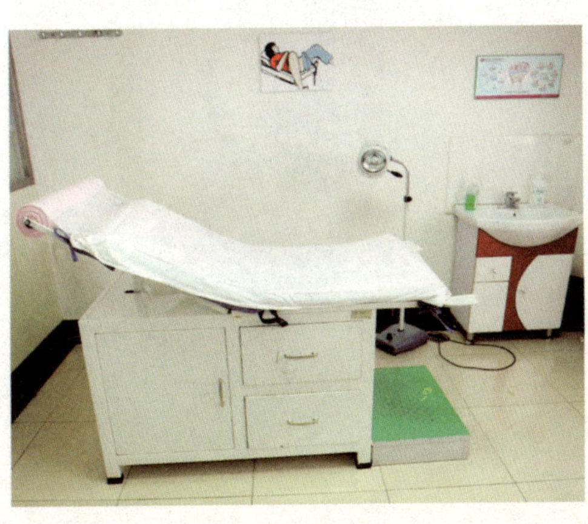

高血压

高血压患者易并发妊娠期高血压疾病，致使病情加重。对自己血压值不太清楚的人，如果有剧烈头痛、肩膀酸痛、失眠、眩晕和浮肿等症状就要去医院检查。高血压的病因比较多，其中包括身体素质等因素，因此要注意平时的起居和活动，避免疲劳过度、睡眠不足、精神压抑等不利因素的出现，还要注意控制饮食中的盐摄入量。要按照医生的治疗方案，认真服药和休息，以便尽快恢复正常。

患有高血压疾病的女性，经过治疗，即使血压指数正常或接近正常，仍应在医生允许的情况下才可考虑怀孕，并要坚持服药。

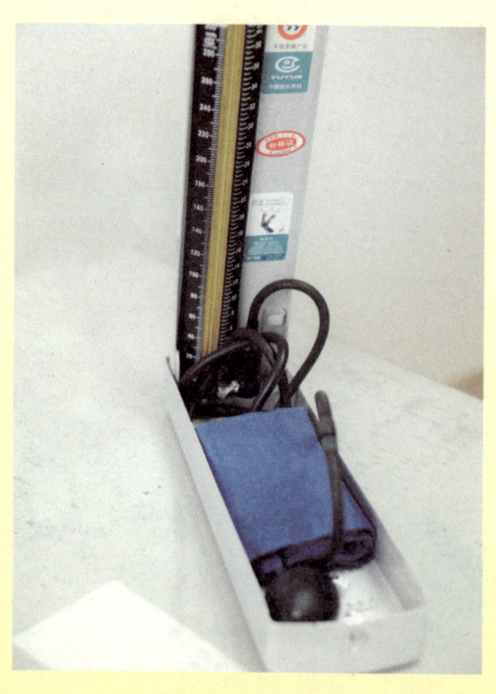

肾脏病

肾脏病患者怀孕后，由于母体血容量增加，肾脏负担加重，容易并发妊娠期高血压疾病，又会使肾脏病变恶化，引起早产、流产及死胎等。孕前应经肾内科评估，如果病情允许，才可以考虑怀孕。

心脏病

心脏功能不正常会造成血液循环障碍及缺氧，引起胎盘血管异常，导致流产、早产，产妇的身体和生命都会受到威胁，所以怀孕前一定要彻底医治并听取医生的建议。如果心功能尚好，经心内科医生评估，认为可以怀孕了再考虑怀孕，不可贸然怀孕。

糖尿病

糖尿病患者如果怀孕，病情往往变化很大。如果治疗不及时或发生其他感染，很容易出现酮症酸中毒等症状，危及生命。怀孕期间还会并发妊娠期高血压疾病，或引起流产、早产，甚至胎死宫内等。此外，生出巨大儿和畸形儿的比例也较高。糖尿病患者能否怀孕要根据病情而定，孕前应征求内分泌科医生的意见后再安排怀孕。

阴道炎

阴道炎常见有念珠菌性、滴虫性阴道炎及细菌性阴道病。在孕期，炎症可以导致胎膜早破及早产等并发症，孕前应积极治疗。万一在治愈前怀孕了，孕期仍可安排治疗。

膀胱炎、肾盂肾炎

膀胱炎可以发展成肾盂肾炎，膀胱炎的症状有尿频、尿急及尿痛等。患膀胱炎的妇女，应在治愈后再怀孕。

精神病

曾患过精神失常的女性，会在怀孕、产褥期及哺乳期复发。所以有精神病史的患者，应坚持避孕以免疾病复发，甚至传给后代。孕前，应请精神科医生认真检查后，再决定是否可以怀孕。

停止避孕

如果想怀孕，自然要停止避孕。采用放置宫内节育器方法避孕的女性，在取出宫内节育器且无其他生殖系统疾病的情况下，应3次正常月经后再怀孕为宜。

平时服避孕药的女性如果想怀孕，最好在停服避孕药6个月后再怀孕。

口服避孕药的吸收代谢时间较长。口服避孕药经肠道进入体内，在肝脏代谢储存。体内残留的避孕药在停药后需经6个月才能完全排出体外。停药后的6个月内，尽管体内药物浓度已不能产生避孕作用，但对胎宝宝仍有不良影响。

因此，应在体内存留的避孕药完全排出体外后再怀孕，在此期间过性生活可采取戴男用避孕套的方法。

戒烟酒

在制定怀孕计划之后，最应该做的第一件事情就是戒除烟酒。如果完全戒除较为困难，为了将要诞生的下一代着想，起码应该在怀孕期前后尽量减少吸烟和饮酒的数量和次数。

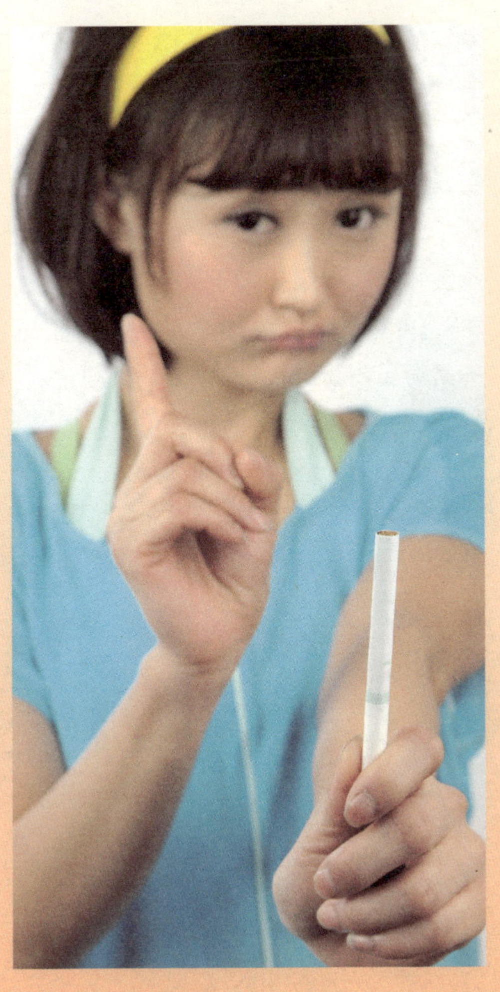

慎用药物

有很多父母担心自己服用的药物会导致胎儿畸形，实际上怀孕0～4周内，孕妇很难意识到自己怀孕。于是误服药物导致流产的事情偶有发生。计划怀孕的好处之一就是能够消除由此带来的不安全性。

如果是正在服用营养药物，那么请仔细阅读相关的说明书，查看其对发育中的胎儿会产生什么样的影响。不听取专家的建议而服用大量的维生素、矿物质，反而会造成不良影响。

有些女性需要长时间服用某些药物，如激素、抗生素、止吐药、抗癌药、治疗精神病药物等，都会不同程度地影响生殖细胞。卵子从初期卵细胞进化到成熟卵子约需14天，在此期间，卵子最易受药物的影响。因此，长期服药后忌急于怀孕。

现代医学认为，虽然很多药物与胎宝宝畸形并无直接关系，但是并不能完全排除导致外表形态畸形和内在机能畸形的可能。所以，孕前必须停止服用一切不必要的药物，“顺其自然”是最重要的。

一般来说，如果女性在停药物20天后受孕，就不会影响下一代。当然有些药物影响的时间可能更长些，最好在准备怀孕时听从医生的指导，然后确定受孕时间。

生活有规律

只有健康的身体，才会有健康的精子和卵子。没有什么比有规律的生活对此更重要了。应该坚持不懈地进行适合自己的运动，保持适宜的体重，以自己的健康为标准合理膳食，保证充足的睡眠，劳逸结合。

爱心小叮咛

为了孕育健康的宝宝应遵循的10条法则：

1.禁止吸烟、饮酒等会对胎儿产生危害的行为。

2.学习胎教方法。

3.夫妻之间不要争吵，经常共度美好时光。

4.避免过度节食。

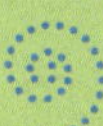

5.在遗传问题方面听取专家的意见。

6.对怀孕以后可能遇到的困难和负担做充分的心理准备。

7.坚持适度运动以增强体力。

8.与专业的医生讨论家庭计划、避孕方法和现在的健康状况等事项。

9.均衡摄取各种营养。

10.保持生活作息规律。

第三章

40周奇妙胎教之旅

怀孕40周是每位女性人生中的一段奇妙旅程。在每一周里，宝宝的个头有多大，是什么模样？准妈妈身上出现的一系列变化是否正常？应该采取什么样的胎教方法与宝宝交流？这一系列的问题，您将在此找到答案。

第1～4周

宝宝和准妈妈的变化

1～2周

宝宝

第1周就是最后一次月经开始的那一周，子宫内膜脱落形成月经之后，体内的激素会促使又一次排卵。第2周，子宫内膜逐渐变厚，开始真正地为排卵做好准备。排卵时有的女性会感到疼痛。

准妈妈

第2周末，排卵期就会开始。20个左右的卵子经过自然选择，只有一个携带着准妈妈的基因信息的卵子胜出，它在输卵管中向子宫进发。卵子在输卵管中的寿命为12～36个小时，在这期间，差不多有3亿个精子争先成为那个找到并进入卵子的幸运儿，实际上，能达到卵子的精子大约只有几百个，而最终只有一个精子能冲破重重障碍，与卵子结合在一起。

备忘

摄取充足的营养——对于即将怀孕的女性而言，应该时刻注意摄取最合理的营养。少吃加工后的食品。此外，还要避开含有酒精的食物，坚持进行适当的运动并及时休息。

3周

宝宝

精子与卵子在输卵管里相遇，并完成了受精与着床的过程。受精的卵子被称为受精卵，受精卵在输卵管里移动并最终进入子宫内部，接着就开始发生细胞分裂。此刻即是怀孕的开始。这一时期在子宫内生长的所谓胚胎实质上不过是一个细胞群，体积非常微小，然而它却以飞快的速度增殖并成长。

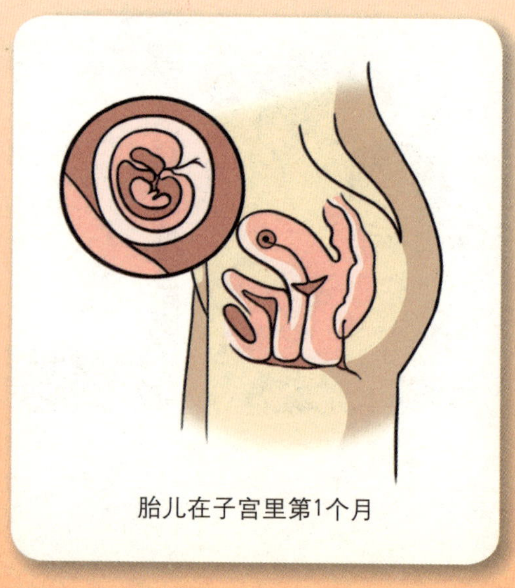

胎儿在子宫里第1个月

准妈妈

由于还没有经过1个月经周期，准妈妈对自己怀孕的事情可能依旧是无所觉察。当然这一时期还未出现乳房胀大和孕吐等现象。

着床的过程可能引起出血，在5名准妈妈中往往会有1名在怀孕初期发生流血的情况，此时即使流出的血液并非呈现出红色而是灰黑色，也不必惊慌。

备忘

摄取叶酸——叶酸可以在怀孕初期起到预防贫血并降低畸形儿出生率的作用，因此应当大量食用富含叶酸的水果、豆类、绿色蔬菜和粗粮，并且保证每天都饮用8杯以上的白开水。

进行有规律的运动——适当的运动可以为以后度过阵痛和分娩打下基础，但其前提是根据怀孕的周期选择适当的运动。在运动中还应注意将自己的脉搏始终控制在每分钟140次以下，疲劳的时候立即停下来休息。

4周

宝宝

微小的受精卵在子宫内部找到自己的位置并固定下来之后，就完成了向胚囊的转变。当它到达子宫的时候，受精卵分裂成两部分，一部分黏附在子宫壁上形成了胎盘，另一部分就变成了宝宝。进行B超检查可以观察到宝宝所生存的初始场所——胎囊。到了第4周末的时候，月经就停止了。由此可以明显感觉到身体发生了变化。

准妈妈

由于月经的停止，女性往往恍然得知自己怀孕的事实。尽管维持妊娠过程的黄体酮开始分泌，但还不会使准妈妈发生体重或外表的变化。

备忘

基本检查——在怀孕的初期就应当接受体重、血压、尿液、血液等基本项目的检查。定期进行体重检查对于诊断妊娠高血压和双胞胎有很大的帮助，血压检测的结果是诊断妊娠高血压的重要依据。

尿液检查在判断是否感染上疾病的同时检测出蛋白和糖的数值，因此是十分必要的。而通过血液检查可以得知自己的血型和Rh因子类型、对风疹的免疫能力，以及是否感染上乙肝或是性病。

避免烫发、染发——在怀孕初期的3个月里应当尽量避免染发和烫发。

饮食胎教

选择提高受孕概率的食物

充分摄取维生素A、B族维生素、维生素C、维生素E，多吃富含蛋白质和钙质的食物。糙米、谷物胚芽、麦粒、豆芽、豆腐、豌豆、黑豆等新鲜谷物及其制品，蔬菜还有各种水果都是值得选择的食品。在这些食物中，红薯、土豆、柚子、李子、大枣、南瓜、花菜、西芹和白菜则是最好的选择。此外，还应该吃一些锌、铜含量较高的肉类或海产品。

为了进一步保证受精卵顺利着床，可以每次取20毫升生地黄的汁液，每天2～3次空腹服用，也可以将浸泡过生地黄汁液的米饭熬成粥，具有补血降火的良好效果。另外，将去掉外壳和莲子心的莲子与米饭熬成米粥也具有同样的作用。

苦菜对于受精卵着床也有所帮助，它能强化心脏机能并稳定人的情绪。另外，宜多吃卵磷脂含量较高的豆类、鸡蛋黄以及动物肝脏等。

选择可以强化肝脏机能的食物

怀孕1～4周时胚胎只有珠丸一般大小。受精卵周围是一些草根一样柔软细微的绒毛，这些绒毛可以透入到子宫内膜中，为胚胎汲取必要的营养和氧分，所以这一较为原始的时期被称为“胚芽期”。

在这一时期，母体的足厥阴经脉调控着胎儿的生长，并且与肝脏直接相关。所以除了性生活要注意外，准妈妈不得随意服用药物，而应吃一些强化肝脏机能的食品。如荠菜、韭菜和木瓜等。

摄取优质蛋白质和钙质

充分摄取优质蛋白质、钙质、维生素以及其他矿物质也是十分必要的。肉类、动物内脏、牛奶、奶酪、鸡蛋黄、鳗鱼和泥鳅等鲜活水产，在此刻都可以摆上准妈妈的餐桌。除此以外，鱼片、牡蛎、豆制品、海藻以及西芹、青椒、白菜等也都是相当适宜的食品。

黑布林有助于预防便秘和贫血

黑布林的果实有丰富的糖、维生素、果酸、氨基酸等营养成分。其中维生素B_2的含量大大超过其他水果，并且硫胺、烟酰胺和本多酸的含量也十分丰富。黑布林能促进胃酸和胃消化酶的分泌，有增加胃肠蠕动的作用，因

此，服用黑布林可以有效预防便秘和贫血等症状。

适当服用鱼肝油和蛋黄

胎儿即将形成自己的骨骼，母体正处于随时都可能缺钙的状况下。因此，多选择含有丰富的钙质和维生素D的食品，如鸡蛋黄、鱼类和鱼肝油。

准妈妈在怀孕期间体力消耗较大，或是钙严重不足，急需补充鱼肝油。当准妈妈出现焦躁不安或皮肤变粗糙的时候服用鱼肝油可以起到良好的改善效果。

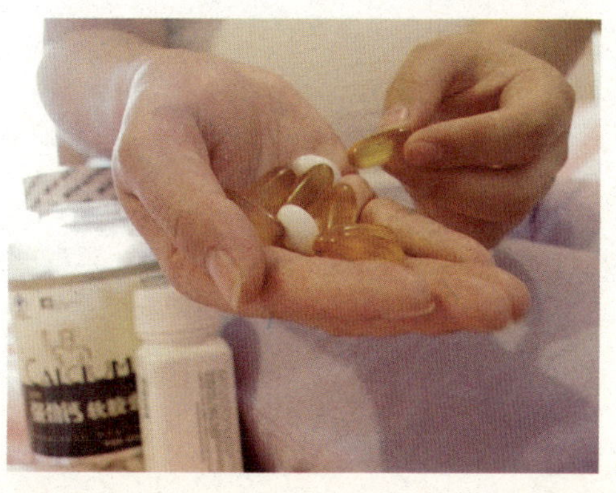

运动胎教

怀孕初期的身心疲惫、四肢无力多是由妊娠反应造成的，因此一旦感到不适就立即卧床休息是完全没有必要的，可以选择进行一些轻松的活动来调整自己的身心。

在怀孕的第4周之前，着床的过程还没有完全结束，所以这时切不可进行剧烈的运动。做适当的伸展运动和筋骨锻炼可以有效地缓解疲劳的感觉。

爱心小叮咛

1.伴随着自然的呼吸完成这些动作，每个动作重复8～12次。

2.伸展型的动作，在做出动作后保持15～20秒，以便让筋骨得到彻底的放松。

3.所有的动作都要在向左和向右这两个方向之间切换进行，在更换方向之后要保持原来的力度和幅度。

4.呼吸时用鼻子吸气，用口呼气。

5.怀孕4个月之后，应尽量减少在平躺状态下的动作。原先平躺时做的动作可以在重复3～5次之后，改为侧卧姿势进行。

舒展背部

盘腿而坐，让两手手指在胸前交叉再一起向上推过头顶，将背部伸直，借用两臂的力量尽力向上推。

上推的同时吸气，随着两臂的放下再缓缓地吐气。

功效：可以强健筋骨，解除双肩的紧张状态。

转动颈部

脖子向右边缓缓转动侧视右方，然后变为向左转动并侧视左方，仰视，再俯视。

功效：通过从右到左，再从上到下的旋转，可以缓解颈部的僵硬状态，达到松弛肌肉的效果。

拉伸肋部

站立，两腿叉开。将右手臂向上举起，另左手臂贴于身体前侧、向下伸直。在左侧肋部收缩的同时尽可能地拉伸右侧的肋部。换一个方向重复这一动作。

功效：可以缓解疲劳，强健肋部、腰部肌肉。

深呼吸

将双手放在腹部两侧，用鼻子深深地吸入一口气，同时向前挺起腹部。慢慢地吐气，并随之收缩腹部。

功效：不仅可以缓解孕吐，还可以使准妈妈的心态变得更加安定。

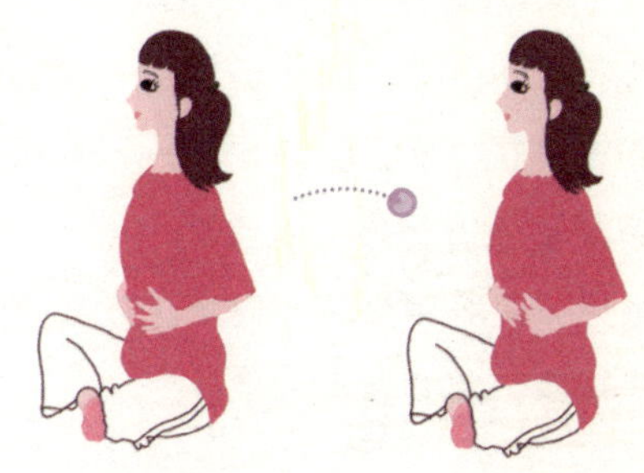

拉伸腿部肌肉

将一条腿向前迈出并伸直，仅使脚后跟接触到地面，另一条腿弯曲的同时尽量使上半身的头部和腰部保持一条直线。

保持此姿势15～30秒，还要注意呼吸均匀。为了让前腿的膝盖不发生弯曲，可以用自己的手轻轻按住。

功效：可以有效地增加腿部后半边肌肉韧带的柔韧程度。

按摩胎教

准妈妈在整个孕期会出现一些不适，有的症状还会随着时间的推移而逐渐加重，这时可以通过足部按摩来解决问题。要记住怀孕期间不能使用按摩棒，而应该用手柔和地进行按摩。此外，怀孕的前4周是较为危险的时期，要等到受精卵着床成功后准妈妈才可以接受足部的按摩，并要咨询专业医生。

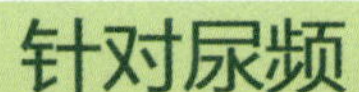

针对尿频

①在肾脏的反射区涌泉穴上用大拇指缓慢地连按4下，再重复3～4次。

②在涌泉穴和膀胱反射区之间的输尿管反射区，按照箭头所示方向用大拇指滑动搓摩约9次。

③在足部内侧的膀胱反射区，以没有痛感为前提，按3秒钟，重复按3次。

④用大拇指轻按位于大脚趾底部的大脑反射区，重复4～5次。

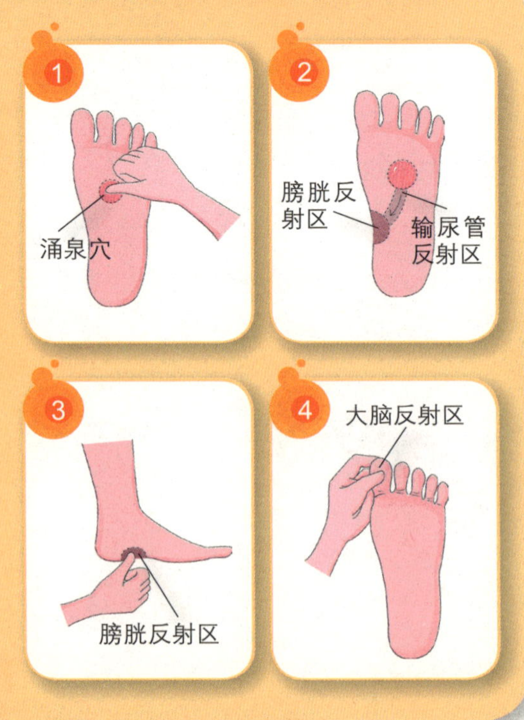

针对白带增多

①在肾脏的反射区涌泉穴上用大拇指轻轻地按1～2次。

②涌泉穴和膀胱反射区之间是输尿管反射区，在这一区域用大拇指滑动搓摩约9次。

③用大拇指在膀胱反射区上下按摩3次。

④用大拇指按摩位于大脚趾底部的大脑反射区，每次持续4秒钟，共进行4～5次。

⑤在子宫和卵巢的反射区按照逆时针方向画圆。

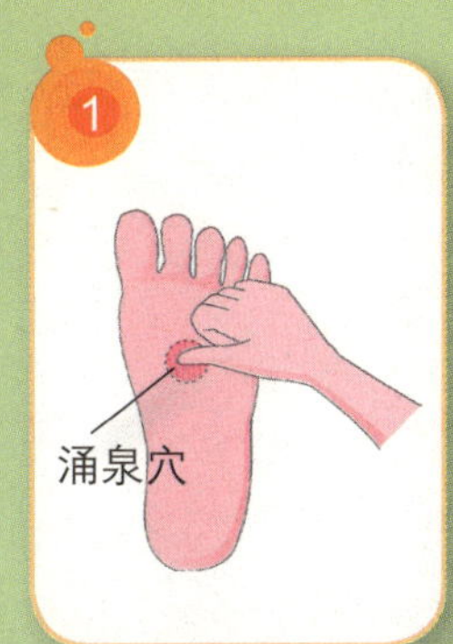

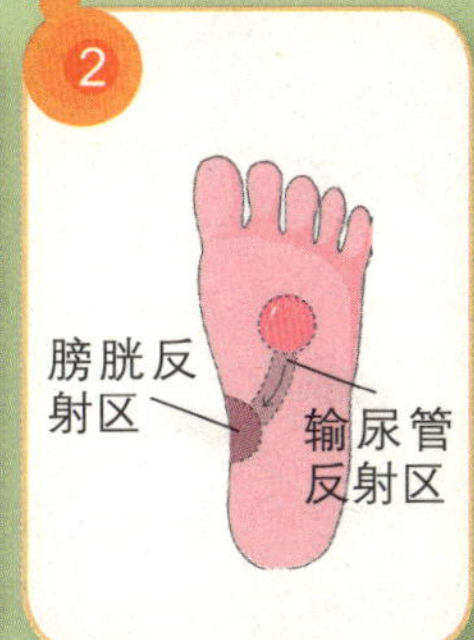

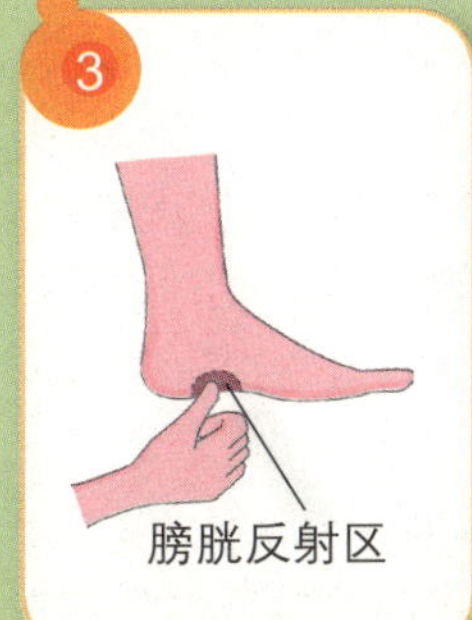

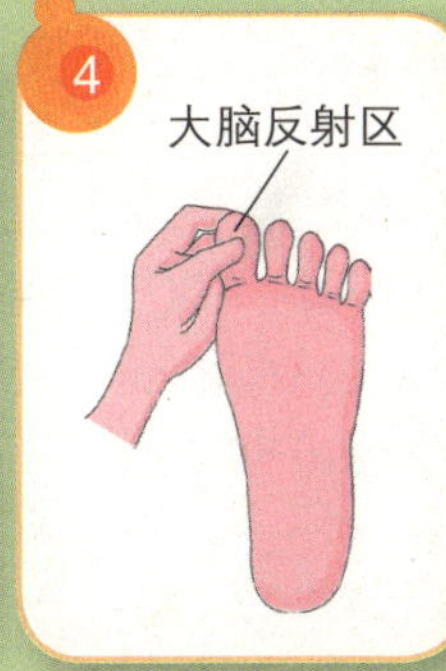

胎教的基础和胎教开始的时间

宝宝、准妈妈和准爸爸的“3人4脚”胎教行动

宝宝　受精卵会在1周的时间里，在子宫内膜上着床。在到达子宫之前，受精卵就不断发生细胞分裂，在柔软的子宫中找到自己的位置，着床以后很快就形成了初始形态下的神经管、血管系统、循环系统等组织，这些组织便开始向宝宝的心脏供血。这一时期的宝宝被称作胚芽，而把胚芽包裹起来的纤毛组织，即是后来形成成胎盘的重要基础。

准妈妈　可能很多准妈妈都没有怀孕的感觉。大部分女性是在发现月经停止之后才开始考虑是否怀孕，因此这一时期她们多半会毫不知情。也有一些较为敏感的女性可以从疲劳、低热、畏寒等感冒症状中意识到自己怀孕。如果事先做好了怀孕计划，此时就能够判断自己是否怀孕并很快加以确认。

准爸爸　对于宝宝来说，准爸爸的作用是不可忽视的。准爸爸在早期胎教中承担着选择何时生育的重要责任，应积极地与准妈妈一起尽早开始胎教。

健康的身心是胎教的重要基础

胎教并不是一门生产技术，完全按照时间来划分每个阶段的胎教并不具有严格的意义。无论是按周划分还是以月份为单位，具体胎教方法在更多意义上还是对准妈妈进行的产前教育。其目的就是让准妈妈有健康的身心，这也是胎教的根本所在。

在胎教过程中培养正确的生活态度是非常重要的。关于这一点，未必非要从聆听柔美的音乐做起。

当然，在孕期常常欣赏美妙的旋律还是大有益处的。宝宝时时刻刻都发生着变化，只要能够大致掌握其变化规律并施以合适的胎教，毫无疑问将收到事半功倍的效果。

然而，假如看书之后就生搬硬套地认为“这个月可以和宝宝交谈啦”或“下个月最好多听一些优美的音乐”，这无疑是一种错误的想法。

在阅读与怀孕及胎教相关的书籍时，要了解宝宝和准妈妈的各种变化并充分体会胎教的正确含义。

胎教应该从怀孕之前开始

实际上，胎教应该从准备怀孕之前抓起，一旦到了为怀孕做准备的那一天，以前所学的那些胎教方法就可以一一派上用场了。

人们对早教的关注程度正在不断上

升，实际上比早教更值得关注的是早期的胎教。如果换一个角度去认识胎教，也可以将其认为是早教的一种吧。胎教是比早教更早开始的教育。

大部分女性都是在怀孕1～2个月之后才知道自己怀孕了。因此，如果想进行比较正规的胎教，就应该从怀孕之前开始准备。如果不这样做，就很可能错过进行早期胎教的重要时机。

无论是传统胎教还是现代胎教，都反复强调着“胎教是一种心理准备和生活态度”，这就是为什么胎教必须比怀孕更早地进行。毕竟良好的心理准备和生活态度不是一朝一夕就可以养成的。夫妻积极进行怀孕的准备，从胎教的角度来看，这就是一个最好的开端。

夫妻感情影响胎教

夫妻感情融洽是家庭幸福的一个重要条件，也是胎教的重要因素。无论是孕前还是孕后，夫妻感情都直接影响胎教。

在幸福和谐的家庭中，宝宝有良好的生长环境，往往能健康聪明。

在夫妻感情不和的情况下受孕，可能影响受精卵的生长发育，影响下一代的健康。

怀孕早期如果夫妻之间经常争吵，准妈妈情绪波动太大，可导致胎宝宝发生兔唇等畸形，并能影响出生后宝宝情绪的稳定。

怀孕中晚期如果夫妻不和，容易导致准妈妈精神状态不佳，影响胎动次数，影响胎宝宝的身心发育，在出生后往往烦躁不安，易受惊吓，哭闹不止，不爱睡觉，经常吐奶，频繁排便，明显消瘦等。

延伸阅读

传统胎教中的“胎教七法”

怀孕期间禁登高、饮酒，禁提搬重物、淌溪过河，禁奇食怪味。

切勿大喜大悲、担惊受怕，勿高谈阔论，勿内心委屈。

小心地板、门窗、门槛、灶台、厕所等可能带来危险的地方。

听美妙的言辞，欣赏动听的音乐，阅读有益的书籍。

勿平躺、勿倚靠、勿单脚独立。

接触自然的香气和万物的声音。

怀孕期间做到节欲。

第5～8周

宝宝和准妈妈的变化

5周

宝宝

这一时期，胚胎的直径只有一粒苹果籽大小，宝宝出现了心跳。胎盘与脐带开始起供给营养的重要作用。心脏逐渐有了雏形，两条主心血管开始持续不断地收缩运动，大脑和脊椎也慢慢地发育。随着骨骼的形成，已经可以区分宝宝的头部和尾部。

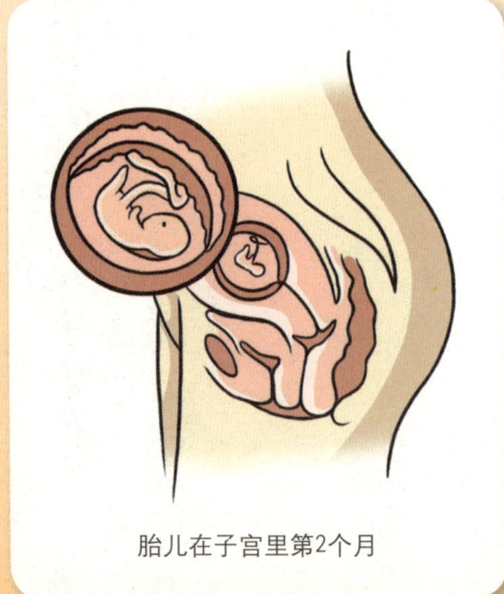

胎儿在子宫里第2个月

准妈妈

大多数准妈妈此时开始出现恶心和呕吐，疲劳感出现得更加频繁，因此，这一阶段应该避免进行过激的运动、节食或者长途旅行。由于胸部明显变大，准妈妈开始有衣服穿不下的感觉，尿频现象越来越严重。

备忘

警惕滥用药物——不要随意吃中药和营养品，孕吐严重的时候咨询妇产科专家。

6周

宝宝

宝宝头顶到臀部的距离是0.2~0.4厘米，这时其外观与蝌蚪有几分相似，并且生长发育迅速。长出眼睑和水晶体，四肢的芽体开始出现，胎儿的头部、尾部和臂部都已可以被轻易地区分开。

此外，肝脏、胰脏、甲状腺、肺、心脏等器官开始形成，脑部的体积增加，血液循环也开始运作。做B超检查时有可能听见宝宝的声音。

准妈妈

孕吐、疲劳和尿频等症状更加明显，体重也略微有所增加。也有因为孕吐而导致体重下降的情况。由于身体的变化非常明显，绝大多数准妈妈都足以借此判定怀孕的事实。除一些普通的症状之外，偶尔还会有乳房发痒并感到心口疼痛的症状，甚至会突然有一种不安的情绪。

另外，排便习惯也发生了变化，容易出现便秘和痔疮等症状。

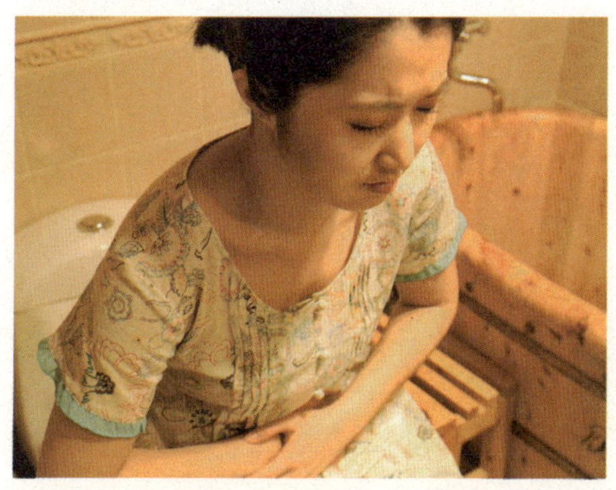

备忘

定期接受检查——第一次检查应如实告诉医生自己过去是否有流产、人工引产的经历，家族病史如何，以及最近正在服用哪些药物等。一定要按时做产前检查。

预防便秘——常常喝水或饮用李子汁可以缓解便秘症状。另外还需记住：排便时切勿用力过度。

7周

宝宝

宝宝以令人难以置信的速度生长着，这一周开始时宝宝的身长只有0.4～0.5厘米，而到了周末那几天就翻倍，变成了1.1～1.3厘米。

此外，心脏变得饱满，并分离出左心室和右心室，肺部也长出支气管，从而进入其发育的第一阶段。同时，大脑半球也逐渐成形，肠、盲肠和胰脏开始发育，眼珠发育成为一个黑点，舌部和身体开始变长，头部变大，眼皮也渐渐长了出来。

准妈妈

眩晕和恶心等孕吐症状变得越发严重，乳头的颜色微微变深，乳腺发达起来；一些孕吐症状不太厉害的准妈妈会发现自己的体重逐渐增加。

备忘

服用药物——服用药物时必须征得医生的同意。

性生活——在怀孕初期时发生流产的可能性较高，因此应尽量避免性生活。

8周

宝宝

宝宝身长已经增长到2厘米左右。在这一时期，宝宝有了嗅觉，眼球里色素含量增高，四肢也明显变长，其颈部开始发育，下肢的芽体分化为大腿、小腿和足，上肢的芽体分化为手、胳膊和肩。生殖腺，男宝宝的睾丸以及女宝宝的卵巢开始出现，同时，软骨组织和骨骼也开始生长。

准妈妈

子宫的体积渐渐扩大，体重也有所增加，但从外表上还看不出怀孕迹象。腰部的轮廓逐渐消失，穿原来的衣服常常会觉得此部位被勒得很紧。

乳腺越来越发达，准妈妈会感到自己的胸部变得丰满。此外，下腹部、肋部和腿部不时出现疼痛的感觉。如果发生坐骨神经痛的症状，换一个地方侧躺下去就会有很明显的改善。

备忘

摄取必需的营养——吃乳制品、绿色蔬菜、动物肝脏、蛋黄、坚果、海产品和肉类以补充钙质，还要注意维持体内铁元素和锌元素的含量。

确保身体健康——确认自己是否患有妊娠糖尿病、妊娠高血压综合征以及是否怀有双胞胎等都是相当必要的。如果做进一步检查，还可以判断是否有贫血症状、所怀的胎儿是否畸形、胎儿发育状况如何等。

饮食胎教

选择预防孕吐的食物

在第5～8周，宝宝的生长是与准妈妈的足少阳经脉息息相关的，足少阳经脉所对应的器官是胆囊。

准妈妈的肝脏和胆囊给宝宝提供血液和营养，因此会变得较为虚弱。在经历着孕吐等各种不适症状的同时，准妈妈往往会喜爱上酸味的食品。这一时期饮食应当注意强化肝脏和胆囊机能，促进宝宝的骨骼生长及减轻孕吐。

约60%的准妈妈在怀孕的第6～8周经常发生孕吐症状。时常吃一点东西可以减轻孕吐症状，除此以外，尽可能吃清淡的食物。

摄取充足的水分

在入睡之前可以准备一些果汁、牛奶等饮料，夜里醒来的时候就可以喝上两口。这样能及时补充孕吐所带来的水分缺失，防止出现便秘。

另外，最好不要同时吃固体和液体食物。应先吃固体食物，再吃液体食物。

警惕出现营养不良和脱水

如果用餐后孕吐变重，可以考虑减去一餐，但同时必须好好研究什么才是利于消化的食物和烹饪方法。呕吐非常严重的时候准妈妈难以进食，这时就有可能出现营养不良或脱水的现象。这无论对胎儿还是对准妈妈都是有很大危害的。一旦出现了进食困难的情况，准妈妈应当立刻咨询医生，通过输液等手段及时补充水分和营养。

怀孕期间的进食不一定要受到用餐时段的限制，在适当的情况下多吃几顿是有益无害的。但是要避免吃过凉、过酸、过辣的刺激性食品，而且在用餐后30分钟以内最好不要运动。维生素B_1可以促进消化液分泌从而增进食欲，植物胚芽、糙米中均含有大量维生素B_1，但这些食品含有的热量较低，不可当做正餐。

预防贫血

孕妇血液中的铁元素含量不足时，孕吐症状往往会变得更加严重。为了改善这一情况并预防贫血，应该相应地调整自己的饮食结构。

避免吃凉粉、柿子和绿茶等含有大量单宁的食物，多吃可以改善贫血状况的动物肝、肾以及生蚝、牡蛎和紫菜。鱼类中较为合适的有沙丁鱼、秋刀鱼等。其中秋刀鱼不仅蛋白质的含量比牛肉和猪肉高得多，还含有大量的维生素B_{12}等物质。

维生素B_{12}的学名叫做钴胺素，由于它对贫血症状有着特殊的改善效果而被人们称作为“红色维生素”，它不仅直接参与造血，还是蛋白质与核酸合成的重要成分，并具有强化肝功能的作用。

另外，缺乏维生素B_6会使贫血状况更加严重。牛肝、酵母和荞麦中含有大量维生素B_6。

运动胎教

此阶段着床还没有彻底完成，所以需要避免幅度较大或可能造成剧烈震动的运动，此外还不能长时间站立，在站立状态下进行各种活动也需要多加小心。

这一时期，为不久之后即将隆起的腹部考虑，应多做一些强化腰部和背部力量的运动。

有一些运动是在怀孕之后就应彻底禁止的，如高台跳水、滑翔、潜水和足球等。此外，平时没有运动习惯的女性在怀孕期间不应参加健美操活动，对她们来说像散步这样的轻量运动，才是最合适的选择。

肩部放松

以舒适的姿势盘腿而坐，将力量集中到肩部，同时略微提肩。然后一下子放松下来，让两肩自然降下。

功效：可以强化腹部的肌肉。

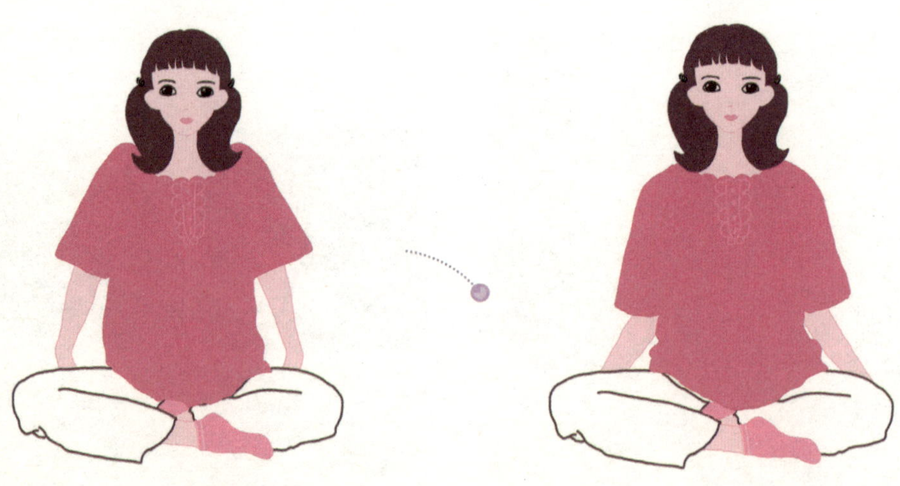

上下体同时抬举

两臂向前平伸，在俯卧的姿势下将两臂和两腿同时向上抬起。

功效：放松肩部、背部的肌肉。

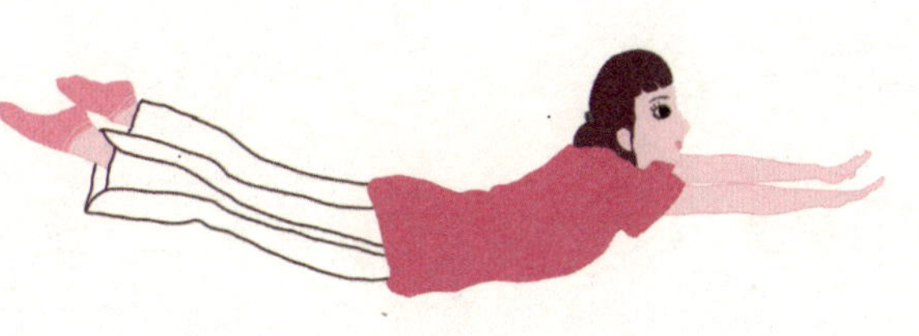

提拉上身

平躺时将膝盖立起，双手朝屋顶方向推去，感觉就好像要接触到屋顶一样。同时提拉上身再慢慢躺下，上身被提拉起来的时候呼气，躺下的时候再重新吸气。

功效：可以强化腹部肌肉。

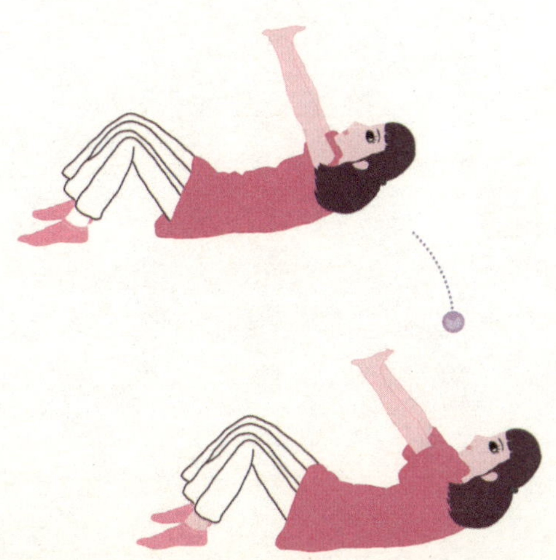

臀部运动

躺下以后将双腿高高举起，同时抬起臀部。

功效：可以锻炼下腹部肌肉。

在俯卧的状态下举起上身

俯卧时将两手放在胸部前端扶住地面，然后将上身举起。

功效：在强化后背肌肉的同时锻炼腹部。

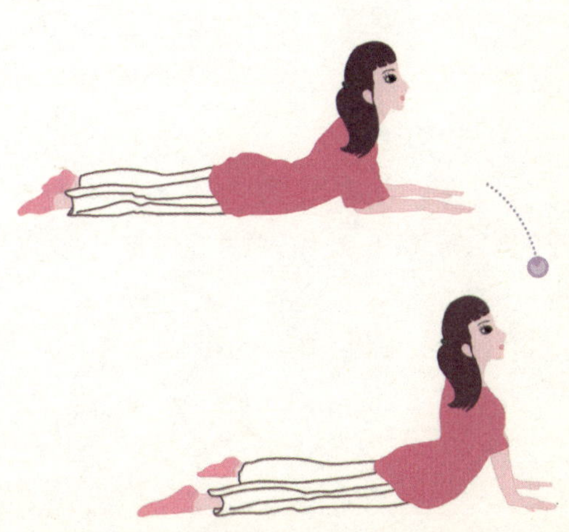

按摩胎教

针对孕吐

①用大拇指在涌泉穴上轻按3次，每次持续4秒钟。

②在输尿管反射区用大拇指滑动搓摩9次以上。

③用大拇指在膀胱反射区上按下4～5次，每次持续4秒钟以上。

④在每两个脚趾之间的部位是淋巴系统的反射区，在这一区域用大拇指和食指向外抽拔，每一个部位重复1～2次。

⑤在肠胃的反射区用大拇指进行挤压，一共3次，每次4秒。另外在胰脏和十二指肠的反射区内用大拇指按照逆时针方向进行旋涡式旋转。结束之后在这三个区域之间从上到下缓慢地搓摩，以达到最佳的按摩效果。

⑥用双手握住整个脚背，模仿掰开一只苹果的动作来进行按摩，重复4～5次。

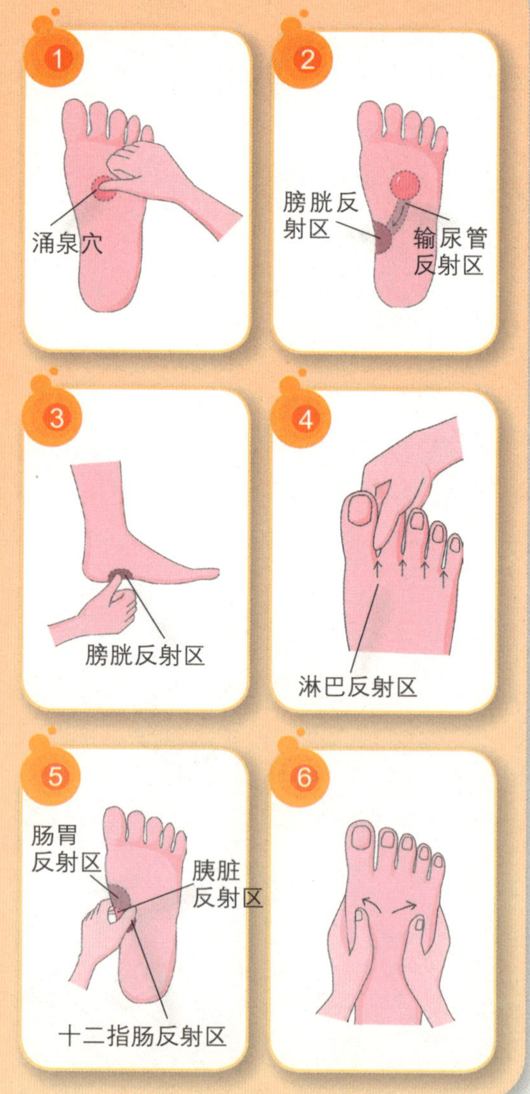

针对疲劳

①热水泡脚15分钟左右。

②用大拇指在涌泉穴上轻按3次，每次持续4秒钟。

③在输尿管反射区用大拇指滑动搓摩9次以上，再在膀胱反射区上按摩4～5次，每次持续4秒钟以上。

④从脚腕开始朝膝盖方向按摩，争取做到让脚的血液向上循环的效果。

⑤用大拇指在每一个脚趾靠近顶端的凹陷处按摩2～3次，每次持续4秒钟。

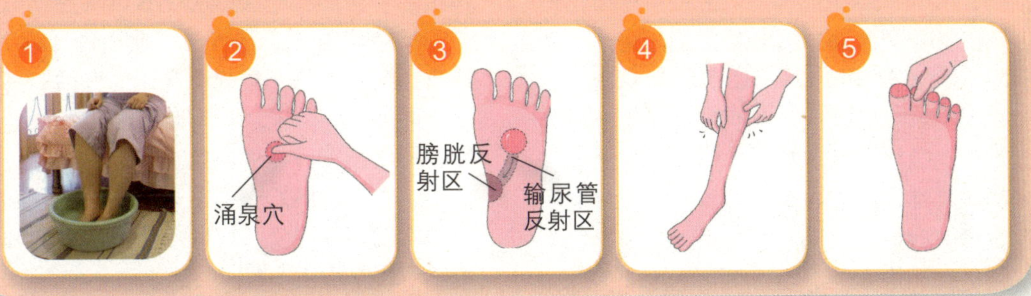

预防流产

①在涌泉穴上用大拇指从里到外画圆，每一次持续4秒钟。画的时候要按照逆时针的方向，并重复4～5次。

②位于大脚趾中央的是脑垂体反射区，用大拇指在这一区域画圆并重复4～5次。

③在脚后跟底部的生殖腺反射区上用大拇指画圆，搓摩4～5次。

④在脚踝的内外两侧用大拇指按逆时针方向画圆，搓摩4～5次。

⑤从内侧脚踝向上三指的部位是三阴交穴，用两只手一起从脚踝推摩三阴交穴。

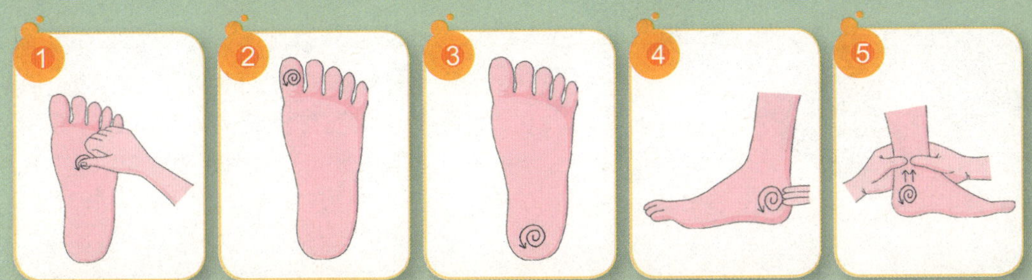

还处在胚芽期，给胚芽提供充足的氧气

宝宝、准妈妈和准爸爸的“3人4脚”胎教行动

宝宝　怀孕第5周，进入了细胞迅速分裂的特殊时期，脑部和脊髓开始逐渐形成。到了第7周，其头部占据了全身整整一半的大小，并且可以明显地与躯干区分开。可以把这一时期称作是身体各个器官的分化期。脑细胞和神经细胞有80%都是在这一时期分化形成的，同时视觉神经和听觉神经也渐渐形成，下颚和嘴部开始出现，整个脑部正在迅速发育。

准妈妈　大部分的准妈妈在此刻都知道了自己怀孕的事实。所以有关怀孕的联想就油然而生。体质较为敏感的人应该从此刻开始做好预防呕吐、低烧和四肢无力等症状的准备。乳房和排便习惯也可能发生变化。除此之外，因为胎盘还没有形成和固定，所以准妈妈应该尽早确认自己怀孕与否，以便让自己的身心随之进入平静的状态。

准爸爸　确认怀孕的事实之后，如果孕前没有做好计划，准爸爸应当尽快和准妈妈一起制定有关胎教和生育的计划。在此之前准爸爸就已经经历了去医院接受检查的忙碌和考验。在这一时期里通过B超检查，所观察到的可能不是人体模样的宝宝，而是与蝌蚪的形态有着几分相似的分裂后的受精卵。然而就是这次不完整的观察，不仅可以给准爸爸带来第一次看见自己骨肉的真实感受，还将使夫妻两人的心更紧密地连接在一起。

与胎儿期同样重要的是胚芽期

从医学的角度讲，精子和卵子相遇才发生受精，从那时开始10周以后一直到婴儿出生时为止，腹中的宝宝才可以被称作胎儿。因为在第10周里，胚芽期中形成的身体各个部分开始进行第二阶段的发育和生长。换句话说，胚芽时期所形成的心脏、肝、肺和脑部都处于原始的状态，一直要到胎儿时期，这些已经形成的器官才会逐渐发育成熟。

胚芽期&胎儿期

如果准妈妈能够理解胚芽和胎儿的区别，将对自身保养和胎教大有帮助。在怀孕初期，可能有很多准妈妈由于误服了药物而忐忑不安，事实上药物对怀孕的影响主要发生在胚芽期里，在胎儿期并不明显。得知这样的区别之后，准妈妈就不用为自己在胎儿期服用过药物而深感忧虑了。要知道对于宝宝而言，没有什么比母体时刻处在压力之下更加糟糕的事了，如果能牢记这一点，胎教就会取得相当好的效果。

在胚芽期中，不仅要让准妈妈情绪稳定，还要尽可能减轻其身体上的负担。此时期的胎教重点就是通过安定情绪和休息，将准妈妈的疲劳程度减到最低，要想做到这一点，需要更多的是准爸爸的鼎力协助。

避免缺氧

在受到压力的时候，准妈妈会出现缺氧的症状。宝宝处于胚芽期时，保证氧气充足是一件非常重要的事情，因此准妈妈一定要尽量避免受到压力。

胚芽期是宝宝各个重要器官开始形成的时期，如果供氧不足就会在组织分化的过程中引起致命的缺陷，要知道只有在组织正常分化之后，身体各个部位才能够完整地形成，所以一定要防止因为压力等因素而造成的缺氧状况。

许多老人都会告诫准妈妈不要长时间置身于热水当中，应远离高温环境。原因何在呢？事实上，这就是一个供氧的问题。在高温环境下，所造成的缺氧会让子宫里的宝宝处于危险之中。

研究结果表明，那些在怀孕初期经常出入桑拿房的准妈妈产下畸形儿的概率比正常情况下的高2～3倍。

另外，准妈妈在怀孕初期应尽量远离氧气稀薄的环境，并避免进行那些需要消耗大量氧气的运动。有氧运动是一种需要在氧气充足的环境下才可以进行的运动，会消耗人体大量的氧气，若氧气稀薄则容易造成对宝宝的供氧不足。

延伸阅读

伟大人物的胎教

周文王是奠定周朝基础的伟大人物，他的母亲太任，诚实而又端庄，其品德闻名于天下。传说太任怀上文王以后，一直坚持做到两眼不看丑恶的东西，两耳不听刺耳的声音。

苏格拉底的母亲在怀上苏格拉底之后对文学产生了极大的兴趣，并阅读了大量的书籍。这大概就是苏格拉底，一个在人类历史上留下不可磨灭足迹的哲学家诞生的最初根源吧！

莫扎特的母亲在怀孕之后一直保持着对音乐的热爱。她每天都将大量的时间花在欣赏音乐上，结果莫扎特成为音乐天才。在她接触音乐以前所生的莫扎特的兄长当中，却没有一个人在音乐方面表现出才华。

被称为朝鲜头号贤妻良母的申师任堂，在确认自己怀孕的事实之后不仅经常告诫自己“调整心理状态非常重要，心中向善时生出的孩子也向善，心中向恶时生出的孩子也向恶”，还时时刻刻注意自己的言行举止。就在这样的状态下她开始进行胎教，并在后来成为所有朝鲜妇女的榜样。

第9～12周

宝宝和准妈妈的变化

9周

宝宝

宝宝身长约为2.5厘米，其视网膜的神经细胞开始生成，面部肌肉和上嘴唇也进入了发育阶段，在耳朵的内部出现了半球形的导管。手指和脚趾也全部长了出来，连接头和身躯的颈部变得清晰可见，尿道和直肠完全地分离开来，能区分腹腔和胸腔。有时在B超检查中甚至能观测到胎动。

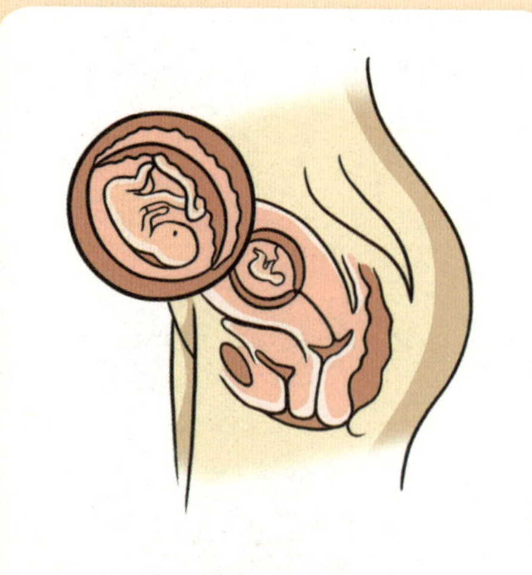

胎儿在子宫里第3个月

准妈妈

准妈妈的腰部开始变粗了，子宫几乎已经超过葡萄柚的大小，乳房下部的表面可能出现静脉曲张，这是身体内的血液流动量大量增加的缘故。而在这一过程中红细胞和血浆的大量制造是造成准妈妈贫血的主要原因。与此同时，激素的增加使便秘和尿路感染发生的概率大大上升了。

备忘

摄取营养——应充分摄取各种水果和蔬菜，注意多吃含铁、纤维素和叶酸的食物。

远离电磁波——胎儿对电磁波相当敏感，所以最好不要使用电热毯、电磁炉和其他的电器制品，避免过多地与电磁波接触。此外，还应当尽量避免洗热水浴或蒸桑拿等。

孕期检查——可以在家中显眼处贴上纸条，提醒自己下一次检查的日期。

10周

宝宝

第10周的最后几天是胚芽期的末尾，同时也是胎儿期的开端。这一时期宝宝的身长约为4厘米，体重也增长到约4克。此时宝宝的脏器和身体的发育已经进入相当活跃的阶段，其外表也开始逐渐向人的形态靠近。

宝宝的双眼渐渐地从头部的侧面朝脸部中央移动，身体上长出了肌肉，横膈膜将肺和肠胃分离到两边，后者则慢慢地到其最终的位置。味觉的重要器官——味蕾在这个时候出现了。女宝宝长出了阴蒂，同时体内的卵巢也正在不停地成长着。

准妈妈

腹部的变化终于开始体现出来了！尽管因人而异，但绝大多数准妈妈都可以感觉到自己腰部变粗。此外，准妈妈的乳房重量也有一定程度的增加，还有些人可能已经通过多普勒胎心仪听到宝宝心脏跳动的声音，切实感受到小生命的存在。

备忘

畸形检查——应通过绒毛膜取样、B超检查判断是否畸形，在某些情况下也可以通过胎儿镜检查来观察胎盘的生长情况。

摄取蛋白质——可以吃些低脂肪肉类、鱼肉、鸡蛋和坚果来提高蛋白质的摄取量，每天保持适量的运动和均衡的饮食。胆碱和DHA也对胎儿的脑细胞发育有所帮助。此外，在怀孕过程中，某些感染症状和疾病会影响胎儿的脏器及全身的正常发育，所以一定注意不要染上疾病，尽量避免接种疫苗和节食等不安全行为。

11周

宝宝

宝宝的身长为4～6厘米，体重约14克。头部仍占据着身体的一半大小，颌部逐渐成形的同时，颈部的长度也不断增加，外部生殖器变得十分明显，牙齿开始长出牙根，还形成了皮肤毛囊。

准妈妈

宝宝正在以极快的速度生长着，相比之下，准妈妈所发生的变化较为缓慢。随着宝宝的生长而逐渐变大的子宫几乎占据了整个骨盆。头发、手指和脚趾也都发生了明显的改变，随着血液供给量的上升，乳房附近的静脉清晰可见。尽管腹部还没有明显隆起，但准妈妈穿牛仔裤会觉得很不舒服。

备忘

注意控制体重——应当小心不要跌倒或受伤，还需控制体重增加的速度，同时保证动物蛋白、必需脂肪酸以及铁和钙质的摄入量。

摄取碳水化合物——碳水化合物是宝宝生长发育所需的主要营养物质。准妈妈每天至少应该吃半碗米饭和面条，另加1块面包和30克左右的谷类食物。

12周

宝宝

宝宝的体重增加到16克左右，身长约为6.5厘米，整个身体的大小在过去的3周内又翻了两倍多。其软骨组织进一步成形，肝脏具有了造血的功能并开始分泌胆汁，肺部完全形成，甲状腺和胰脏也已接近成熟。在胎儿的脑垂体里，开始有激素产生，消化器官获得了收缩的能力，随着内部生殖器的生长，能区分男宝宝和女宝宝。

准妈妈

在第12周末的时候，子宫进一步胀大，耻骨附近的异样感觉变得更加明显。在整个孕期，子宫会胀大到占据整个骨盆和腹部，但分娩后不久就又会恢复到原来的大小。产生羊水以后身体开始变重，肋部、臀部和腿部都变得丰满，除此以外激素的增多还导致血液循环加速，头发生长得比以前更快，皮肤也发生了一定的改变。乳房继续增大，可能有长时间的疼痛感，重量增加的同时偶尔也会变得柔软起来。

备忘

B超检查——宝宝发育较快时，在怀孕第5～6周时进行B超检查就已经能听到宝宝的心跳了。另外，在这一时期，做此项检查还可以获知其身体大小和成长速度等信息。

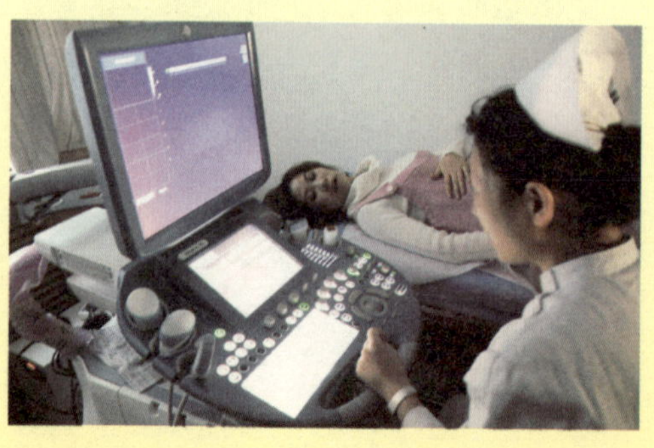

饮食胎教

吃叶酸含量丰富的菠菜与生菜

在孕9～12周，控制宝宝生长的是准妈妈的手厥阴经脉，手厥阴经脉分布在心脏周围，并起到给心脏供给营养的作用。这一时期饮食的注意要点是强化手厥阴经脉，并帮助宝宝的脑部和心脏发育，最好还能兼有安胎的功效，因为此时流产的概率还没有降低。

为了促进宝宝的细胞分裂，吃含有丰富叶酸的菠菜、生菜、茼蒿、动物肝脏、大豆和红豆是大有益处的。还可以通过食用植物油来摄取不饱和脂肪酸，以帮助宝宝的内分泌系统发育，并促进其细胞的生成。

摄入高蛋白和铁元素含量充足的食物

为了宝宝的脑部发育，还应当摄入一些高蛋白和铁元素含量充足的食物，如动物肝脏、海螺、鲣鱼、牡蛎、蛤蜊、荞麦、茼蒿、芹菜、菠菜、牛奶、核桃、松子和扁桃等。

为了防止这一时期比较容易出现的流产现象，补充大量的维生素C是相当必要的。有科学家做过专门的实验，在被预测有流产危险的准妈妈当中，给其中的33位补充维生素C、维生素P和维生素K，她们当中91%的人都顺利地生下了宝宝，而在其他没有补充维生素的46位准妈妈，则无一例外地发生了流产。

运动胎教

进入第12周末，可以说已经到了较为安全的时期，不过仍需小心谨慎。尽量避免容易引起强烈震动或是幅度较大的运动。此时已经能够看出准妈妈逐渐隆起的腹部，为了减轻以后宝宝继续变大带来的腰部疼痛，应该主要锻炼腹、背肌肉，同时培养保持平衡的能力。

这段时间里准妈妈往往会感觉到因脊柱受压迫而产生的阵痛，同时骨盆和臀部也可能有疼痛的感觉。经常活动骨盆周围的肌肉可以缓解这些症状。在整个怀孕过程中，有多种诱因可能引起臀部疼痛，受到宝宝压迫则是较为常见的原因。

长久地保持坐姿，运动量过大都有可能导致疼痛。如果在做运动时发生以上这些情况，就应立刻停止。

转动肩部

以放松的姿势盘腿而坐，两肩先从后向前、再从前向后进行转动。

功效：可以使肩部的关节变得柔软，并能缓解紧张的感觉。

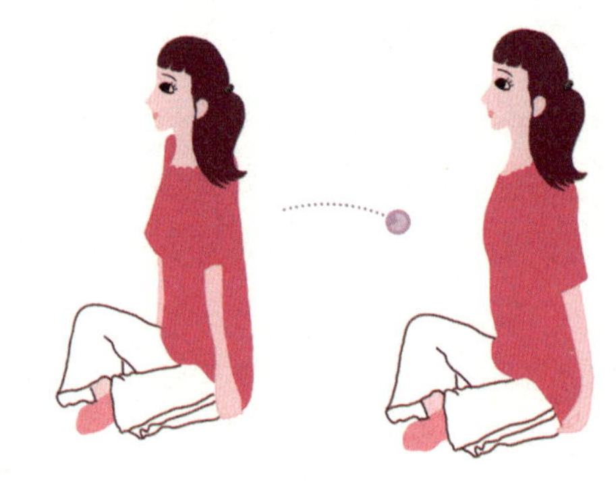

肋部运动

采取仰卧的姿势，曲起膝盖然后上举，双手叉在一起并放在头部后方。

接着抬起上身，尽量让自己的肘部一侧接触到另一侧的膝盖，之后再次躺下。

抬起上身的同时呼气，躺下的同时则再次吸气。

功效：可以有效地锻炼腰部的肌肉。

推动骨盆

在仰卧的姿势下立起膝盖，然后把臀部向上推抬，用大腿和臀部的力量上推再下降。

功效： 可以强化大腿和骨盆下部的肌肉。

骨盆运动

两脚分开，膝盖稍微弯曲，接着慢慢地转动臀部。

尽量保持腰部不要跟着旋转，而让其起到带动臀部的作用。在重复数次之后，要记得更换转动的方向。

功效： 可以有效锻炼臀部的关节和肌肉。

保持平衡

两手抓住椅背或将双臂张开以保持平衡。在此姿势下抬起脚后跟再轻轻放下。

功效： 能更好地支撑日渐增重的身体而做的下肢运动，还可以提高准妈妈掌握身体重心的能力。

按摩胎教

针对贫血

①用大拇指在足底中央的肾脏反射区涌泉穴上按3次，每次持续4秒钟。

②以对角线方向向下滑动并挤压输尿管反射区，重复9次。

③在足部内侧的膀胱反射区挤压3次，每次4秒钟。

④在膀胱反射区范围内靠近跟腱部位的尿道反射区上按摩，方法是用大拇指按照椭圆形的路线不断搓摩。

⑤用大拇指和食指一起按大脚趾上的大脑反射区，每次4秒钟，重复4～5次。

⑥用大拇指在足底的小肠反射区上按箭头方向滑动搓摩，重复4～5次。

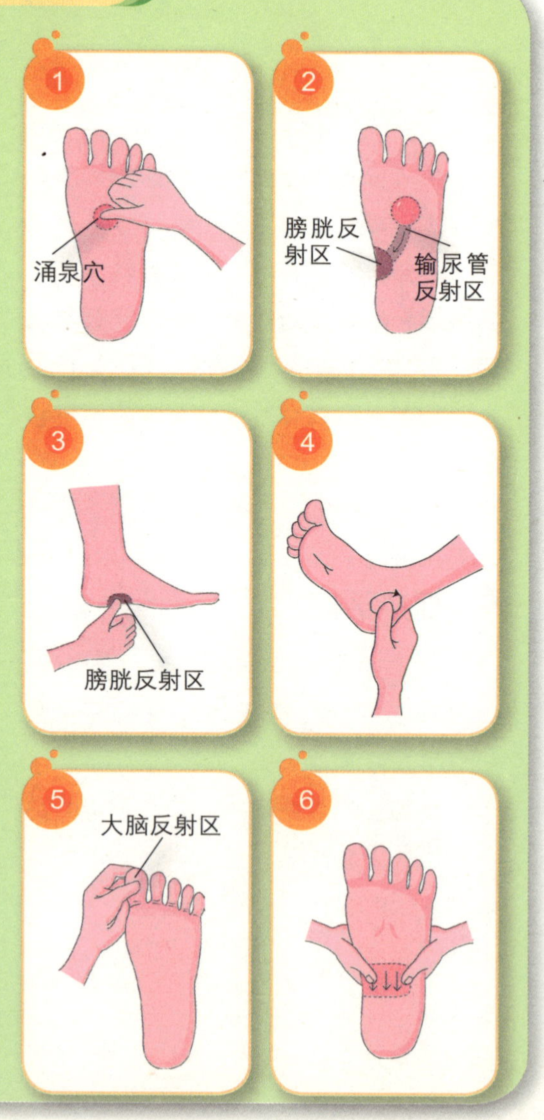

针对消化不良

①在位于足底的涌泉穴上用大拇指按3次，每次持续4秒钟。

②在输尿管的反射区用大拇指轻按4～5次，每次持续4秒钟。

③在足底内侧的膀胱反射区挤压3次，每次4秒钟。

④用大拇指在尿道的反射部位按摩9次以上。

⑤从涌泉穴开始向下推至小肠反射区，反复按摩。

⑥在脚腕到膝盖上10厘米的区域内按摩，通过挤按内侧、外侧和底侧而让足部的血液向上循环。

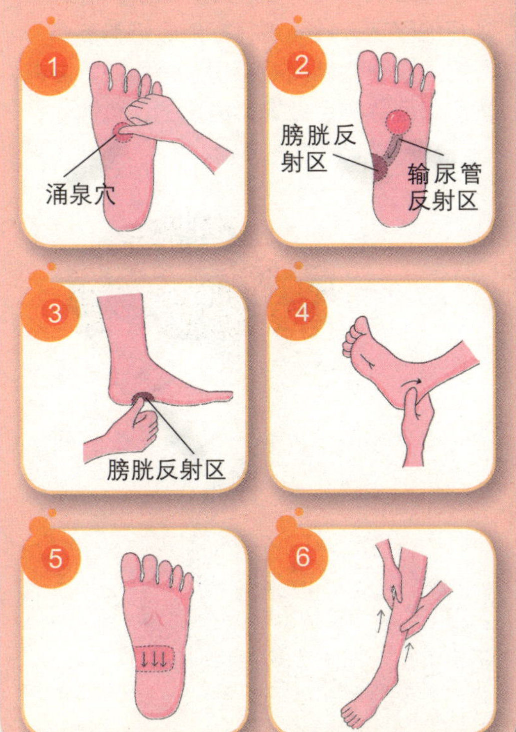

防止便秘

①在足底中央的基本反射区涌泉穴上用大拇指轻按3～4次。

②在位于涌泉穴与膀胱反射区对角线方向的输尿管反射部位用大拇指轻轻挤压4～5次，每次4秒钟。

③在膀胱反射部位用大拇指轻轻挤压4秒钟。

④在足底中央的小肠反射部位按照箭头所示方向向下轻捋，重复4～5次。

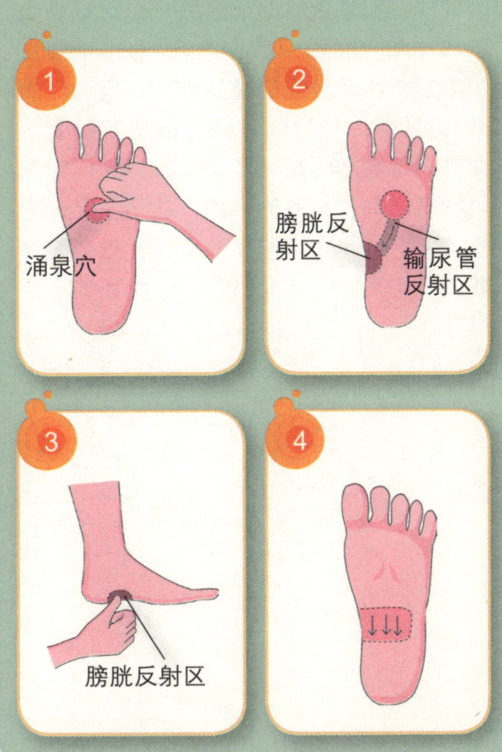

宝宝开始活动，准妈妈应注意避免压力

宝宝、准妈妈和准爸爸的“3人4脚”胎教行动

宝宝 到这一时期为止宝宝具有了人形，体内所有的器官都进入了发育阶段。手和脚的区分非常明显，手指和脚趾也渐渐长了出来。随着性器官的形成，已经可以区分宝宝的性别了。宝宝的眼皮和乳牙的根部逐步成形，皮肤上甚至还长出了汗毛，“胚芽”这一称谓此刻也将被“胎儿”所取代。宝宝的肾脏和心脏的活动逐渐变强，在某些情况下甚至可以听到其心脏跳动的声音。一直到第8周为止，宝宝吸收氧气和营养都是通过皮肤完成的，而8周之后这一任务则落到了脐带的身上。此外，尽管准妈妈可能毫无察觉，但宝宝可能已经有了轻微的活动。总而言之，由于宝宝进入了快速发育的阶段，脑部和脊髓的细胞开始不停地分裂，是胎教的重要时期。

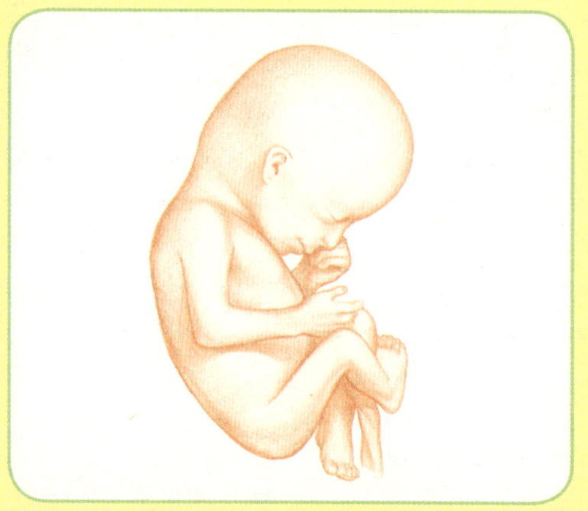

准妈妈 还有孕吐现象，身体出现了非常明显的变化。由于子宫渐渐扩大，抚摸腹部会有轻微隆起和变结实的感觉。胸部的体积继续增大，乳头的颜色变深。阴道分泌物增多，还可能出现贫血或眩晕等现象。在此时期应充分做好进行胎教的思想准备。

准爸爸 妻子在身体上的变化被准爸爸看在眼里，由孕吐而造成的痛苦也会在准爸爸的心里留下深刻的印象。这时，准爸爸千万不能有责怪准妈妈过于娇气的想法，而应该下定决心与准妈妈并肩度过10个月的孕期，给准妈妈提供最好的照顾。准妈妈在孕吐期间很容易没有胃口，准爸爸应该尽量满足准妈妈提出的饮食需求，做一些合乎其口味的菜肴。

胎盘的健康状况影响宝宝的脑部发育

胎盘在维持怀孕正常进行方面起着不可替代的重要作用，这是因为准妈妈和宝宝之间所有的交流都是通过胎盘进行的。对于在母亲腹中的宝宝来说，胎盘就是其生命之源。血液自然不用说，宝宝必需的氧气、营养成分以及免疫物质的供给，都必须依靠胎盘才得以完成。

胎盘在怀孕过程中扮演了各种各样的角色，其中最重要的莫过于它能够分泌多种激素来调节宝宝的脑部发育。由于具有这样的作用，一些科学家把胎盘称作“宝宝的第三只脑”。而第一只脑和第二只脑则当然是指宝宝自身和准妈妈的大脑了。

因此，如果想顺利地进行胎教，对胎盘进行恰当的调节和保护也就成为理所应当的事情。胎盘是在怀孕第6～8周开始发挥作用的，所以怀孕的第3个月无疑就成了进行“胎盘胎教”的黄金时期。

在第8周以前，让怀孕过程持续进行的是黄体酮，而第8周之后则改由胎盘来接替其发挥这样的作用。在怀孕的大部分时间里，制造并分泌各种激素，以及临时储存它们的任务都是由胎盘完成的。

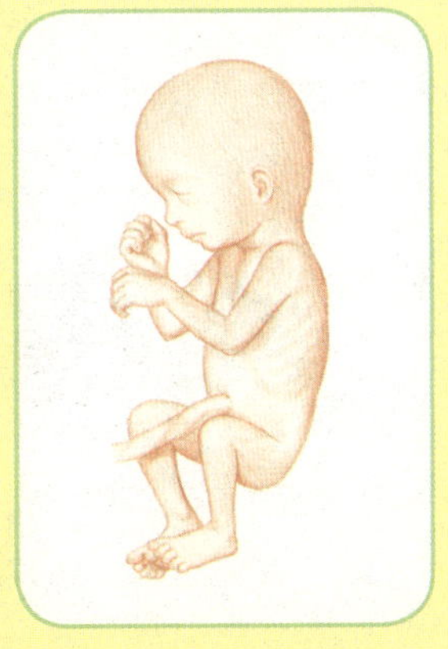

减轻准妈妈的压力很重要

当准妈妈受到一定压力时容易引起胎盘的血管收缩，从而降低通过胎盘输送到宝宝体内的血液量。一定要避免可能损伤胎盘功能的低氧环境，防止出现胎盘血管急剧收缩的情况，即减轻准妈妈所受的压力。

准妈妈应该采取各种办法来缓解自己的压力。准妈妈最好能把那些生气的、不愉快的事情连同其他烦恼一起全部忘掉，尽最大的努力来保持自己的心态平和。这正与传统胎教中欣赏优美的音乐并接触自然的声音相对应。此外，要想减轻压力给准妈妈带来的影响，周围的人所起的作用也十分重要，其中准爸爸的作用是最突出的。

注意难以觉察到的胎动

怀孕的第3个月被称作“始胎”，在这一时期里宝宝和准妈妈之间开始用脐带相连接，二者在身体上形成紧密的连接。因此按道理来说，在这个时候就可以开始真正意义上的胎教了。但是在许多父母看来，在明显感觉到胎动的第5个月再开始胎教才是比较合适的。实际上，宝宝发生实质性的胎动要早得多，的的确确是从怀孕的第3个月开始的。

怀孕的第3个月的中期是第10周和第11周，宝宝有可能在这段时间内发生自然的移动。进一步地说，宝宝是自己让身体发生移动的。如果以胎动当作开始正式胎教的基准，这一时间应当被提前到第3个月。其实，胎教开始得越早越好，专门等到哪一个特殊的日子再开始是毫无意义的。

延伸阅读

孕吐中的胎教方法

孕吐是怀孕5～12周经常出现的现象，这种现象是极为正常的，一般认为其主要诱因是胎盘分泌的孕激素。

许多准妈妈在经历孕吐之前就已经对其产生了恐惧心理。研究结果表明，能够坦然面对孕吐的准妈妈更容易克服和适应那些不适。所以，准妈妈对孕吐过分紧张并给自己造成心理负担是没有必要的。

许多与孕吐相关的有趣研究表明，在对许多孕吐较为严重的准妈妈调查之后发现，每一家最小的女儿出现这种情况的概率最高。这可能是因为她们在目睹自己的姐姐经历怀孕和孕吐的过程之后，心里自然而然地对此产生担心。

此外，那些从小听自己的母亲和祖母说“你妈怀你的那会儿不知道受了多少罪”的准妈妈，也会因为对孕吐的误解和偏见而反应较为严重。

调整好心态是一种应对孕吐的有效方法。“孕吐孕吐，你尽管过来吧，谢谢你让我的丈夫变得更体贴了”，准妈妈持有这种愉悦的心态一定能够使孕吐的症状减轻到最低，保证自己轻松地度过孕吐期间的每一天。

第13～16周

宝宝和准妈妈的变化

13周

宝宝

经历着急速生长的宝宝身长达到7.5～9厘米，体重为20克左右。其眼睛逐步从头部的两侧向脸部正前端进行位移，耳朵则从颈部移动到了头的两侧，肺、胃、肝、胰等身体器官也到达了各自应在的位置，并向着能够完全发挥其机能的形态靠近。指纹、指甲、声带和乳牙的根也一个个长出来了。

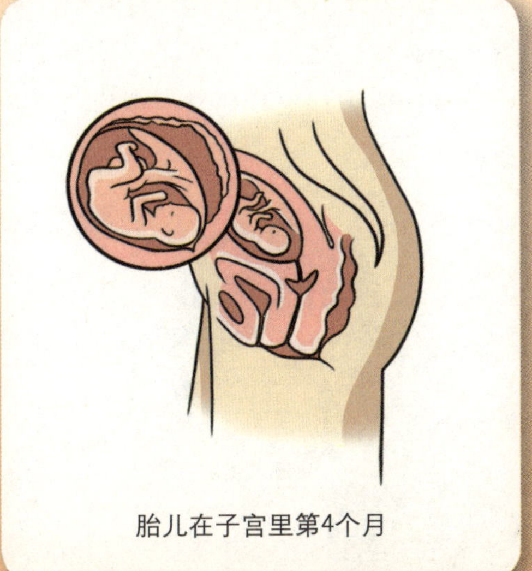

胎儿在子宫里第4个月

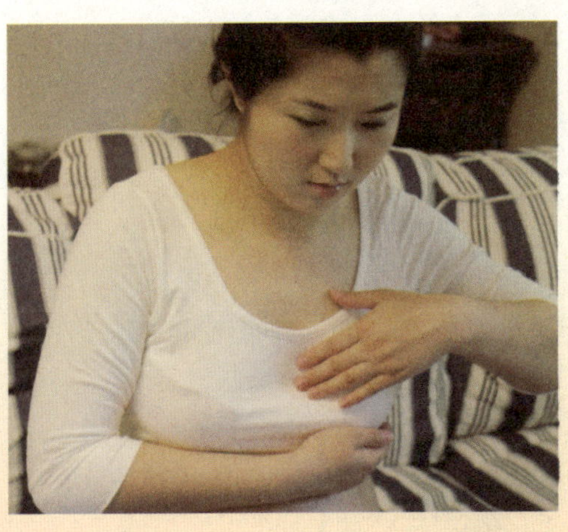

准妈妈

肚脐下方10厘米左右，耻骨上方的下腹部，是子宫的位置。怀孕第12～13周，子宫占据了整个骨盆并开始进入腹部区域。准妈妈的脸上和颈部出现了褐色的斑点，乳房开始变大并产生了刺痛的感觉。乳晕的颜色发生变化，乳腺更加发达，静脉曲张也变得十分明显。

备忘

注意姿势——以同样的姿势长久站立会增加生出早产儿与低体重儿的概率，所以应避免久站。

注意镇痛或出血症状——出现早期阵痛或出血等症状应立即请专门医师进行诊治，并一切按照医师的嘱咐行事。

14周

宝宝

宝宝身长约为7.5～10厘米，整个身体达到了普通人的拳头大小，体重28克左右。眼睛和耳朵逐渐移动到正常的部位，颈部的长度继续增加。声带生长完成，生殖器持续发育，消化腺体也已经趋于完整。

准妈妈

孕吐逐渐消失，怀孕进入了较为安定的阶段。穿较为宽松的衣服会让准妈妈感觉舒适。但是，出现了消化不良的症状，常常导致准妈妈胀气。

痔疮和牙龈炎也是这一时期容易出现的病症，因此应当选择富含纤维和水分的食物，并摄取足量的维生素C。由于胸部变得丰满，应适当改换胸罩的尺寸，以免给乳房带来不适感。

本周备忘

预防肥胖——如果把孕吐当作借口而无度进食，就很有可能造成肥胖的后果。需要注意：肥胖会引起高血压和糖尿病。此外，饮食不要口味过重，比如，过咸、过甜、加过多调味料或热量过高的食品，用餐的时候应尽量放慢进食速度。有规律地、适度地进行晨练、散步和游泳等运动对准妈妈大有益处。

牙科诊疗——怀孕的8～15周不得照射X光片，牙科诊疗也要等到12周以后再进行才比较安全。接受诊疗时一定要告知医生自己怀孕的事实，千万不可以让其在为自己治疗的过程中采用全身麻醉的方法。

15周

宝宝

宝宝身长约为12厘米，体重差不多50克。骨骼开始变得坚硬，透过薄薄的皮肤可以看见血管，刚长出的汗毛覆盖了整个身躯。有时还能看到胎儿吸吮大拇指的可爱模样。腿部的长度超过了手臂。

准妈妈

隆起的腹部，让任何人都很快判断到其怀孕了。在肚脐下方7.6～10厘米的地方可以摸到子宫。子宫的变大会给腹部和胯部带来刺痛的感觉。此外毛细血管扩张和静脉曲张等现象会使皮肤呈现红色，粉红色的乳晕不断加深，并逐渐变成褐色或赤褐色。

备忘

运动——直到怀孕的后期，相对而言较为安全的运动项目是游泳、散步、慢跑。危险项目是骑自行车、骑马和滑雪等。

睡眠习惯——就寝时尽量保证侧卧入睡，并最好养成每天在同一时间入睡的习惯。睡觉时腹部要保暖，并尽量不要突然站起或坐下。从这时开始，每天应当在原有基础上再多摄入300千卡的热量。100克猪肉加1个萝卜，或者1杯酸奶加1个中等大小苹果的热量差不多是300千卡。

16周

宝宝

宝宝身长约为16厘米，体重约为110克。宝宝开始握住自己的拳头并张开了小嘴，嘴唇开始活动，有时会做出吞咽的动作，还会吸吮自己的大拇指。头上会长出一些毳毛，肠胃开始制造出消化液，尿液也在肾脏里产生。接着手指长出了指甲，脐带附着在下腹部上，手臂开始移动。

准妈妈

宝宝长大的同时准妈妈体内的子宫和胎盘也在不断地生长。第6周之前子宫的重量只有140克，而现在已经增加到了250克左右。环绕在宝宝周围的羊水的体积也增加到了250毫升。

本周备忘

羊水检查——通过羊水检查确认宝宝是否具有各种感染症、唐氏综合征、血液疾患和神经系统疾病等先天性缺陷。但是，做羊水检查有导致流产或早产发生的危险。

加餐——准妈妈可以每天加3～4次餐。加餐应该以新鲜的蔬菜沙拉和煮熟的鸡蛋、低脂肪奶酪等营养价值较高的食物为主，但要严格控制摄入量。

饮食胎教

为胎盘、脐带和羊水提供充足的营养

怀孕第13～16周，准妈妈的“手少阳经脉”控制着宝宝的生长。“手少阳经脉”是三焦经，三焦说的是上焦、中焦和下焦，它们分别控制着机体循环、营养循环和体液循环。在胎盘里出现的宝宝体内废物和二氧化碳的排泄等机体循环过程都是通过上焦和中焦的功能完成。

另外，从母体子宫壁上循环的血液中吸收氧气、营养和免疫抗体的营养循环也是依靠中焦的功能来完成的。而下焦则控制着胎盘上的体液循环，让其自身分泌大量的激素以防止发生流产或早产。

由此而知，只有充分强化母体的三焦机能才能使胎盘、脐带和羊水起到相应的作用。如人参可以补足上焦经的元气，鹌鹑和莲藕则对下焦经大有益处。维生素B_{15}可以维持母体内氧气的利用率，使三焦的功能变得更加完善，这种物质在糙米、芝麻、南瓜子中含量很高。维生素B_{17}具有提高抗病能力，强化三焦经脉机能的功效。枇杷叶中含有大量的维生素B_{17}，将枇杷叶煮熟后放凉，冲入糖汁后再服用则是一种不错的清凉饮料。

摄取多种营养成分

这一时期宜多吃富含优质蛋白的食品，特别是牛奶、乳制品和蛋类，这对胎儿肌肉、血液和骨骼的形成都大有帮助。还要多吃肉类、鱼类和豆制品，特别是要多吃维生素B_1含量丰富的猪肉，以及含有大量DHA并对胎儿脑细胞的发育有所帮助的鳕鱼。

除此之外，补充矿物质、维生素A、维生素C以及纤维质素量丰富的绿叶蔬菜、水果和薯类也是十分必要的，这对消除便秘及维持身体的酸碱平衡非常有好处。糙米、胚芽、糖分和油脂能有效地补充能量。同时搭配鳗鱼、韭菜、香菇、芝麻和番茄等食物，可以促进消化。

可以预防流产的食物

这一时期某些准妈妈可能有少量出血的现象，人们称之为“胎漏”。此时可在医生的指导下吃一些艾蒿或者生地。《东医宝鉴》中记载：“煮糯米2合（古代单位，1合为10勺，即1/10升）并熬之成粥，待糯米变熟之后兑1合生地汁空腹食用。”其效果也非常好。

葱是我们离不开的配料，糯米熬成粥，加入3～5只葱根，煮熟后食用。或取葱根煮成较浓的汤汁服下亦可起到安胎之效。

鲤鱼和香蒲也具有很好的功效。后者的止血作用十分明显，将香蒲与蜂蜜一起制作糕点或取其嫩芽掺在泡菜里也能起到同样的效果。

运动胎教

随着胎儿的快速成长，准妈妈的腹部渐渐隆起，但还不笨重。在这一时期以不勉强自己为前提，做一些运动还是很有好处的。

支撑子宫的腹部韧带在这一阶段常常会产生痛感，许多准妈妈在翻身或移动整个身体时会常常感到疼痛，这种疼痛有时就像被锥子刺中一样疼痛。

由于准妈妈骨盆中间的软骨发生软化，其耻骨的结合部位往往会出现问题并产生不适的感觉。这种情况还会因为在运动中突然改变方向或强度而变得更加严重，所以一定要避免那些要经常转向或改变速度的运动项目。

拉伸背部

两腿向前完全伸直，脚腕向上弯曲。做出拉自己脚尖的姿势。注意膝盖不能弯曲，背部不要弓成圆形，尽量向前伸展自己的手臂。

功效：可以松弛背部的肌肉，消除紧张的感觉。

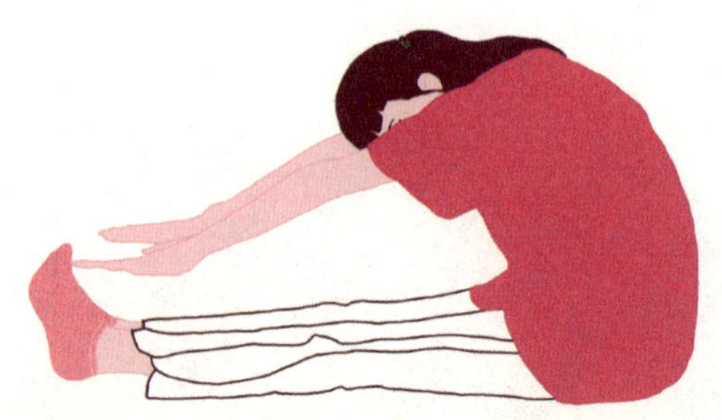

伸展背部

双手扶住墙壁，努力让手臂和身体形成直角。用这种姿势按压自己的肩和背。

功效：可以强化背部肌肉并松弛肩部。

转动脊椎

将两腿向前完全伸直并分开，脚腕向上弯曲，挺直背部并保持此坐姿。转动身躯并做出向后看的姿势，在左右两个方向之间切换。

功效：可以松弛肋部肌肉。

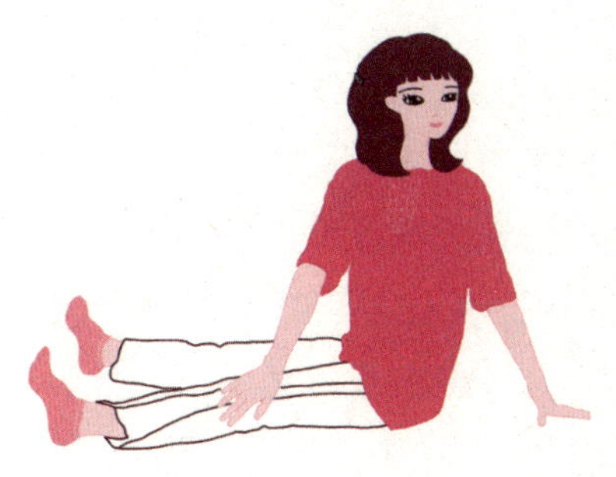

左右推动骨盆

两腿分开与肩同宽，保持站姿并稍稍弯曲膝盖。用力向右推骨盆，之后再用力向左推。

功效：可以锻炼骨盆部位的肌肉。

前后推动骨盆

两腿分开与肩同宽，保持站姿并稍稍弯曲膝盖。上身保持不动，用力向前推骨盆，之后再用力向后推。

功效：可以强化骨盆底部的肌肉。

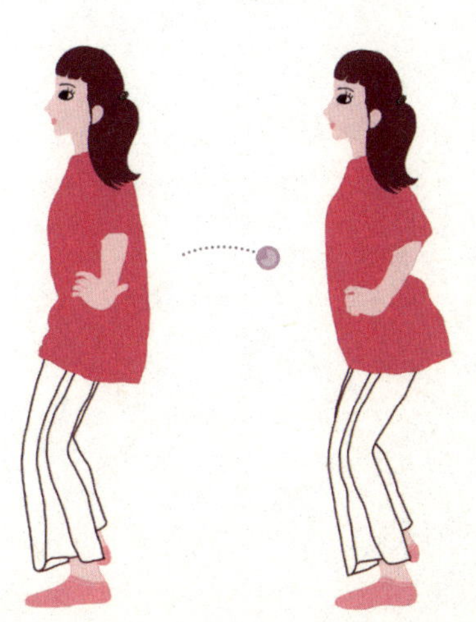

针对牙龈炎和牙龈出血

①在肾脏反射区涌泉穴上用大拇指轻按3～4次。

②在输尿管反射部位用大拇指轻按4～5次，每次4秒钟。

③在膀胱反射区用大拇指轻轻按压4秒钟。

④按照箭头所示方向滑动并向里推以进行按摩脚背。

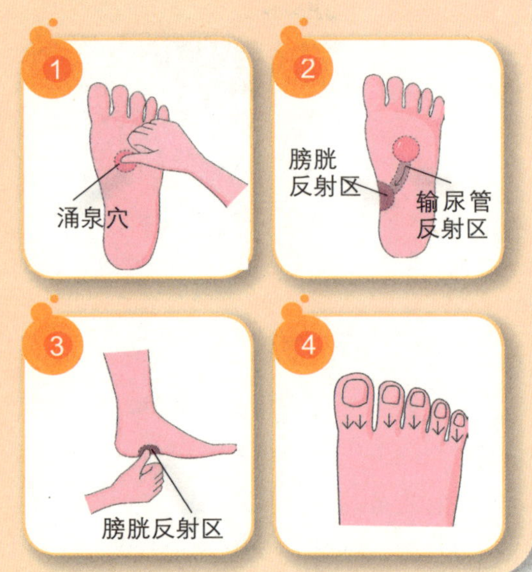

针对痔疮

①用大拇指在涌泉穴上按3～4次，每次4秒钟。

②在脚后跟底面边缘位置的肛门反射区，用大拇指反复按4～5次，每次4秒钟。

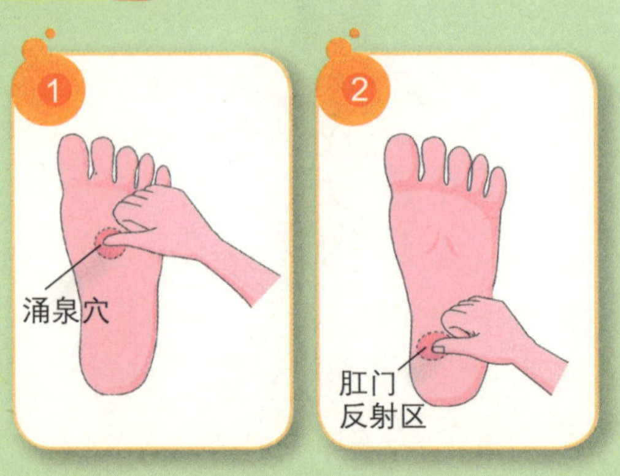

针对消化不良

①用大拇指按涌泉穴3次，每次持续4秒钟。

②按脑垂体反射区3次，每次持续4秒钟。

③在内分泌系统反射区用大拇指按逆时针方向画圆，需做到从内向外揉搓并重复2～3次。

④用大拇指在足部的内、外侧脚踝上按照逆时针方向画圆，重复2～3次。

⑤从内向外数第二个和第三个脚趾之间的脚背部分是胸部反射区，在此位置按照箭头所示方向搓摩，重复4～5次。

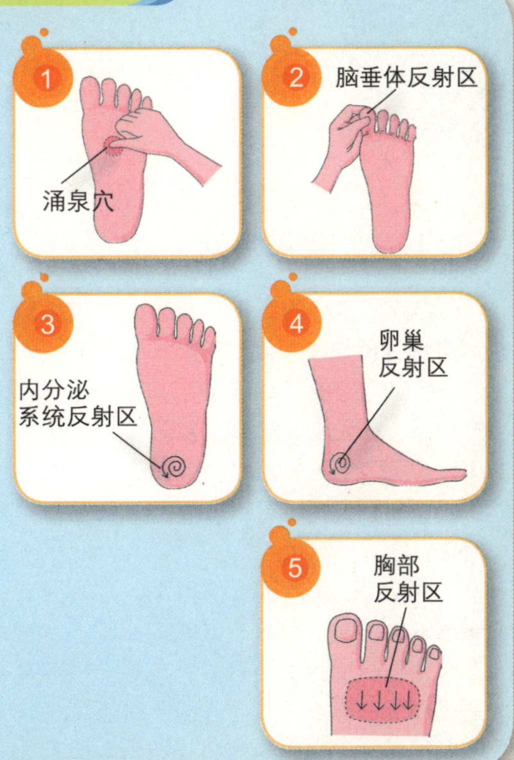

防止便秘

①在涌泉穴上用大拇指按3～4次，每次4秒钟。

②在输尿管反射部位上用大拇指轻按4～5次，每次4秒钟。

③用大拇指和食指在大脚趾上的大脑反射区按4秒钟以上时间，重复4～5次。

④在脚底的小肠反射区按照箭头方向滑动按摩，重复4～5次。

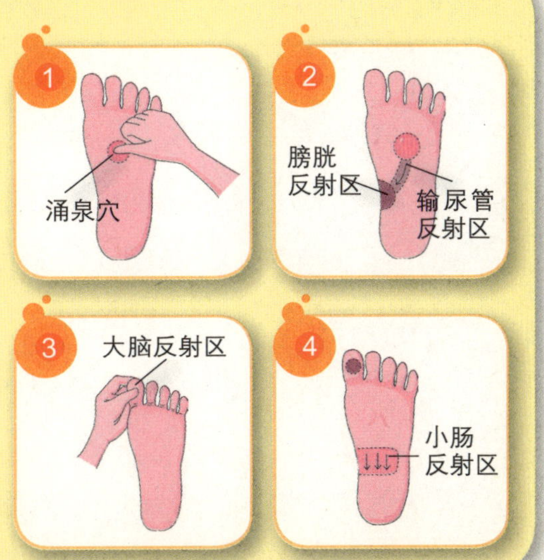

想让宝宝有很高的IQ，准妈妈要保持平和的心态

宝宝、准妈妈和准爸爸的“3人4脚”胎教行动

宝宝 孕期的第13～16周是宝宝大脑发育速度最快的时期。在第16周结束的时候，宝宝的脑部已经占据了头盖骨里的整个空间，而这时头部事实上只有乒乓球大小。宝宝已经能对外界的强光和噪声做出反应，并且开始出现了愉快、不安和愤怒等情绪。

准妈妈 进入了安全时期，孕吐状况逐渐减轻，食欲变好，妊娠纹出现了。根据宝宝生长发育的需要，准妈妈要继续补充优质蛋白等营养成分。由于宝宝还拥有了各种感情，准妈妈保持愉快的心情就显得格外重要。除此之外，宝宝对温度的变化较为敏感，因此准妈妈不宜呆在过冷的环境中，也不要沾凉水。

准爸爸 准爸爸要把工作重心放在怎样让准妈妈保持平静的心态上。宝宝为了造血，必须不断地通过胎盘来吸收母体的铁元素，有一些准妈妈因此而患上了贫血。在这一时期及时给准妈妈补充铁是准爸爸必做的。不过，补充过多的铁会引起便秘，准爸爸最好每天早上递给刚起床的准妈妈一杯温开水。由于已经进入了怀孕的安全时期，可以在适当的情况下进行一定的性生活。

是什么决定了宝宝的IQ

在市场上销售的众多育儿类的书刊杂志中，指导怎样提高孩子智商（IQ）的内容备受青睐。那么，智商与胎教有什么样的联系呢?

在20世纪初，学者们普遍认为智商80%是遗传来，然而最近学者们通过各种研究与实验得出了“就决定人类智商的因素而言，宫内环境比基因占据了更加重要的地位”这样的结果。

如何创造出良好的宫内环境呢?答案自然是进行持续、充足的营养供给，维持平和的心态以及避免接触各种有害物质。这与传统胎教的理念是完全吻合的。概括而言就是要让准妈妈保持好的心态并尽量远离不良的事物。尽管很多现代人看重的是早期教育和英才教育，祖先们却早已明白十月怀胎的历程才更重要这一事实了。

关于智商的研究结果不仅对准妈妈自己，对其丈夫、亲戚、同事等所有周围人的启示也都是相当巨大的。它使智商在人们心目中的地位完成了从“因为来自遗传，所以无法改变”到“通过努力就可以争取”的转变。

压力可能削减宝宝的脑部体积

压力会给准妈妈和宝宝带来什么样的影响呢？我们都知道接触烟酒会给准妈妈和宝宝带来极为不良的影响，这是因为它们会使其血液当中的酒精或尼古丁等有害物质的含量上升。事实上，压力会比烟酒造成的危害更大。

压力有可能削减宝宝的脑部体积。压力会使宝宝的细胞的分化受到阻碍，对宝宝正在朝向完全状态发育的脑部直接造成恶劣的影响，会给宝宝大脑组织的发育造成困难，还有可能导致宝宝日后出现一定的精神障碍。

有关学者还提出了“长期经受压力困扰的准妈妈所生下的宝宝可能带有脑部DNA含量不足的缺陷”这样的观点。

延伸阅读

压力与“胎儿窘迫”

即使是一般人，压力也会给身体带来各种各样的变化，比如，在受到刺激或碰见伤心的事情时，许多人都曾有过颈背发酸、头痛或心悸的经历。

事实上，以上这些大多是由于身体各部位血管收缩，导致血压上升，呼吸次数增加且体温升高而引起的。

如果准妈妈在较长时间内持续地受到压力，就会逐渐变成酸性体质，这会使所有接受血液供给的组织受到影响，对宝宝的影响将是致命的，宝宝会产生被称作“胎儿窘迫”的症状。一定要记得给予准妈妈更多的谅解与照顾，使她保持愉快的心情。

第17～20周

宝宝和准妈妈的变化

17周

宝宝

宝宝身长约为18厘米，体重则在过去的2周中增加了3倍，变成150克左右。从这一时期起胎儿的生长速度逐渐变慢，身上出现了褐色的皮下脂肪，脊椎的神经纤维也逐渐被白色的脂肪所包围，听觉器官也在此时逐渐进入发育状态。

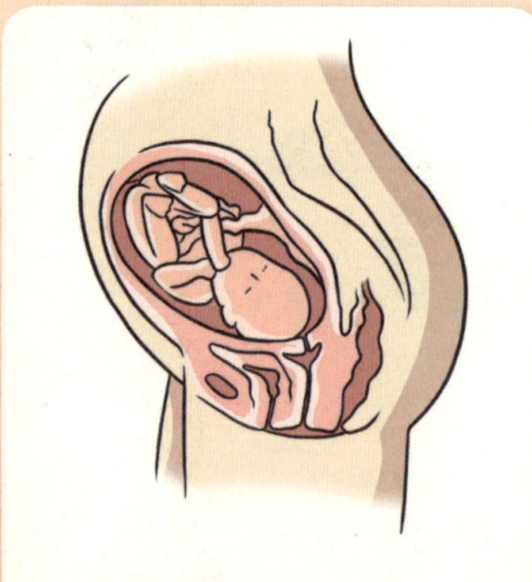

胎儿在子宫里第5个月

准妈妈

准妈妈的下腹部开始迅速隆起，此时穿孕妇装会很舒适，体重增加2.5～4.5千克是很正常的。尽管怀孕期间会出现不同程度的色素沉着，但这些大多会在宝宝出生以后自动消失，所以没有必要为此过于担心。

备忘

控制体重，保证营养——充分摄入新鲜蔬菜、水果、粗粮和干果等食品。

检查分泌物——记住只穿纯棉内衣，以防止阴道感染，如果出现黄色或淡青色分泌物时，一定要去医院检查。

18周

宝宝

宝宝的身长已经达到20厘米了，体重增加到200克，通过X光可以清晰地看到宝宝的骨骼轮廓。心脏开始收缩活动，循环系统也进入了发育的状态，并最终与母体的循环系统完全分离。通过B超检查可以发现宝宝的心脏是否存在异常。

准妈妈

准妈妈的体重可能已经增加了4.5～5.8千克。如果体重增加过多或过快时，则要引起注意。有些准妈妈的皮肤和发质会有明显的改善，但会出现腰痛，激素的变化还可能导致肩部疼痛。子宫继续变大给骨盆附近的关节造成影响。

备忘

预防膀胱炎——怀孕期间患膀胱炎则有可能导致早产或生出低体重儿，所以准妈妈一定要改掉憋尿的不良习惯。

补充铁元素——准妈妈每天都要保证摄取30毫克左右的铁元素，可以通过食用橙汁、肉类、鸡蛋和蔬菜来实现这一目标。其中鸡肉、牛肉、动物肝脏、菠菜和甘蓝的铁元素含量最丰富。如果再和含丰富维生素C的食品一起食用，可以最大程度地增加吸收率和利用率。

19周

宝宝

宝宝的身长约为23厘米，体重达到了260克。从此时起到出生为止，宝宝的体重还会增加约15倍。这段时期内，宝宝会有蹬踢的动作，不仅手臂开始移动，手指和脚趾也开始运动，脑部与脊髓继续生长。

此外，与身体的其他部位相比，腿部的发育幅度最明显，宝宝的骨骼此刻则暂时停留在由软骨组织构成的初始阶段上。

准妈妈

抚摸耻骨结合处与肚脐中间可以感觉到子宫的存在。准妈妈的体重已增加了3.6～6.3千克，其中胎儿重200克左右，胎盘重约170克，羊水和子宫则各占约320克。

孕妇的臀部和肋部变得丰满，乳房的重量则达到了约180克。最好每隔4～5周就到医院检查乳房是否存在异常情况。

备忘

补充水分——准妈妈原有的各种过敏反应可能加重，此时摄取大量的水分可以有效地缓解过敏症状。

注意健康——准妈妈应随时观察自己是否出现浮肿、阴道出血、头痛、高烧或畏寒等症状，此外还应特别注意避免受伤或出现交通事故等情况。

20周

宝宝

宝宝的身长约为25厘米，体重约为320克。宝宝的手心和脚底上出现了纹路，眼皮上还长出了细细的睫毛。胎脂开始生成，并时刻起着保护宝宝皮肤的作用。

准妈妈

子宫继续长大，并且几乎到达了肚脐的位置。通过B超检查可以确定是否怀有双胞胎。色素沉着可能变得更加明显，但让人放心的是这种现象会在生产之后逐渐恢复正常。

在进入孕中期的时候，乳房开始分泌淡色的乳汁。

备忘

性生活——在保证夫妻之间进行充分交流的前提下可以继续进行性生活，也就是说没有必要因为担心会对宝宝产生影响就无条件地采取回避的态度。但是，在性生活之后假如准妈妈出现子宫收缩或出血等不良反应，应立即前往医院。

流产——尽管进入了怀孕中期，但仍有可能发生流产。看到粉红色或褐色的分泌物时应立刻意识到这是一种危险的信号，最好前往医院。

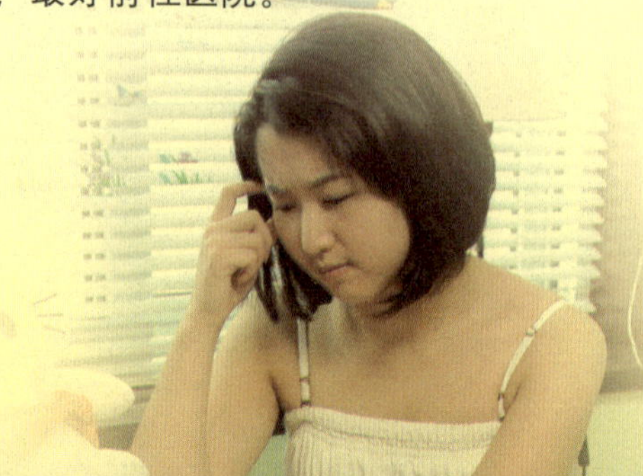

饮食胎教

选择促进肌肉和骨骼发育的食品

怀孕17～20周母体的足太阴经脉掌控着胎儿的生长。足太阴经脉与脾脏紧密相关，因此，只要加强准妈妈脾脏的机能就会对胎儿的肌腱、骨骼、四肢和头发的生长有所帮助。

准妈妈可以蘸着调料食用一种叫做苍术的草药，也可以煮苍术茶来服用（服用前最好咨询医生）。柳橙的外皮与大枣对脾脏有很好的补养作用。大枣不仅可以泡茶饮用，还可以煮熟以后单取枣肉，随时服用。

柿饼具有强化脾脏机能的作用。可以将柿饼泡在牛奶中浇上蜂蜜服用。

除此之外，汤、小米、糯米、扁豆、牛肉、鲫鱼和冬苋菜也同样有此功效。

益于宝宝脑部发育的食品

由于宝宝的大脑在这一时期快速发育，所以选择对其脑部发育起到帮助作用的食品尤为重要。

第一，以海带为代表的碘类含量较高的海藻类食品，以牡蛎为代表的各种贝类食品。

第二，硒元素也非常重要。黄油、鱼、大蒜、贝类、小麦胚芽和苹果当中都含有大量这种物质。在享用以上食物的同时适量吃富含维生素E的芝麻、葵花子和扁桃等食品，可以提高硒元素的吸收率。

第三，摄取大量的维生素B_1。酵母、小麦胚芽、海藻类及大豆富含维生素B_1。

第四，铁元素也格外重要。海苔、木耳、绿茶、竹笋、芝麻中都含有大量的铁。

第五，钙元素也是必需成分之一，它可以使骨骼变得更加结实。虾皮、沙丁鱼与奶酪都含有大量的钙。

第六，钾元素也值得重视。食用晒干的海带可以补充大量的钾元素。鹿尾菜、干萝卜片以及干香菇中也含有大量的钾元素。

这一时期，宝宝已经具有了相当的重量，平躺状态下所做的运动最好不要持续很长时间，因为平躺姿势会影响血液的正常流动。

平躺着进行的动作还会给静脉造成压力，从而导致低血压，这样做还可能引起眩晕症或排尿量增加等后果。所以从现在开始准妈妈要尽量避免采用平躺姿势进行任何活动。

扭动背部

俯卧，并用双手撑住地面，然后尽量提起自己的上半身。在扭动上身的同时回头看自己的脚后跟。

功效：可以放松背部两侧的肌肉。

抬起双脚画圆

两手向后扶住地面，双腿并在一起尽量上举。两腿同时在空中画圆。

功效：可以强化腹部肌肉。

转动脚后跟

伸展双臂，抬头挺胸，尽力抬起脚后跟，持续一会儿以后再放下。

功效：可以增加腿部力量，并有助于掌握身体的重心。

胸部运动

两臂各弯曲成直角并分开到身体两侧，小臂与地面保持垂直。

吸气之后用嘴呼气，同时两臂向前并拢，接着再继续做分开、并拢的动作。

功效：可以锻炼胸部和背部的肌肉。

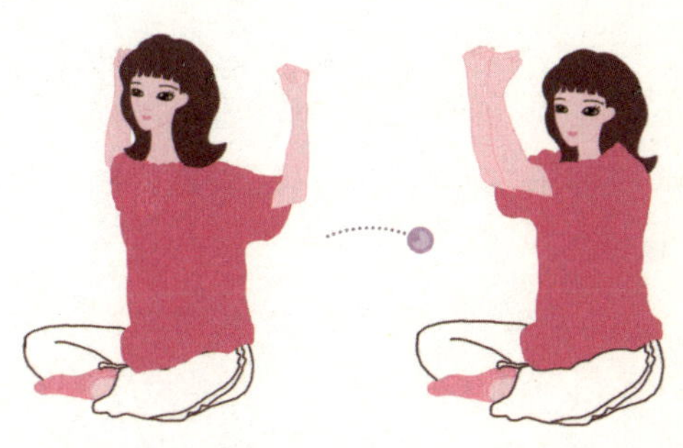

转动手臂

以放松的姿态站立，两臂抬至与肩同高，掌心向外，向手臂上注入全身的力量。

随后用手臂带动肩部从前向后转动，然后再改至从后向前。

功效：起到强化肩部和臂部肌肉的效果。

前后分脚半跪

一只脚迈向前方，同时双手掐腰保持站立的姿势。

接着渐渐将两膝弯成直角，身体半跪下来。然后改换另一只脚迈向前方再重复半跪的动作。

功效：增强腿部肌肉的力量。

针对肩背疼痛

①先在涌泉穴上按3次，每次4秒钟，然后向下滑动，按压输尿管反射区，重复9次。

②按压足部内侧的膀胱反射区3次，每次4秒钟。

③在膀胱反射区和靠近跟腱方向的尿道反射区之间，照椭圆形的弧线扫过，达到按摩的作用。

④从脚腕开始一直到膝盖上10厘米，按摩内侧、外侧和后侧。

⑤在脚底内侧再稍微靠上一点的部分是能够对背部起到反射作用的中足骨。在这一反射区按照从脚趾到脚后跟的方向滑动并按压，重复9次。

⑥脚上与肩部相对应的反射区是小脚趾的侧面部分。在这一部位按照从脚趾到脚跟的方向滑动着进行按摩，重复9次。

⑦小脚趾和大脚趾下端之间的脚底部分是对应背部和肩部的反射区域。在此部位按照从小脚趾到大脚趾的方向进行9次以上的按摩。

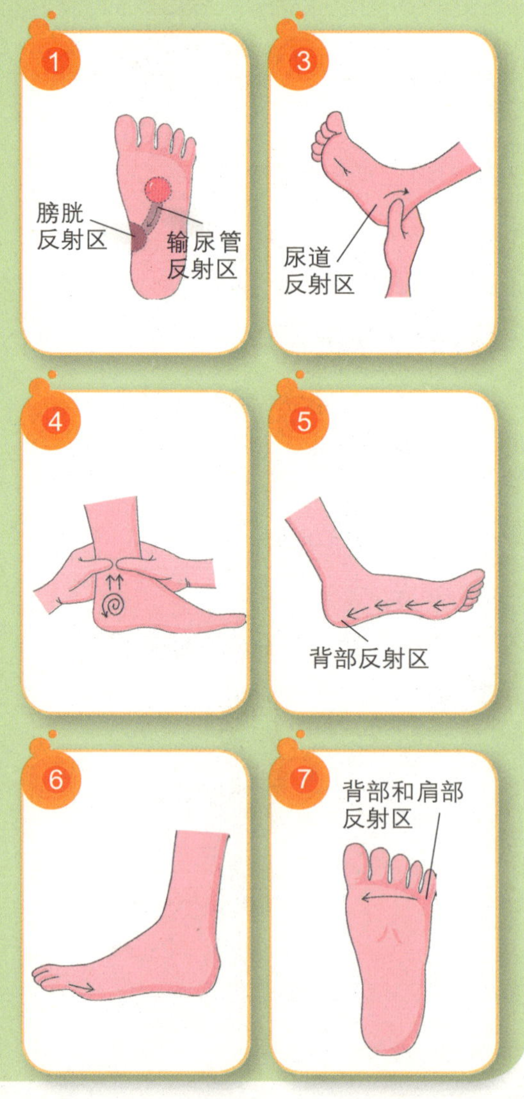

针对腰部疼痛

①在肾脏反射区涌泉穴上用大拇指轻按3～4次。

②接着在输尿管反射区上用大拇指轻按4～5次，每次4秒。

③用大拇指在膀胱反射区上轻轻按压4秒钟。

④用大拇指在尿道反射区上滑动揉搓9次以上。

⑤在脚的内侧面从大脚趾往下依次是颈椎、胸椎、腰椎和尾骨这几个脊椎部分的反射区，用大拇指在这一区域滑动按摩4～5次即可。

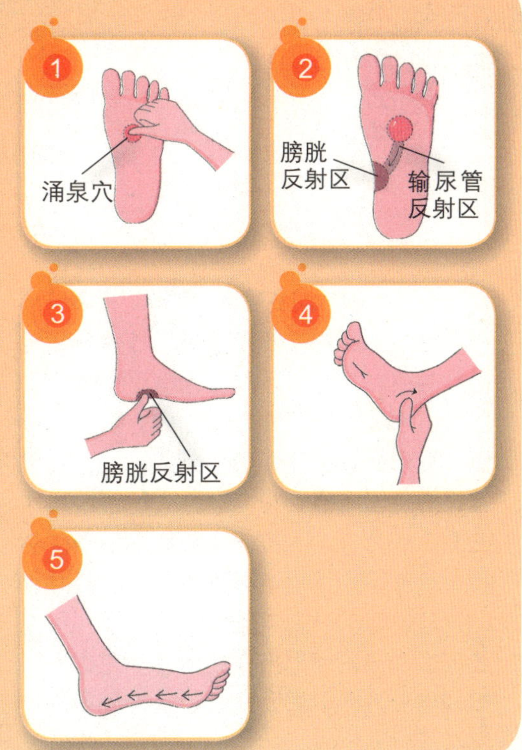

针对头痛

①在位于脚底中央的肾脏反射区涌泉穴上按3次，每次4秒钟。

②用大拇指来回移动并在每一个脚趾靠近顶端的凹陷处各按2～3次，每次持续4秒钟。

③如果出现头痛并感到颈部僵硬时，就找到大脚趾和脚底连接的凸起部分，并在这一区域的中央位置从上向下捋，重复9次左右。

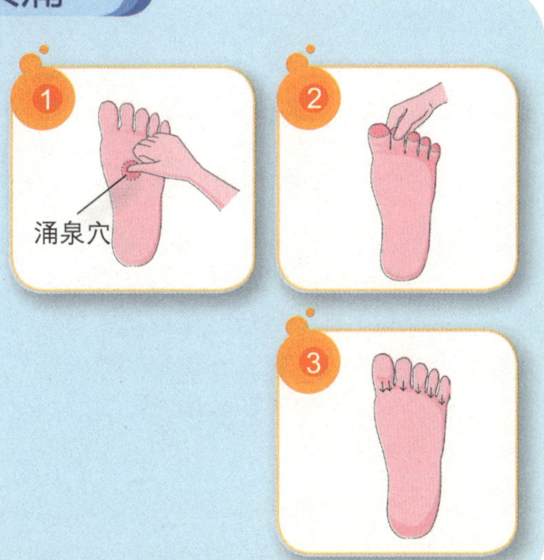

准爸爸要积极与宝宝交谈

宝宝、准妈妈和准爸爸的“3人4脚”胎教行动

宝宝 到孕期的第5个月时，宝宝头部的大小足以占据全身的1/3。随着身体的活动幅度越来越大，准妈妈很可能感受到胎动。在宝宝的各种感官当中，听觉和视觉器官已经具备了相当完善的功能，所以准妈妈应当尽量避免与此相关的各种有害的刺激。此外，宝宝的心脏机能逐渐发育完全，使用听诊器就可以听见其心脏跳动的声音。在这一时期进行B超检查，可以看见宝宝吸吮自己拇指的模样，这也可以被看作是为了以后吸吮母亲乳汁而做的一种练习。

准妈妈 由于感觉到胎动，准妈妈能强烈感受到怀孕，身体的变化也明显增多，包括体重增加、下腹隆起、乳房变得丰满、乳头的颜色逐渐加深。由于孕吐症状完全消失，准妈妈食欲大振，一定要注意自己的体重，每个月的增长幅度应控制在2千克以内。总而言之，这时准妈妈的身体和心理都逐渐进入安定的状态。

准爸爸 出现胎动，表示宝宝已经进入了一个相当活跃的状态，准爸爸应该积极地与宝宝交谈，可以从简单的打招呼开始做起。常常抚摸准妈妈的腹部可以对宝宝产生积极的影响。

给予宝宝良好的感官刺激

人类都具有五感，即视觉、听觉、嗅觉、味觉和触觉，宝宝也同样具有这五种感觉。到了孕期的6个月之后，随着感觉器官的不断发育，宝宝才终于完整地获得这五种感知能力。

宝宝的这五种感知能力在性质上是有差异的，视觉、听觉、嗅觉和味觉是直接的，而通过母体发挥作用的触觉则是比较间接的。

已经有多项研究结果表明，宝宝在母亲腹内可以听见准爸爸、准妈妈的说话声。实际上在整个孕期，这种说话声就是对宝宝具有最大引导作用的声音。准爸爸、准妈妈在轻声阅读书籍或温柔交谈时，一定要记住这些声音时时刻刻都会被宝宝听到。

避开嘈杂的环境

宝宝时刻处在准妈妈体内自然产生的各种杂音中，这些杂音包括准妈妈的心跳声、肠道蠕动的声音等。只要想想在饥肠辘辘时肚子发出的那些奇怪响声，就能够体会到宝宝得经受多么大的噪声困扰了。

在受到内部和外部噪音同时影响的情况下，无论准爸爸和准妈妈的声音多么悦耳动听或充满爱意，这种讯息都无法正常地传达给宝宝。所以说，要想将准妈妈或是准爸爸的说话声完整地传达给宝宝，就一定要选择安静的环境。

在针对噪音的各种研究当中，有一项科研成果表明，嘈杂的环境会减缓宝宝呼吸功能的发育。

避免宝宝的听觉受到过大压力

有一项研究结果表明：宝宝在受到较大的声音刺激时，可能做出吞咽羊水的反应。对于宝宝而言羊水是一种非常重要的物质，宝宝把它吞入腹中就会造成子宫内羊水量的减少，而且如此消耗掉的那部分羊水是无法再生的。羊水含量的减少意味着保护宝宝不受外界影响的屏障变得更加单薄，这样就形成了一个对宝宝造成危害的恶性循环。

听觉上的过大压力会导致羊水量减少从而妨碍宝宝的正常发育，这无疑是一种非常致命的后果。所以，准妈妈最需要做的就是身处尽可能安静的环境当中并保持和他人用低音量进行对话。这一点不仅准妈妈自身应当牢记，还应该让丈夫、同事等周边人也都加以了解，只有这样才能得到他们实质性的帮助。

延伸阅读

为什么非要听莫扎特的音乐

对于宝宝来说最美妙的声音就是来自妈妈的声音。在孕期里应该多创造一些让宝宝听见妈妈温柔话语的机会。除此之外，能和妈妈的声音相媲美的就属音乐了。正因为如此，许多准妈妈都把积极地学习和欣赏各种音乐当作头等大事来做。

那么，什么样的音乐才是最合适的呢？面对这个问题，有许多人都会说出“莫扎特”这个答案。

研究结果表明，莫扎特的音乐不仅能提高人的智能，而且还会对人的情绪产生积极的影响。学者们经过分析，发现莫扎特的音乐与准妈妈心脏跳动声的频率惊人的相似，在节奏上都是3/4拍的。在此基础上还有一种说法认为宝宝会配合莫扎特的音乐做出点头的反应，但这还没有得到广泛的认可。

总之，怀着喜悦和期待的心情去欣赏莫扎特大师创作的美妙旋律绝对是一件有益无害的事情。无论是出于自己本身的爱好还是特意为了进行胎教，就让莫扎特的音乐一直陪伴准妈妈度过孕期吧。

第21～24周

宝宝和准妈妈的变化

21周

宝宝

宝宝的体重约为390克，身长约为26厘米。消化系统逐渐发挥作用，小肠进入到放松和收缩的反复运动状态当中。宝宝开始有吞咽羊水的举动，从某一角度讲，这也是一种补充营养的过程。

准妈妈

在肚脐上方1厘米的地方可以摸到子宫。准妈妈的体重增加了4.5～6.3千克，腰身明显变粗，乳腺开始分泌乳汁，这时最好不要用面巾纸去擦拭和挤压乳头，以免造成不良的刺激。

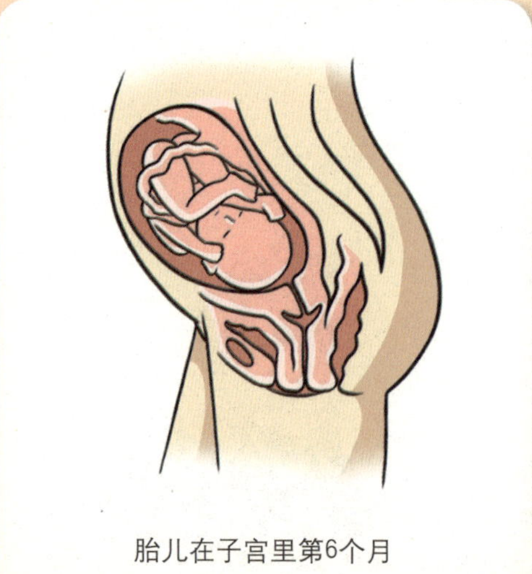

胎儿在子宫里第6个月

怀孕6个月左右的时候，某些准妈妈会出现忧郁症状，这种症状可能持续到分娩之后，应积极进行早期的预防和治疗。

备忘

静脉瘤——对于高龄和从事站立工作的准妈妈来说，静脉瘤症状可能比较严重。穿低跟或平底的鞋，做抬腿的动作或者接受按摩都可以解除腿部的疲劳感觉。

食欲——由于消化器官受到激素的影响，准妈妈对食物的喜好与平时相比可能有较大的变化。此时无论食量增加还是减少都是正常现象，没有必要为此感到忧虑。

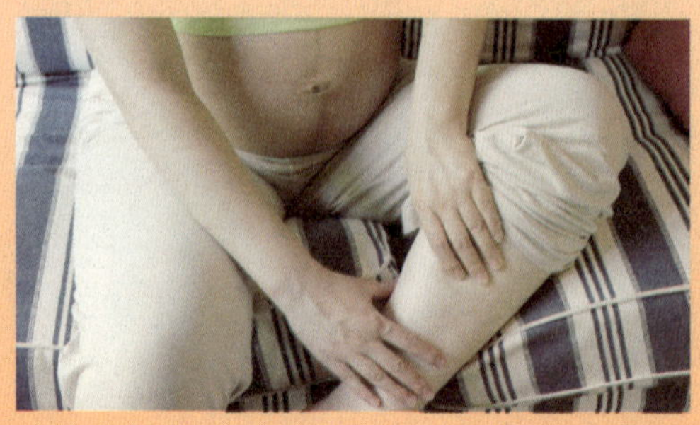

22周

宝宝

宝宝的体重约为470克，身长达到27厘米左右。宝宝的眼皮和睫毛开始发育，手指甲也长了出来。

准妈妈

准妈妈进入了较为平稳的状态，孕吐症状几乎完全消失，胃口也逐渐恢复。身上可能突然长出痣来，或者原来的痣体积增大或颜色加深。此外乳房继续变大，腹部可能出现很显眼的妊娠纹。

备忘

贫血——铁的缺乏会导致贫血，因此准妈妈要积极地摄取含铁丰富的食物，还应记得每天喝足够的水。充足的水分可以帮助营养吸收并促进新细胞的生成，还可以有效地缓解头痛、子宫痉挛和膀胱炎等症状。饮用牛奶、蔬菜汁、果汁也是保证水分供给的有效办法。

乳房按摩——应从此时期开始养成按摩乳房的习惯，在洗澡之后、上床以前轻轻地进行适当的按摩可以取得最佳效果。

23周

宝宝

宝宝的体重差不多是550克，身长约为28厘米。听觉不断发育，嘴唇也变得更加分明并逐渐丰满圆润起来，面部越来越接近新生儿出生时的模样。宝宝的皮肤上有许多皱纹，覆盖全身的汗毛颜色变得更深了。

准妈妈

准妈妈的腹部明显变圆，体重增加了5.5～6.8千克，子宫底与肚脐等高，臀部、面部和手臂变得圆润，胸部也渐渐丰满，需要戴专为准妈妈设计的胸罩。

备忘

限制盐的摄取量——过多摄取盐分会使身体发生浮肿，所以应当将每日盐分的摄取量控制在5克以下。膨化食品和快餐食品中都含有大量的盐，准妈妈最好少吃。

避免过度疲劳——工作过量、长途旅行或是剧烈运动都会给身体带来无法承受的负担，一定要要注意不可过度疲劳。

24周

宝宝

宝宝的体重约为630克，身长约为30厘米，头部显得较大。宝宝的肺部血管开始发育。

准妈妈

子宫底的高度到达了肚脐上方3.5～5厘米的位置，由于身体里含水较多，所以面部看起来有些浮肿。乳晕更加明显。

激素变化常常引起鼻塞和流鼻血等。如果出现这些症状，最好在室内放置加湿器并服用适量的维生素，可起到预防的作用。

备忘

运动——有规律的运动可以使孕妇为应对整个分娩过程以及阵痛做好准备。曾做过人工流产手术的准妈妈很容易出现宫颈口松弛，这有可能成为流产的诱因，因此一定要多加注意。

保持均衡的饮食——充分摄取铁以预防贫血的发生。食用充足的水果、豆类、绿叶蔬菜和粗粮以达到均衡饮食的目的。在外用餐时尽量从稳妥的角度出发，点一些平时在家里常吃的东西。要避免吃太咸的菜肴，选择低脂肪类的食物，并最大限度地减少吃快餐食品。

饮食胎教

选择强化肠胃功能的饮食

在怀孕的第21～24周，母体的足阳明经脉控制着胎儿的生长，这条经脉所对应的器官是胃。如果能够强化母体的肠胃功能，就可以促进胎儿的筋骨形成和骨髓造血。

能够起到强化肠胃功能作用的食物有：葛根、人参、生姜、糯米、牛百叶、羊肉、母鸡、鲫鱼、梭鱼、黄花鱼、橘子、大枣、柿饼和韭菜等。

准妈妈应坚持摄取牛奶、乳制品、肉类、鱼类、豆类，以保证优质蛋白的供应；还要选择含丰富铁质和维生素B_1、维生素B_2的食物，并同时注重补充维生素A、矿物质和纤维质等其他营养成分；应摄入足量的糖分和脂类以不断地获取必需的能量。

常吃海藻类食物

海带等海藻类食品不仅在缓解便秘方面有着极好的效果，还含有可以促进宝宝生长发育的特殊成分。

有运动习惯的准妈妈若食用海藻类食物就可以使自己的运动能力得到很大的提升，从而为生下健康的宝宝打下良好的基础。

摄取含铁丰富食品

为了给宝宝的大脑供应充足、新鲜的氧气，准妈妈一定要避免缺铁情况发生。

贝类含铁量最为丰富，芹菜和菠菜里也同样含有大量的铁。巧克力也是含铁的食物，但铁与钙存在着互相制约营养作用的现象，所以最好不要同时食用巧克力和牛奶。

运动胎教

准妈妈的腹部已经明显地凸起来，膨胀的子宫给肠部和结肠带来了不良的影响，因而可能导致便秘。此阶段，准妈妈最好通过少量的运动来使肠部的活动变得更加顺畅。

此外，采取正确的姿势是特别重要的。要知道人的姿势对身体的平衡、呼吸、外形和动作都有影响。随着宝宝的长大，许多准妈妈常常会出现腰痛的现象，这多半是由不正确的姿势引起的。因此要养成保持正确姿势的习惯，并经常进行强化腰、背部肌肉的运动。

在怀孕期间穿舒服的鞋子格外重要。许多职业女性此时都会出现足部和脚腕肿胀的现象，这是由久坐或久站而带来的血液循环不畅所引起的。因此，给脚和脚腕做按摩或常常转动手腕、脚腕都大有益处。

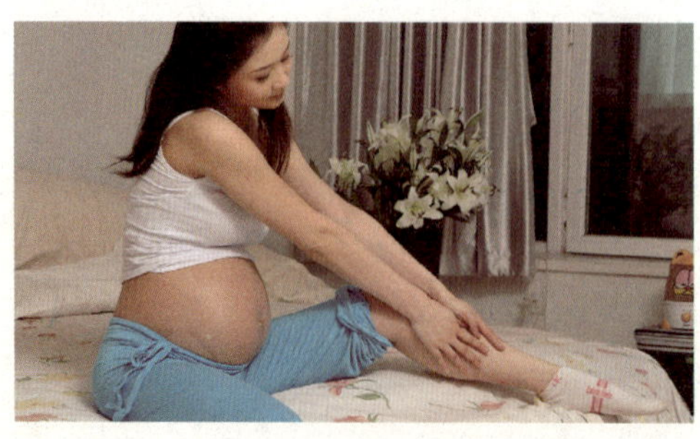

轻摇腹部

双手和膝盖撑起整个身体，让腹部完全放松下来。身体向两侧轻轻晃动。

功效：可以舒展腹内的空间，疏通肠道。

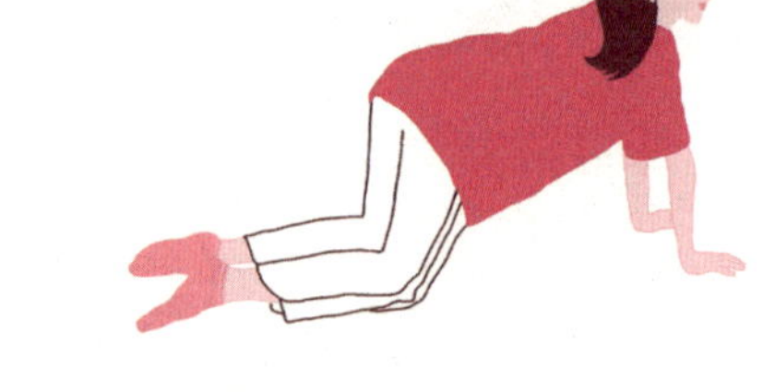

半坐式

两腿分立，与肩同宽，双臂向前平伸，与肩同高。

慢慢地将双腿分开进行坐下再站起的动作，尽可能不让臀部往后陷，让双腿集中力量坐下再站起。

功效：可强化大腿内侧的肌肉。

两腿分开半站

将两腿向左右方向大幅度分开，在这样的站立姿势下平伸双臂至肩部的高度。

保持双臂左右平举，让双腿的夹角接近90度，然后下坐2次，将力量集中到臀部再向上提升2次。

如果觉得保持平衡较为困难，可以抓住椅子或书桌的边缘来完成这个动作。

功效：可以起到锻炼大腿内侧和臀部肌肉的效果。

转动手腕

捏紧拳头并将手腕轮流向上和向下弯曲，再进行从里向外和从外向里的转动。反复进行这一动作。

功效：可以促进血液循环。

转动脚腕

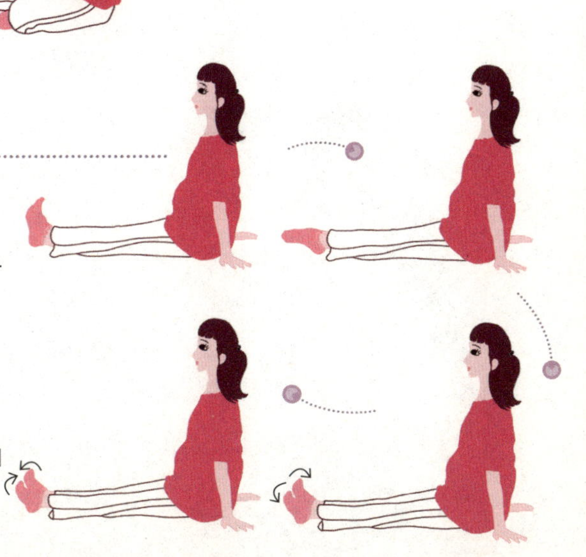

将双腿向前平伸，背部挺直，双手撑住地面。

脚腕尽力向上弯曲再改向前伸出，双脚从里向外再从外向里地转动。

功效：可以促进血液循环，预防和缓解足部肿胀。

按摩胎教

针对皮肤瘙痒

①在涌泉穴上按压3次，每次4秒钟。

②向着对角线方向的输尿管反射区滑动按摩，重复9次左右。

③在脚踝内侧的膀胱反射区上按压3次，每次持续4秒钟。

④在五个脚趾各自之间的淋巴反射区上用大拇指和食指一起按压，每次4秒钟，重复4～5次。

⑤在脚背上朝着箭头所示意的脚腕方向进行整体的滑动按摩。

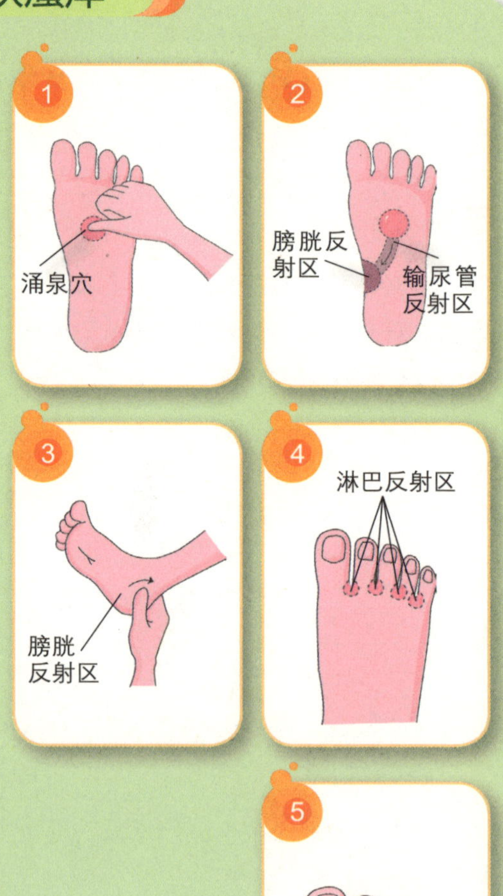

针对忧郁症

①用双手握住整个脚背，模仿掰开一个苹果的动作，重复4～5次。

②用大拇指和食指依次抓住5个脚趾向上提拉。

③握住脚底向后扳，这一舒展运动重复4～5次。

④用大拇指在脚踝的侧边卵巢反射区依照逆时针方向画圆，通过这一动作达到按摩的效果。

⑤用大拇指按下并按压涌泉穴3次，每次4秒钟。

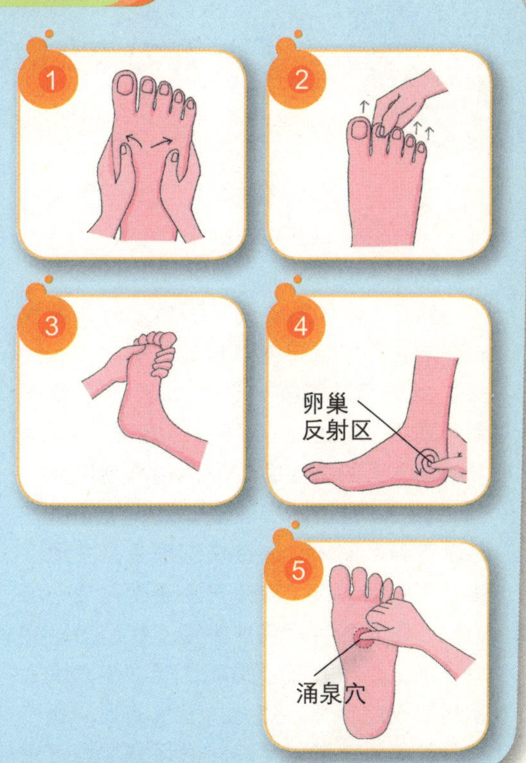

针对鼻塞、流鼻血和过敏性鼻炎

①按压位于脚底中央的肾脏反射区涌泉穴3次，每次4秒钟。

②在大脚趾上的大脑反射区用大拇指和食指一起按住4秒钟以上，重复4～5次。

③用拇指按压鼻部反射区，重复4～5次。

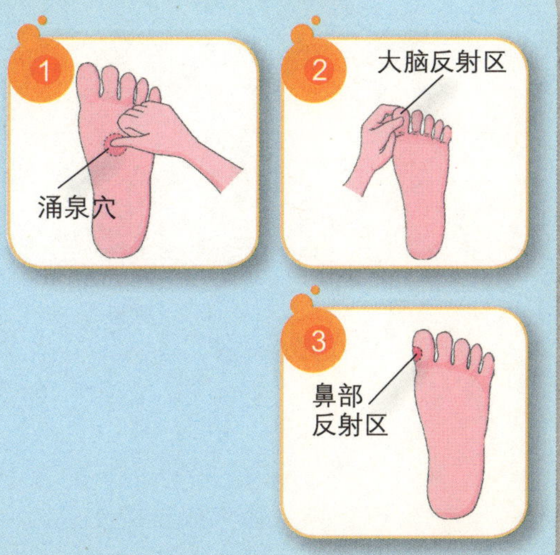

把注意力放在自然、柔和事物上的视觉胎教

宝宝、准妈妈和准爸爸的“3人4脚”胎教行动

宝宝 除了胎动更加明显之外，宝宝还渐渐获得了保持身体平衡的能力。其全身的骨骼变得越发分明，头发也逐渐增多，眉毛和睫毛也几乎长了出来。宝宝大脑皮质上的脑细胞发育得越来越接近完整，听力变得更加发达了，几乎能够敏锐地感觉到从母体以外传来的声音。宝宝皮肤上有许多皱纹，身体表面还覆盖着一层胎脂，后者为时刻保护宝宝皮肤起着重要的作用，并且会在分娩的过程中帮助宝宝顺利地通过产道。此外，宝宝的视网膜也发育到了一定的程度，时而还会发现宝宝做出皱眉或哭泣等表情。

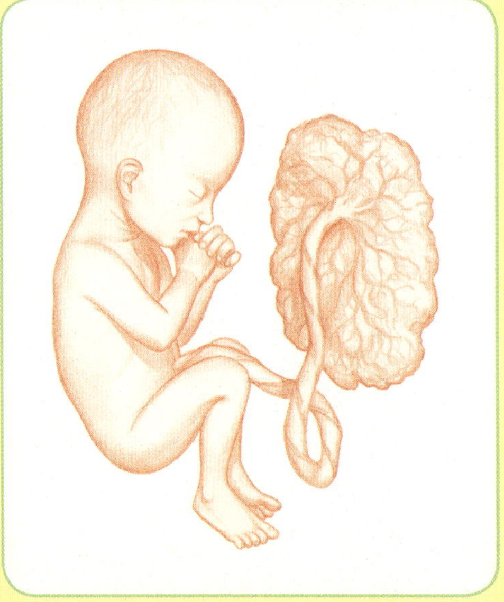

准妈妈 体重的增加让准妈妈感到吃力。腿部的负担变重，腰部和背部也常常感觉不适，每天睡觉前做一做按摩，可以让紧绷的肌肉松弛下来。乳房变大，还有可能分泌乳汁，已经为哺乳做好了准备。体温还可能上升，可以多喝一些饮品，但不要喝碳酸类饮料，因为碳酸类饮料中的糖分和香料会影响钙的吸收。

准爸爸 随着准妈妈身体的变化，准爸爸变得忙碌起来，其需要做的就是给准妈妈提供最好的照顾。准爸爸胎教的实质就是与准妈妈一起为迎接健康宝宝的出生做好准备。每天晚上准爸爸都应该给准妈妈肿得厉害的腿做一会儿按摩。此外，轻轻抚摸准妈妈隆起的腹部可以给准妈妈带来心理上的安全感，并加强夫妻两人亲密的交流。同时，为了让准妈妈远离方便食品，准爸爸也一定要养成良好、健康的饮食习惯。

宝宝可以感觉到光线

“宝宝到底能感觉到什么呢？难道还能看见羊水以外的东西吗？”

如果准妈妈或准爸爸还持有这种想法，就说明还没有进入到胎教的状态当中。前面我们已经了解到宝宝具有5种感知能力，也强调宝宝对父母传递出的声音会产生多么大的反应。那么，宝宝真能看到一些什么吗？

根据一项在美国得出的实验结果，当光照射到准妈妈的腹部时，大部分6～7个月大的宝宝会不停地做出蠕动的反应。这直接证明了宝宝可以感知到母亲体外的光线这一事实。

怀孕第24周时，宝宝已经可以借助正在发育的视网膜来感觉到透过子宫壁和腹壁的光线了。此时宝宝的眉毛和睫毛都已经长成，已经具有了相当程度的视觉能力。但此时还无法区分事物的形态或者颜色。我们可以通过闭上双眼之后所感受到的那种光感来了解胎儿看东西的感觉。

准妈妈应当避免待在会对腹部造成强烈光线刺激的地方，因为准妈妈感受到的不良刺激会对宝宝产生不好的影响。

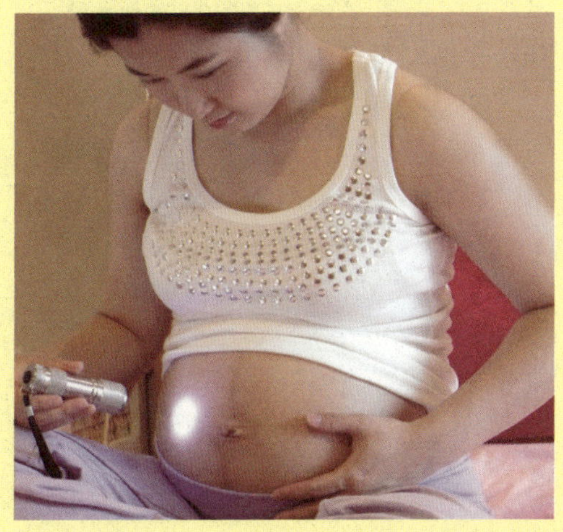

享受自然光线

了解到宝宝的视觉能力之后，也就明白了为什么有人提出在分娩时须注意保护宝宝视力的说法。因为手术灯发出的强烈光线会对宝宝的视神经造成极大的刺激，甚至给其带来明显的痛苦感觉。

应该让在子宫当中具有光感的宝宝接触什么样的光线呢？答案是：暗光胜过亮光，自然光胜过人造光。

怀孕以后还要坚持上班的准妈妈，需要注意长时间接触电脑光源所带来的不良影响。抽空去野外散散步，享受一下自然光线，这对准妈妈和宝宝来说都是一件再好不过的事情。

延伸阅读

准爸爸如何与宝宝交谈

作为胎教的基本环节之一，准爸爸与宝宝交谈无疑起着非常重要的作用，那么具体应该怎么做呢？来了解几种合适的、自然的与宝宝进行交谈的方法吧。

给宝宝读一读童话 如果准爸爸面对准妈妈隆起的肚子很想说点什么，又不知从何说起，不如试一试这个最简单的方法：可以选择自己小时候曾经读过的故事，也可以选择最近书店里人气最旺的童话书。不用太在意读的是什么，读才是最重要的，比较合适的频率是每天一次。准爸爸不妨以培养自己性情并与宝宝进行交流为目的轻松地开始交谈吧！

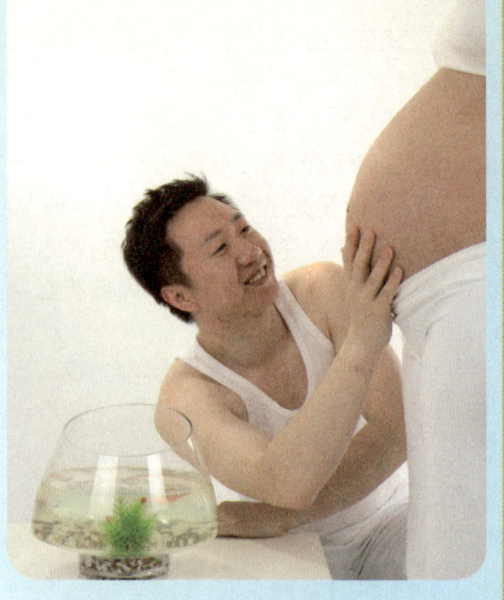

用上宝宝的小名 准妈妈怀孕只有6个月，现在就要决定宝宝的名字无疑显得有些勉强。但可以先把宝宝的小名想出来，比如，“天天”、“小小”、“豆豆”等不分性别的爱称，准爸爸要和准妈妈一起决定宝宝的小名。与宝宝交谈时，只要先亲切地呼唤宝宝的小名就能迅速传递爱意，接下去的谈话就会变得轻松许多。

把日常生活当作交谈的基本话题，就像和准妈妈聊天一样，准爸爸可以把一天中发生的事情说给宝宝听。当然，日常生活当中所发生的不可能都是好的事情，既然交谈的对象是还未出世的宝宝，那么就应该选择一些积极的、正面的话题。

谈一谈做父亲的决心 每个准爸爸一定都暗下决心要成为什么样的父亲。现在把这一切告诉自己未出世的宝宝吧，这将成为很有意义的交谈内容。

第25～28周

宝宝和准妈妈的变化

25周

宝宝

宝宝的体重长到了大约700克，身长也长到了31厘米左右。这时宝宝开始了各种与呼吸有关的练习，身体也渐渐变胖，但皮肤则仍然皱得很厉害。

准妈妈

准妈妈的子宫差不多有足球那么大，腹部长更加凸出，同时还可能出现瘙痒症状。这时千万不要自作主张地使用软膏涂抹或用手抓挠，以免导致症状严重。由于激素的分泌量增加，容易出汗。

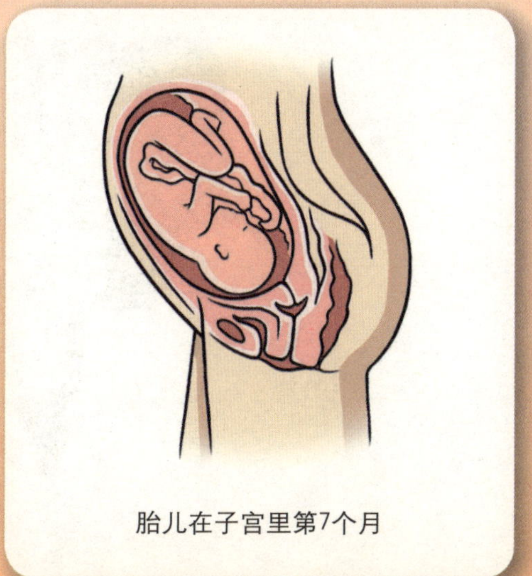

胎儿在子宫里第7个月

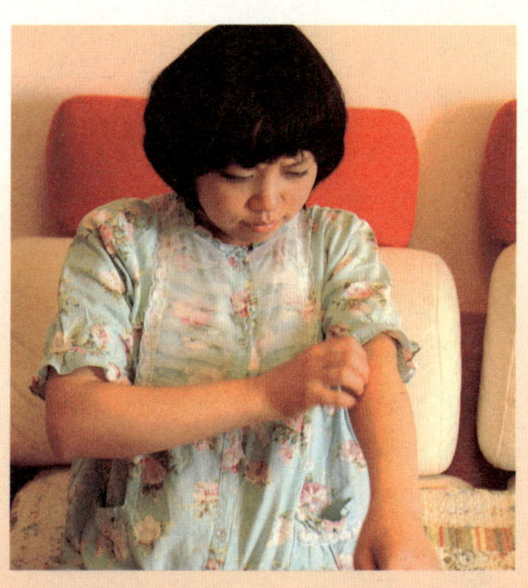

此外，如果打算母乳喂养，还要在这一时期注意是否有乳头凹陷的情况，并就此请教专家。

备忘

甲状腺异常——若脉搏突然发生变化或是手掌出现红晕，则应考虑是不是与甲状腺的异常有关，准妈妈的甲状腺异常往往会成为胎儿早产和流产的诱因，所以必须加以注意。若觉得有必要补充一些营养品，也一定要在医生的指导下服用。

26周

宝宝

宝宝的体重长到了约820克，头顶到臀部的长度约为22厘米，身长约为33厘米，身体变得丰满起来。宝宝开始进行呼吸，脸部和身体开始对外界的抚摸做出反应。

准妈妈

子宫继续长大。如果能够注意营养、均衡饮食，准妈妈体重增加的幅度应该在7.2～9.9千克，胸部、腹部、臀部和大腿内侧都可能出现妊娠纹。

准妈妈容易出现腰疼、小腿痉挛和头痛等症状，还有可能出现暂时性的思考能力降低和健忘等症状。相反，有的时候怀孕过程中分泌的某些激素却可以刺激脑部当中负责学习和记忆的那块区域，其活动性变强以后往往会出现记忆力不降反升的现象。

备忘

胸部不适与消化不良——胸部不适与消化不良会使准妈妈吃不下饭，在这种情况下，应该选择绿叶蔬菜等营养丰富的食品，而少吃脂肪、油和糖分高的食物。

预防早产——有过早产史、肝炎或早期羊水破裂等问题的准妈妈很容易发生早产，因此，应该经常记录自己的宫缩情况并时刻保持警惕。

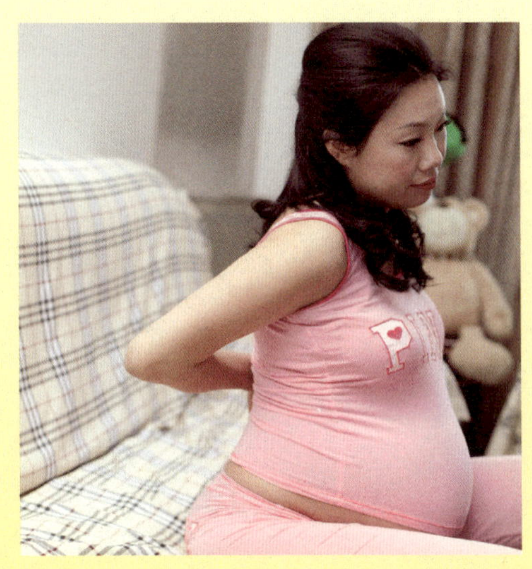

27周

宝宝

宝宝的体重是910克左右，从头顶到臀部差不多有24厘米，身长达到34厘米左右。宝宝身体的各个部分几乎已经形成，视网膜继续发育，内耳的神经连结已经完成，眼皮已能够分开，并且会出现不时眨眼的动作。

准妈妈

子宫底的高度到达了肚脐上方2～3横指处。耻骨到子宫上部的距离约为27厘米。准妈妈的手臂、腿、脚等部位可能肿得很厉害，可以通过按摩缓解症状。子宫变大的同时，胸部会有疼痛的感觉。能感觉到有规律的胎动，如果感觉胎动发生的次数很少，有必要去做检查。

备忘

补充维生素——应及时摄入含有对人体生长起到重要作用的维生素A、对神经发育和血液细胞的形成有积极影响的B族维生素以及可以促进肌肉和红细胞生成的维生素E的食物。

伸展运动——若使用电脑，每小时需要休息一次，久坐之后也要站起来做运动以舒展自己的身体。转动脚腕、肩膀，拉伸背部，对缓解紧张的神经有所帮助。

28周

宝宝

宝宝的体重约为1千克，头顶到臀部的长度是25厘米左右，身长约为35厘米，眉毛和睫毛不断地生长，脑组织数量明显增加，头发变得更长，体重有了成倍的增长。进入这一时期以后，宝宝会做梦了，睡眠也有规律了。

准妈妈

耻骨到子宫上部的距离已经达到了约28厘米。准妈妈此阶段体重的正常增长幅度是7.7～10.8千克，腹部的红色妊娠纹变得十分鲜明，腹部，臀部和大腿内侧都变得更加丰满，乳房上的血管也更加清晰可见。

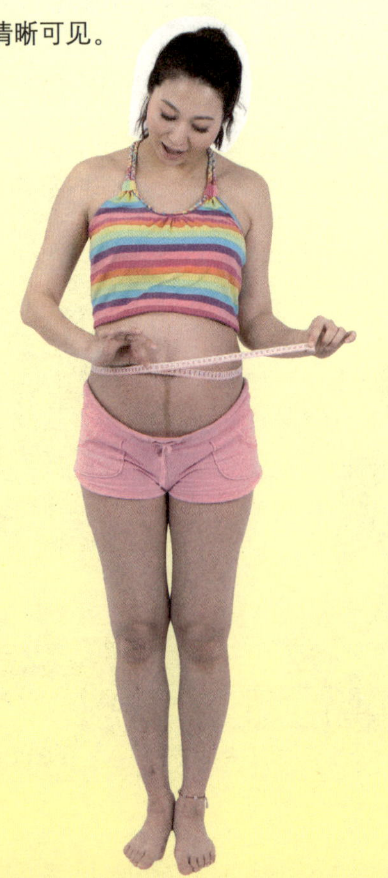

备忘

浮肿——准妈妈的手臂、腿部、脸和脚腕都有可能发生浮肿，应该经常把腿搁在高处，坐的时候将腿伸直，还要注意穿比较宽松的鞋子。除此之外，适当地多喝一些水可以将身体里的废物排泄出去，对消除浮肿也有很大的帮助。

胸部疼痛——如果想缓解消化不良和心口难受的症状，可以每天进餐5～6次，减少每餐的摄入量。

饮食胎教

强化肺功能、帮助脑部发育

在怀孕第25～28周中，母体的手太阴经脉控制着胎儿的生长。这条经脉是与肺部直接相关的。我们所选择的食物必须有强化肺部的作用，并且能够对胎儿的皮肤、毛发和大脑的发育有所帮助。

人参是一种具有代表性的以阳气补肺的药品。可以把人参煨一煨直接嚼食，也可以将其研成粉末后按照每天5～6次，每次3克的用量与热水混合后服用。

橘子、核桃和牛奶也是对准妈妈的身体极其有益的食品，可将牛奶和米粥一起熬制后随时服用。

缓解浮肿

浮肿出现的最为明显和频繁的阶段是在怀孕的第25～28周。在这一时期要保证准妈妈每一顿都吃饱，但不要吃太咸的食物。每天保持摄入水分1500毫升左右，并在此基础上根据身体是否浮肿来相应调整。除了白开水以外，准妈妈也可饮用大麦茶和果汁等来补充水分。

浮肿严重时可以考虑采取食疗法：把鲤鱼的腹内掏空，在其中放入一把红豆后熬汤服下。或者把桑根皮和红豆按照同样的分量混合烧煮后饮用。

桑根皮和红豆不但具有显著的利尿作用，还可以预防可能与浮肿同时发生的高血压症状。除此之外，冬葵汤、玉米粥和玉米须茶对缓解浮肿症状也有一定的效果。

运动胎教

这一时期，宝宝的脑部快速发育，产生大量的脑细胞，需要为宝宝提供充足的氧气和营养。那些能够促进呼吸的运动意味着可以给宝宝带来更多新鲜的空气。相反，那些需要屏住呼吸、或者要求举起很重物体的运动，准妈妈最好不要考虑。

准妈妈还应该多想办法减轻自己所承受的压力，因为在受到压力时身体内的肾上腺素会过多地分泌并造成血管收缩，假如这种收缩发生在连接胎盘的血管上，就会使胎儿的血液供给发生困难。

要想减轻压力，最重要的就是保持愉快而平和的心态。除此以外，由于运动可以给身体提供新鲜氧气并让血液流动顺畅，所以进行适当的运动也同样可以起到缓解压力的作用。

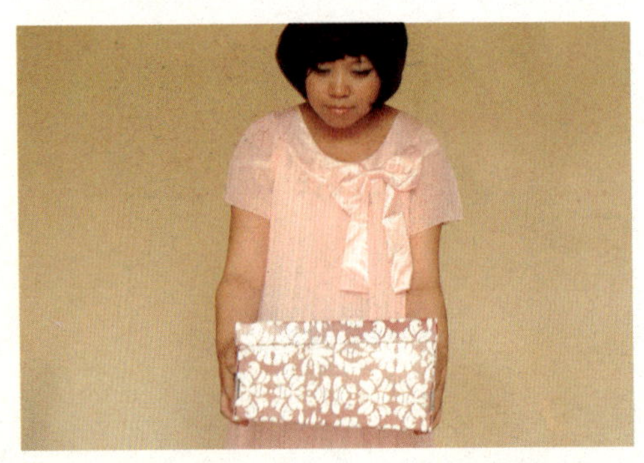

抬头呼吸

两脚分开，与肩同宽，将双臂斜向上缓缓地举起并用鼻子吸气，与此同时抬起头部和脚后跟。

双臂缓缓放下至侧平举的姿势，同时两脚后跟着地并调整呼吸。

功效：可以提高准妈妈保持平衡身体的能力并增加氧气的供应量。

拉伸肩部

两腿分开，膝盖弯曲，跪坐，上半身前倾并让两手接触地面。尽可能地向前伸出双手，彻底地舒展自己的肩部。

功效：可以增加肩膀的柔韧性，并让整个身体松弛下来。

舒展身躯

两手向后撑，双腿伸直。将身体抬起并使其形成一条斜线。注意脖子不要过于后倾，尽量让双眼保持看天花板的动作。

功效：可以使腹部变得舒适，同时也让肩部和手臂参与到运动当中。

舒展背部

双臂上举，吸气后再从口里慢慢吐出，上半身向前弯曲。注意保持背部挺直，脖子稍稍上抬，两眼凝视前方。

待身体弯曲至与双腿构成直角之后再次吸入空气，弓起背部并慢慢地让上半身恢复原位。

功效：可以强化肌肉，并使呼吸变得更畅通。

转动身躯

将一条腿完全伸直，另一条腿弯曲起来并跨过第一条腿踩在地面上，此时开始扭动上半身并向后观望。

用弯曲的腿的另一侧的那只手揽住膝盖，另一只胳膊撑在地面上。让上半身保持竖直的状态，在保持有规律的呼吸的同时做上述动作。

功效：缓解背部肌肉紧张。

按摩胎教

针对失眠

①用热水泡脚15分钟左右。

②在脚底中央的涌泉穴反射区按压2～3次，每次4秒钟。

③在大脚趾中央位置的大脑反射区上用大拇指按4～5次。

④用大拇指在小肠的反射区处按照箭头方向反复滑动按摩。

⑤左手按压右脚，右手按压左脚，用大拇指在脚底部位每隔4秒钟按压一次，并把每一个按下的点连接起来就成为直角的形状。

⑥用右手大拇指在左脚脚底上每隔4秒钟按压一次，把按下的点连接起来就呈“U”状。还要在直肠反射区上多按下一次，这一动作在晚上睡觉之前应重复4次。

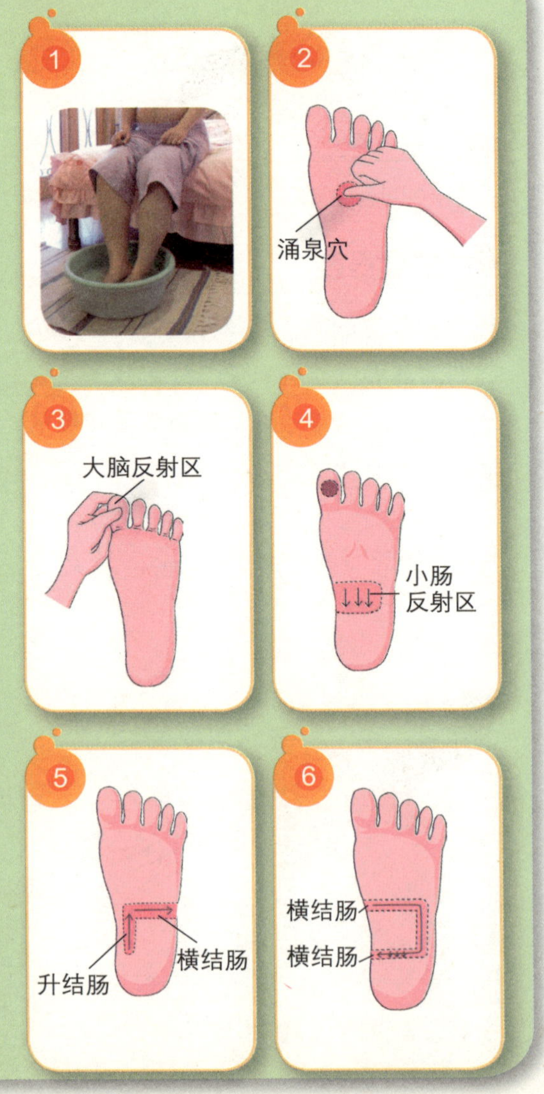

针对呼吸困难和胸部疼痛

①用热水泡脚10分钟以上。

②在脚底中央的涌泉穴反射区按压3次，每次4秒钟。

③在脚背上朝着箭头所示意的脚腕方向进行整体的滑动按摩。

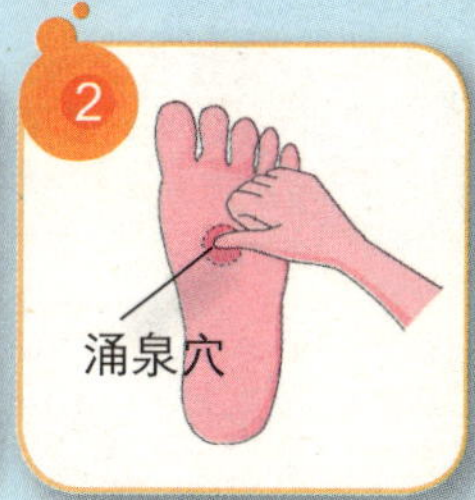

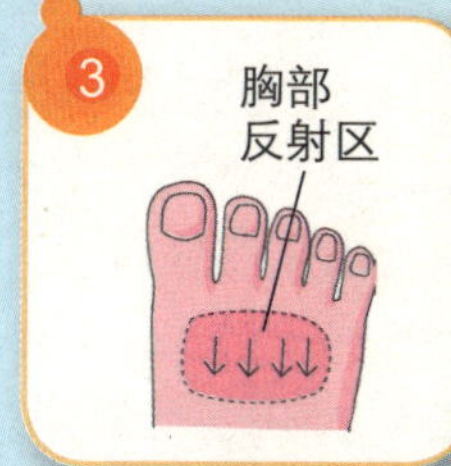

针对静脉瘤

①用大拇指在脚底中央位置的涌泉穴上按3次，每次4秒钟。

②向着对角线方向的输尿管反射区滑动按摩，重复9次左右。

③在足部内侧的膀胱反射区用大拇指按压3次，每次4秒钟。

④用大拇指和食指握住脚腕，然后从下部向膝盖方向滑动按摩，重复4～5次，以达到按摩脚内侧、外侧和后侧的效果。

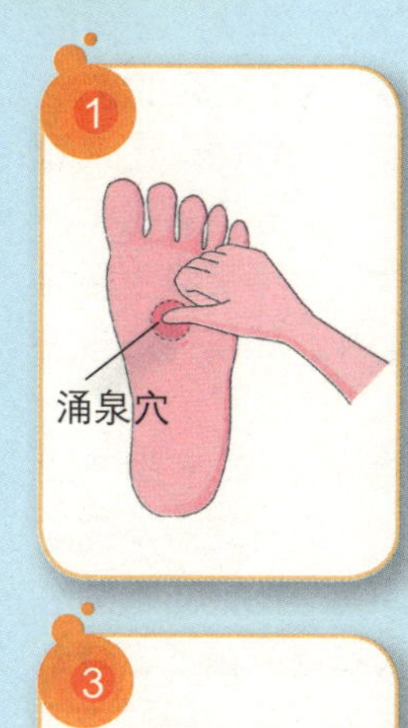

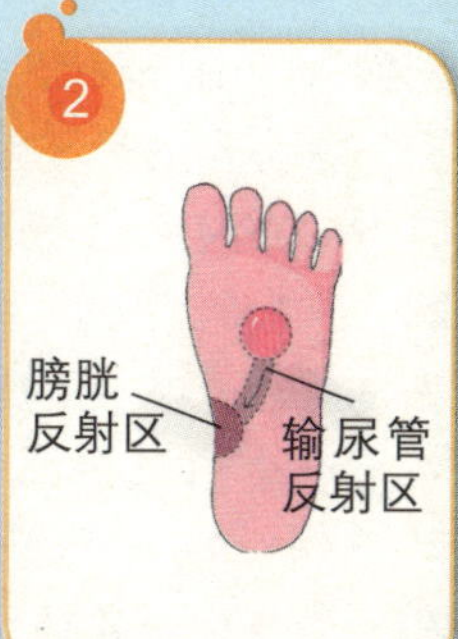

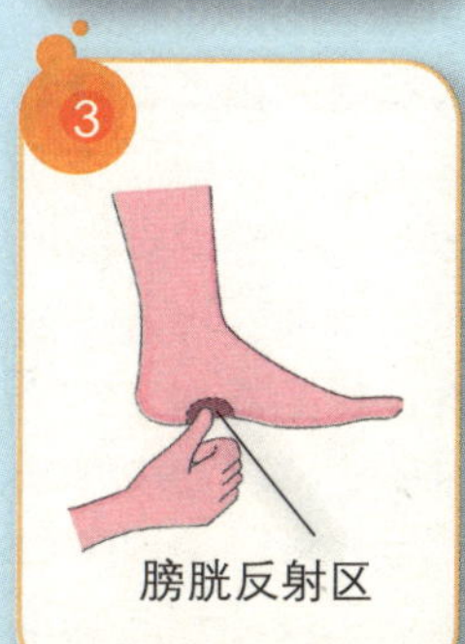

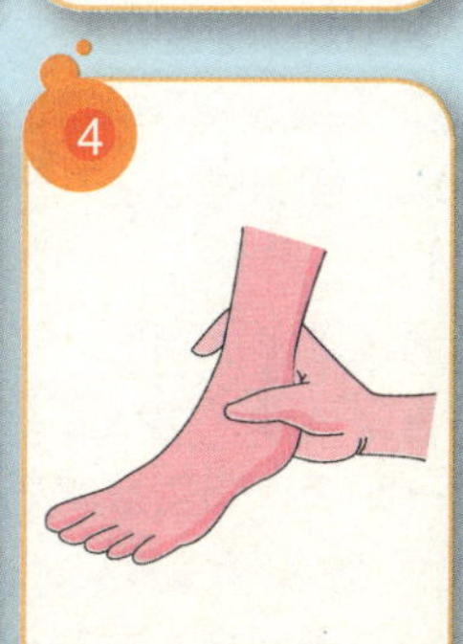

丰富的营养摄入和文雅的言行举止

宝宝、准妈妈和准爸爸的“3人4脚”胎教行动

宝宝 随着脑部的不断发育，宝宝渐渐开始对自己的身体有了控制能力。胎动的幅度越来越大，如果把手放在准妈妈肚皮上就能感觉得到。这一时期宝宝的脑电波变得十分发达，几乎接近新生儿，能够在羊水中控制自己的身体，并做出转身的动作。宝宝的感觉变得更加敏锐，并且会将自己心情愉快与否的信息传递给母体。在听见美妙的声音时懂得静静欣赏，听见嘈杂的噪音时则会不耐烦地踢打准妈妈的腹部。由于获得了分辨光亮与黑暗的能力，宝宝开始有了自己的生物钟。宝宝的味觉变得越来越发达，可以尝到甜味和苦味，并很快喜欢上了甜味。宝宝的手脚变长，逐渐具备了人的模样，肺部的发育进一步带动了呼吸。

准妈妈 准妈妈身体的重量逐渐增加，肚子也越变越大……准妈妈一系列的体形变化让自己很难保持平衡。体重的增加使准妈妈两条腿的负担越来越重，随着疲劳程度的增加，腿部的形状可能改变。此外，体积不断增加的子宫已经满满地占据了整个下腹部。准妈妈拖着这样沉重的身躯连睡觉也成了一件困难的事情。在这一时期，有些准妈妈开始被慢性疲劳症状困扰，还有的会感到胸部疼痛，或者出现由于胃部被扩大的子宫压迫而引起的消化不良。

准爸爸 准爸爸可以通过活跃的胎动而强烈地感受到宝宝的存在。准爸爸应该从现在开始就和准妈妈一起为宝宝的出生做准备，包括购置婴儿用品。渴望与准爸爸沟通的宝宝也希望得到更多的父爱，如果准爸爸根据准妈妈的提示在宝宝踢中的部位外侧轻轻回敲，宝宝就会再次踢打那个部位以试图和准爸爸对话，所以，此时对宝宝的各种努力做出积极的反应就成了准爸爸当仁不让的任务。当然，不要忘记给因为身体发生巨大变化而倍感吃力的准妈妈做一做按摩。除此之外为准妈妈做一顿美味佳肴或者一起去环境优美的餐厅吃饭也是不错的选择。这样既可以慰劳准妈妈，也可以给刚刚能品尝到味道的宝宝带来享受，可谓一举两得。

宝宝有味觉

“又没有直接吃东西，何谈胎儿会有味觉呢”？有的人可能会提出这样的问题。但宝宝的确是具有味觉的，到了孕期的第28周，宝宝的味觉已经很发达了。例如，当准妈妈直接服用葡萄糖时，可以观测到宝宝的心脏搏动次数有明显的增加。因为宝宝有着强烈地摄取葡萄糖这种必需营养成分的愿望，所以才想通过自己活泼的表现表达出这种愿望。

传统胎教法中提出了让准妈妈接触梅花和兰花香味的建议，传统胎教也同样强调准妈妈不应食用不新鲜或没有成熟的水果，同样需要小心色味异常及半熟的蔬菜。可见，古时候的人们就已经知道宝宝有味觉这一事实了。

合理制定准妈妈的食谱

准妈妈摄取营养的情况与流产、早产及畸形儿出生的概率息息相关。所以，不能随随便便地决定准妈妈的饮食内容，一定要考虑营养成分在滋补身体和预防畸形方面所能起到的作用。

最重要的营养成分当属可以预防畸形的叶酸和对宝宝的大脑发育起到帮助的蛋白质，一定要充分地摄取含有这两种物质的食物。如果准妈妈缺乏维生素就有可能影响宝宝的智力，一定要注意维生素的补充。

准妈妈的饮食原则应该是：即使不符合自己的胃口，也要为了宝宝的健康选择最营养的食物，严格禁止把食用方便食品或快餐食品当正餐。

宝宝的记忆

未出生的宝宝也具有记忆吗？根据宝宝出生以后记得以前听到过的父母的声音这一点来看，宝宝的确具有一定的记忆能力。那么，宝宝到底能记住些什么呢？

有许多相关的研究结果都表明：孕期的第7个月以后，随着负责记忆功能的中枢神经逐渐形成，在宝宝周围发生的所有事情都有可能被其记住。所以，身为父母，从怀孕7个月开始就要特别注意自己的言行。

还有研究发现：宝宝对各种事物的识记忆中，在音乐和语言这两大领域的记忆能力最突出。有很多人认为准妈妈和准爸爸的说话习惯与胎教效果存在着关联，上述的研究结果也多少为这一点提供了科学上的依据。

延伸阅读

可以通过胎教实现早期英语教育吗

既然宝宝具有记忆，那么准妈妈在怀孕期间学习英语可以对宝宝起到早期英语教育的作用吗？

有很多准妈妈怀着这样的心思买来了英语教材，还让宝宝直接收听英语。那么这样做有实际的效果吗？实验结果证明，这样做是有一定意义的。

宝宝在子宫里可以听到外部传来的声音，并且能够对说话内容的语调做出分辨。在学习英语的过程中，掌握语调无疑是一个不可或缺的重要步骤，这一点可以证明在腹中阶段对宝宝实现英语教育的可能性。

目前还无法直接证明腹中英语教育到底能够起到怎样的效果，但是，如果准妈妈在孕期能够保持平和而愉快的心态，适当地接触英语，一定可以取得不错的胎教效果。

第29～32周

宝宝和准妈妈的变化

29周

宝宝

宝宝的体重长到了约1.1千克，头顶到臀部的长度为26厘米左右，身长约为36厘米，皮下脂肪不断地积累增多，长出了手指甲。用光线刺激时，宝宝会随着光线的方向转动。

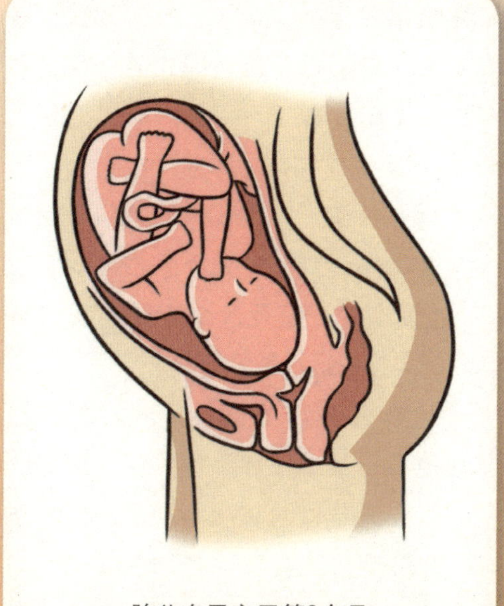

胎儿在子宫里第8个月

准妈妈

准妈妈体重增加的正常范围是8.5～11.2千克，可能常会有乳汁分泌，为了保持清洁，可以在胸罩里垫上纱布或棉垫。不用过于担心妊娠纹、宫缩或者浮肿等孕晚期的一些正常现象。

准妈妈很容易长黑痣或者雀斑，并且会由于油脂和水分的不均衡导致皮肤角质的出现，保证充足的睡眠并缓解压力可以有效地预防黑痣和雀斑等皮肤问题。

备忘

阵痛——即使只是非常轻微的阵痛，也最好采取侧卧姿势并保持镇静。一般来说，只要通过休养就可以解决宫缩和阵痛的问题。多次出现这些情况时要去医院接受检查。

饮食习惯——遵循少食多餐的原则，如果不喜欢某一种食物，不要因为其营养价值而勉强食用。

30周

宝宝

宝宝的体重大约是1.3千克，从头顶到臀部的长度约为27厘米，全身长度增至37厘米左右。女宝宝的阴蒂开始变大，阴唇开始发育。男宝宝的睾丸则从肾脏附近移动到了阴囊当中。

准妈妈

子宫已经增大到几乎要触及肋骨的程度，看上去好像再也没有继续扩大的空间了。然而事实上宝宝和子宫的体积仍在不断变大，羊水量也在持续增加当中。变大的子宫接触到横膈膜，使准妈妈感到呼吸困难。

便秘、消化不良和小腿痉挛的情况时常发生。如果乳头上有残留分泌物，用温水轻轻地清洗干净即可。

备忘

小心摔伤——沐浴时要注意水温不可过高，还要特别小心脚底打滑。

定期检查——要做到保持平和的心态，并定期做检查。

31周

宝宝

宝宝的体重约为1.5千克，头顶到臀部的长度约为28厘米，身长变成39厘米左右。宝宝的皮下脂肪明显增多，在一周的时间里体重能够增加500克以上。实际上新生儿的体重有一半都是在出生之前的7周里增加的。宝宝的呼吸与消化器官几乎都已形成，眉毛和睫毛也变得更加完整了。

准妈妈

子宫扩增至了腹部的大部分空间，子宫底在肚脐与剑突中间，体重正常增长范围是9.4～12.1千克。准妈妈的体重几乎以每周500克的速度增长着。

血液和体液量增加导致准妈妈的腿部常常发生浮肿。当骨盆的血管被子宫压迫时，有可能引起准妈妈整个下半身的血液循环受阻。

备忘

睡眠习惯——孕晚期准妈妈可能出现睡眠障碍，这种情况完全正常。此时可以稍稍侧卧并将一条腿放在枕头上，这样可以帮助准妈妈进入熟睡的状态。

检查血液和体重——准妈妈应经常检查自己的血压和体重，要保证充分的休息，这样做可以有效地预防先兆子痫。在饮食方面应该多加注意，除了鸡蛋要完全煮熟之后再吃以外，所有的食物都要进行充分的加热处理。

32周

宝宝

宝宝的体重达到1.7千克左右，头顶到臀部的长度约为29厘米，身长是40厘米左右。宝宝的头部、臂部和腿部按照适当的比例生长着，并且开始排尿。由于没有足够的活动空间，胎动的次数逐渐减少。

准妈妈

耻骨与子宫上部的距离则是32厘米左右，腹部的深色条纹变得更加显眼，肚脐可能会变得平整，也可能明显地凸出。孕晚期应该保持每天按摩乳房的习惯。脊柱和骨盆的关节变化常常导致腰部疼痛的发生，肩膀向后活动时也很容易产生疲劳的感觉。

备忘

控制体重——怀有双胞胎时，体重会增加20千克左右，在这种情况下准妈妈就需要把更多的注意力放在对体重的监控上。准妈妈可以通过控制营养分配来使体重按照自己所希望的速度增长。

定期检查——准妈妈应每隔2周做一次定期检查，检查时可以请医师解答自己关于阵痛和分娩的所有疑问。对于准妈妈而言，行走可以减轻浮肿的症状，所以每天都可外出行走，注意鞋跟不能超过3厘米。

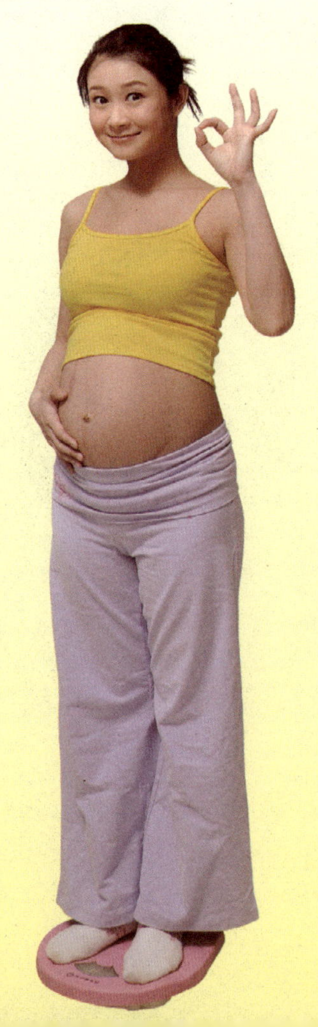

饮食胎教

强化大肠机能

怀孕的第29～32周，准妈妈的手阳明经脉控制着胎儿的生长。手阳明经脉所对应的器官是人的大肠。

这一时期准妈妈应该多吃可以强化大肠机能的小米、梅子、牡蛎、蛤蜊、芹菜、白菜和牛奶等食物。

加强营养

到了这一时期，子宫的上端开始压迫腹部，所以吃多一点就很容易感到不适。但准妈妈还应一直保持营养丰富、摄入均衡的饮食习惯。

麦芽糖，含有大量亚油酸、卵磷脂和维生素E的花生，蛋白质、钙质和铁质含量丰富的鲍鱼、牛肉，可以促进胎儿的脑细胞

预防便秘和妊娠期高血压疾病

这一时期准妈妈的子宫变大会压迫肠胃，因此应当采取一些措施来促进消化，预防便秘。要减少每餐的用量而增加用餐的次数，用餐之后可以采取右腹朝下的姿势卧床休息30分钟左右。

怀孕8个月后，准妈妈可能发生妊娠期高血压疾病，表现为血压升高、蛋白尿和浮肿三大症状，严重时引起全身痉挛，甚至昏迷。准妈妈应该尽量避免盐分含量过高或具有强烈刺激性的食物。平时血压就偏高的女性可以在怀孕期间尝试喝芹菜汁来预防妊娠期高血压疾病。

核进行分裂的桂圆茶、大枣茶和当归茶，都是非常适宜准妈妈的滋补食品。

除此以外，含有18种氨基酸的橘子、维生素E含量丰富的葵花子与猕猴桃、铁元素含量丰富的海带和紫菜以及钙质含量丰富的虾和沙丁鱼等都是不错的选择。糙米以及可以补充赖氨酸的大豆也同样具有很高的营养价值。

人参、五味子、芝麻、食醋以及香菇、柠檬、土豆、菠菜、西芹、芦荟等新鲜蔬菜和水果对准妈妈也很有好处，与此同时还可以考虑增加对海藻类和鱼类食品的摄入量。

运动胎教

在怀孕的最后12周里，一定要避免进行可能压迫到静脉从而影响血液循环的运动。

宝宝的体重很大一部分是在出生前的最后12周里快速增加的。准妈妈如果想控制体重，千万不要节食，可以做些运动，比如，散步、游泳以及在水中行走和慢跑，通过这些有氧运动增加消耗量。进行筋骨运动，用锻炼肌肉来消耗能量的方法，在控制体重方面也可以起到明显的效果。

准妈妈隆起的腹部和变大的胸部可能导致肩部疼痛。如果不能保持正确姿势，就很容易给背部的肌肉和颈椎带来疲劳的感觉。此外，不合身的胸罩也有可能造成背部不适、疲劳以及肋骨酸痛，应当及时更换能够完全支撑整个胸部的胸罩。

如果准妈妈转动肩部时感觉颈部有痛感，可以有针对性地训练上半身和脖子，利用重量合适的哑铃锻炼颈部、上臂以及脊柱。

手臂运动

保持放松的坐姿，两肩向后倾的同时抬起双手，让肘部完全向上舒展后再放下，重复数次。

举起双臂时要吸气，向下放的时候则呼气，整个动作需反复进行。

功效：可以放松肩部和手臂的肌肉。

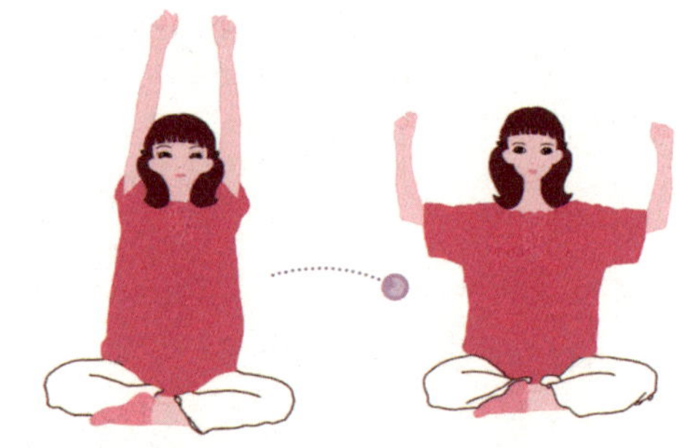

推掌

以放松的状态坐下，两手在胸前合掌，吸气的同时用力推动双掌，然后一边吐气一边放松。需要重复这一动作。

功效：可以强化颈部和手部肌肉。

拉伸肋部

以放松的姿态盘腿而坐，用一只胳膊肘撑住地面。

另一只手臂向上举并做肋部弯曲，同时肘部以上的部分向地面方向用力，从而达到拉伸肋部的目的。

功效：可以强化肋部肌肉。

肩部运动

两腿大幅度分开，在站立的姿势下弯曲膝盖并呈90度角。

两手撑住双膝，一侧的手将膝盖向后推，另一侧则尽量使肩膀往里沉，扭动上半身以配合这一动作。

功效：可以解除肩部和背部的紧张状态，并使大腿内侧的肌肉松弛下来。

抖动双手

紧握双拳再放松，接着从上向下抖动双手。

功效：可以促进血液循环并缓解手部肌肉僵硬的感觉。

预防早产

①用大拇指在脚底中央的涌泉穴上轻轻按压2次。

②用大拇指捏住大脑反射区所在的大脚趾位置，然后进行揉搓按摩，重复2次。

③在位于脚后跟的生殖腺反射区上按逆时针方向画圆进行按摩，重复2次左右。

④用大拇指和食指抓住脚腕，然后轻轻地左右转动。

⑤并拢食指、中指和无名指，然后用指纹所在的部位在脚踝周围按逆时针方向画圆。

针对浮肿

①把毛巾敷在脚背上，用双手握住整个脚背，模仿掰开一只苹果的动作进行按摩，持续1～2分钟。

②用一只手从脚腕出发往膝盖方向滑动按摩，就好像要让血液向上流动一样。随后按摩另一只脚并持续1～2分钟。

③用大拇指在脚底中央位置的涌泉穴上轻轻按3次，每次持续4秒钟。

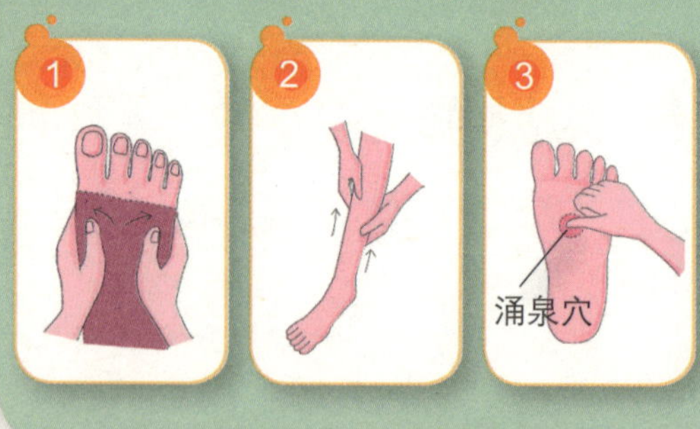

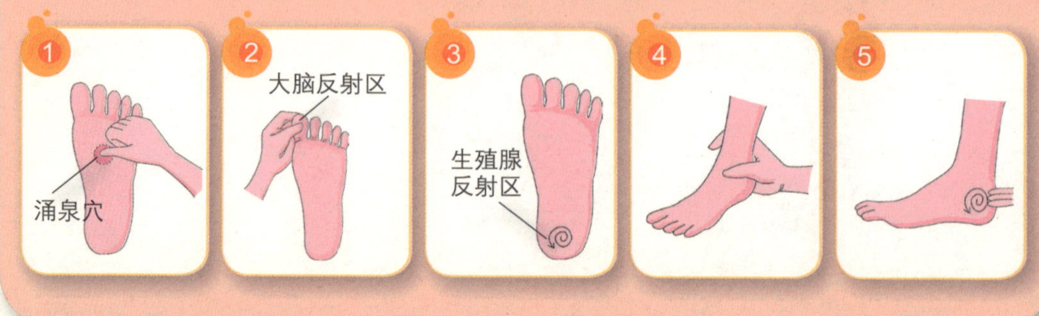

针对早期阵痛

①在脚底中央的涌泉穴上用大拇指缓缓按4～5次。

②用大拇指在小肠反射区上按图中的箭头方向进行滑动按摩，这一动作重复4～5次。

③在脚后跟部位的生殖腺反射区上进行2次滚动按摩，按摩时要仿照旋涡的形状按逆时针方向进行。

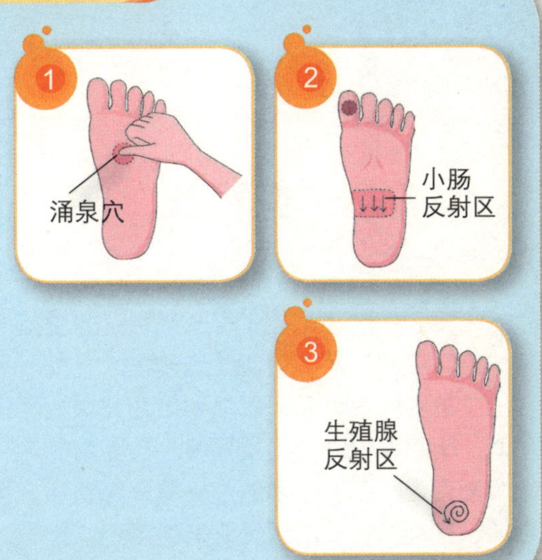

针对手脚麻木

①将手脚浸泡在热水中10分钟以上。

②用大拇指在涌泉反射区从里到外按逆时针方向旋转着进行按摩。

③在小肠反射区上用大拇指按照箭头所示方向进行按摩。

④用大拇指按压各个脚趾的顶端。

⑤再将手和脚放到热水中，不断地搓擦手脚直到其感觉发热为止。

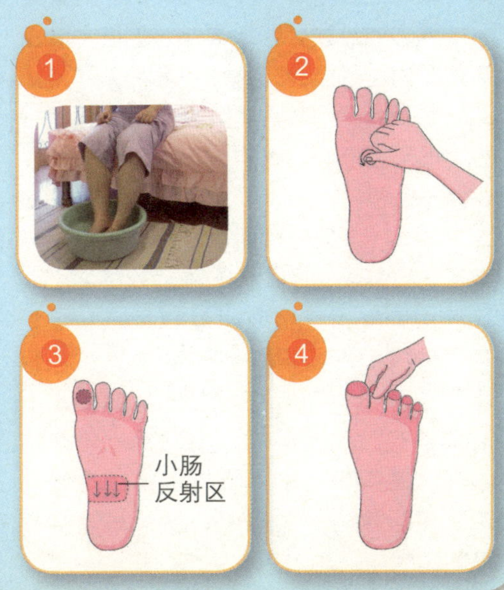

保持父母与宝宝之间的各种接触

宝宝、准妈妈和准爸爸的“3人4脚”胎教行动

宝宝 到了孕期的第8个月，即便是早产，宝宝存活的可能性也非常大。此时出生的宝宝在外表上已经和足月儿极为相似，听觉和视觉几乎发育完全。随着身躯渐渐变大，宝宝活动的空间越来越狭窄，所以胎动的幅度比起过去有所减小。如果仔细观察，还可以看见宝宝为了适应出生以后的环境而进行呼吸练习的奇怪模样。

准妈妈 随着宝宝体积变大，准妈妈越来越有压迫感，宝宝的肺和心脏偶尔也会受到压迫，这时其呼吸就会变得急促。某些准妈妈由于膀胱受到压迫还会产生尿失禁的症状，受激素影响会出现腰部疼痛等不良反应。对每一个准妈妈而言这都是一个艰苦的阶段。如果准妈妈的面部和全身范围内出现浮肿，往往意味着有可能患上妊娠期高血压疾病，应该尽早去医院检查。此外，准妈妈在发生宫缩时还应该学会保持镇静。

准爸爸 这一时期里准妈妈真的非常辛苦，准爸爸一定要给予其最大的帮助。这种帮助不仅是给准妈妈做按摩，还包括处处关心准妈妈。有时准妈妈会感到非常疲惫，不由自主地想一直躺着不愿活动，这时准爸爸应该主动提出陪其散步，让准妈妈得到必要的锻炼。此外，这一阶段子宫较为敏感，所以一定要尽量节制性生活。

宝宝能够记住羊水的味道

看到狗或者猫能够根据只闻过一次的味道把所需要的东西寻找出来时，我们总是觉得非常神奇。实际上，人类的一生当中也存在具有这种神通广大的嗅觉的时期，那就是胎儿期。子宫里的宝宝有着可以记忆各种味道的出色能力。

有关研究结果显示，将分娩时排出的羊水涂抹在母亲一侧乳头上，让新生儿接近母亲，大部分的婴儿都会选择吸吮抹上羊水的那一侧乳头。这证明了新生儿能记得胎儿时期闻到过的羊水气味。由此看来，宝宝在出生之前是具有嗅觉的。

宝宝这种出色的嗅觉能力在出生1周以后就渐渐消失了，留下的那一小部分相当有限。

我们在此进行探讨并不是仅仅想要大家了解宝宝在出生之前具有嗅觉这一事实，而是为了强调宝宝在许多方面具有与成人相近甚至超过我们的感知能力和记忆能力。正是因为宝宝对自己所处的子宫环境存在记忆，所以准妈妈要吃有益的食物，听柔和的声音，看优美的景象。

多与宝宝进行接触

宝宝的脑部发育和所接受的身体接触有着密切的关系。如今有各种婴儿按摩法、五感刺激法和皮肤接触法，还有主张让父母和刚出生的宝宝进行一定的身体接触。

出生以后的身体接触固然重要，但是在出生之前的接触也是非常必要的。多和宝宝进行间接接触，可以促进宝宝的脑部发育，使其情绪安定。

那么，什么是与宝宝进行间接接触呢？准爸爸抚摸准妈妈的腹部，或者准妈妈抚摸自己的腹部，这都可以算作是与宝宝进行间接接触。

需要注意的是，如果抚摸力度过大有可能引起宫缩，所以在抚摸的过程中一定要注意力度。

延伸阅读

子宫是准妈妈和宝宝共同的神秘财富

女性的子宫是神秘的。关于子宫，不但在医学和生理学上有着无数尚未解答的疑问，而且从表面现象出发也有着许多让人惊叹的秘密。女性子宫的体积在怀孕之后竟然能够发生1000倍以上的增长！

没有怀孕的女性子宫体积仅有7～10立方厘米，而怀孕的末期时包括宝宝、胎盘和羊水在内的子宫已达到了5000立方厘米。这还是只怀一个宝宝的情况，如果怀的是双胞胎，子宫的体积还要再膨胀几乎1倍。

根据以上的数字，我们得出了准妈妈子宫的体积达到一般女性的1000倍以上这一结论。仅看这一结论，我们就不得不为子宫的神秘而折服。

事实上，子宫变大与宝宝自身的努力分不开。孕期的第12周之前子宫体积增加依靠的是母体激素的作用，在此时期以后则改由宝宝来承担这一重任。从第13周开始，随着自身体积的增加，宝宝会尽一切努力使子宫变大，这着实可以被看作一种自力更生的行为。

女性的子宫被称为人类的梦之宫殿，在女性怀孕的时候，这所宫殿的主人应该就是居住在当中的宝宝吧。

第33～36周

宝宝和准妈妈的变化

33周

宝宝

宝宝的体重约为2千克，从头顶到臀部的长度约为30厘米，身长是41厘米左右，头发明显长长。宝宝会吞入羊水并进行呼吸练习。男宝宝的睾丸完全进入到了阴囊当中。

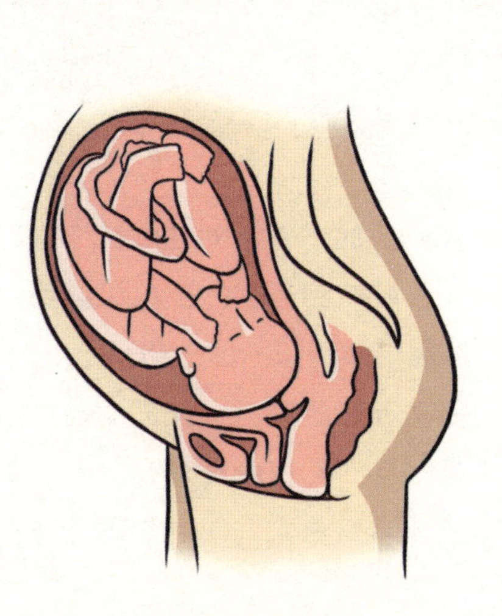

胎儿在子宫里第9个月

准妈妈

准妈妈肚脐到子宫上部的距离变为13厘米左右，耻骨到子宫上部的距离有33厘米左右，体重增加了9.9～12.6千克。当感到腰部疼痛时，可以通过洗温水澡或进行按摩，缓解肌肉的紧张状态。

备忘

早期破水——由于羊水随时都有破裂的可能，所以应事先熟知早期破水的征兆。若阴道内有近似于水一样清澈透明的液体流出，则是破水的信号。

34周

宝宝

宝宝的体重长到了约2.1千克，头顶到臀部的长度是32厘米左右，身长达到42厘米左右，头部的骨骼变得坚硬，皮肤上的皱纹也减少了许多，脚指甲、手指甲已经完全长出。

准妈妈

准妈妈的脸上有可能出现白色的斑点。准妈妈可以感觉到宝宝的位置有所下降，呼吸会变得轻松一点，但是骨盆会有强烈的压迫感觉，在感到难以适应这种压迫时，就要去医院检查。

此外，激素分泌的增多使乳腺保持着发达的状态，开始分泌乳汁。

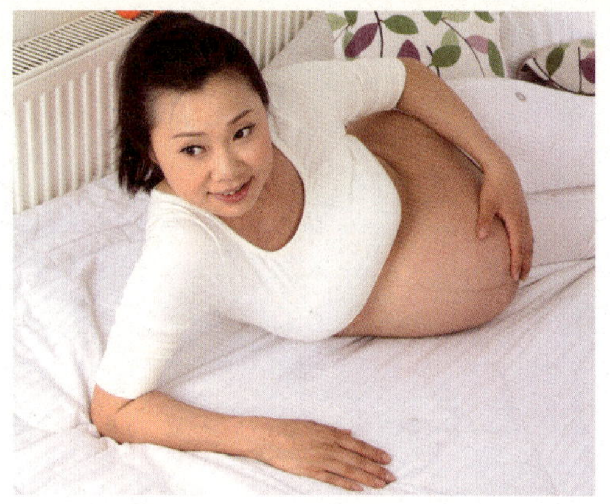

备忘

胸部疼痛——发达的乳腺会造成胸部发胀或疼痛，要想减轻这种疼痛，可以在沐浴之后做一些按摩。

35周

宝宝

宝宝的体重约2.3千克，头顶到臀部的长度是33厘米左右，身长约为44厘米。肺部正充分地发育着，这一时期出生的宝宝存活率可以接近99%。

准妈妈

准妈妈的子宫上部在剑突下方2～3横指处，肚脐到子宫上部的距离约14厘米，体重增加10.8～13千克。

随着分娩的临近，腰部的疼痛症状越来越严重，乳房胀至最大上限，身体变重使准妈妈很难进入到熟睡状态，情绪波动较大。

备忘

摄取营养——为了保证宝宝的健康和营养，准妈妈需摄取大量的维生素和矿物质，如果打算进行母乳喂养就更应该注重营养的补充。

宫缩——到了这个时候准妈妈不得不绷紧自己的神经以应对可能突然到来的分娩。关于阵痛的信号以及何种情况下必须去医院这样的事，都应事先了解清楚。

爱心小叮咛

随着时间的推移，有规律的宫缩会在持续时间和强度上有所增加。真正意义上的阵痛应该能感觉到一定的节奏，可以将宫缩的频率和持续时间记录下来作为根据，以便做出何时去医院的决定。如果没有宫缩或疼痛的感觉而仅仅发生流血，就是更加危险的信号了，应迅速去医院接受检查。

36周

宝宝

宝宝的体重大约是2.5千克，头部到臀部的长度约为34厘米，身长是45厘米左右，皮下脂肪逐渐增多。宝宝还不能进行自主呼吸，所以此时出生的宝宝在一段时间内必须依靠人工呼吸才能够生存。

准妈妈

肚脐到子宫上部的距离大约是15厘米，耻骨到子宫上部的距离约36厘米，体重增加11～13千克。子宫随宝宝一起变大，这时已经抵到了肋骨下段的位置。准妈妈的腹腔内几乎再也没有多余的空间了。由于膀胱受到压力，准妈妈出现尿频现象。

备忘

乳房按摩——为了今后能顺利地进行母乳喂养，在给乳房做按摩这一方面不应有丝毫的马虎。

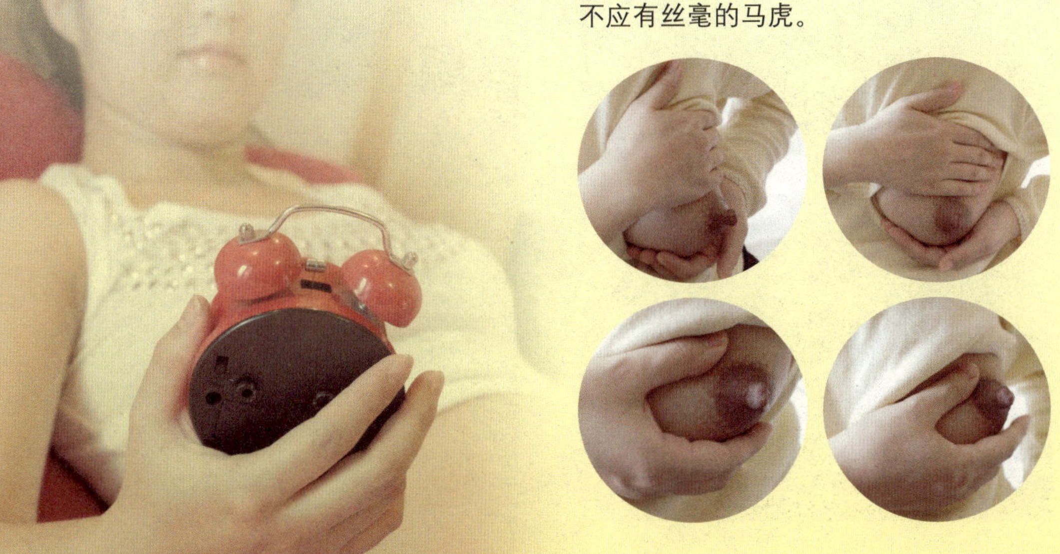

饮食胎教

强化肾脏机能

怀孕的第33～36周，母体的足少阴经脉控制着宝宝的生长，这是一条与肾脏有关的经脉。强化准妈妈的肾脏机能可以促进宝宝的性器官发育，并使宝宝的骨骼变得结实起来。

山萸肉和五味子可以对准妈妈的肾脏起到补养作用，在保护宝宝的"精血"方面大有好处。橘子、栗子和黑豆也都是具有类似功效的食物。

为分娩时的出血状况做准备

为了应对分娩时所发生的出血状况，就要从这一时期摄取含有大量维生素C、维生素K、B族维生素、叶酸和铁元素的食品。含有这些元素的食品包括酵母、红色肉类、动物肝脏、牛奶、奶酪、鸡蛋黄、蛤蜊、紫菜、白菜和菠菜等。

预防胎盘早剥

这一时期还可能出现胎盘早期剥离的状况。胎盘早剥时母体容易出现蛋白尿、浮肿和高血压这三大症状，如果剥离的面积持续扩大，60%～80%的宝宝会胎死腹中。准妈妈也会由于持续的子宫出血而昏迷、休克甚至死亡。

听取医生的建议是非常必要的，不过通过调节饮食来预防上述症状也十分有效。可以在平时经常饮用艾蒿茶和生地汁，或者将3～5个葱根细细切碎再倒入糯米粥中一起烧煮后食用。

安胎

海参中有一种特殊成分可以使宝宝变得安定。将大枣烤熟后食用也可以起到安定神经和补养虚羸的作用。

如果宝宝的情况一直不安定或者准妈妈的腰和下腹部有沉钝的痛觉，食用松子可以获得意料之外的显著效果。还可以将南瓜柄炒熟之后裹上一层面粉，然后与糯米浆一起食用，或者服用南瓜藤煮成的汤，这些都具有显著的安胎效果。

除此之外，鲤鱼和阿胶也有很好的安胎效果。

预防早产

这一时期可能发生妊娠提前终止的情况。一般来说，36周左右往往会产下体重1000～2500克的胎儿，被称为早产。为预防早产，准妈妈在平时应经常摄取富含钙质和维生素的食物。

维生素E又称生育酚，如果准妈妈缺乏维生素E就很容易出现早产等危险情况。在小麦胚芽、葵花子油和羊肉里含有比较多的维生素E。

每500克的羊肉内含有45毫克的维生素E，还含有钙质112毫克，铁质21毫克和大量的维生素B_1、维生素B_2，因此羊肉对防止早产很有帮助。除此之外，《吉尼斯世界纪录》上所记载的营养价值最高的水果鳄梨（油梨）中也含有极为丰富的维生素E。

运动胎教

孕晚期，准妈妈的骨盆可能产生明显的疼痛与不适，会阴部有压迫感，小便次数频繁是常有的现象。通过规则的提肛和收缩骨盆的运动可以降低尿失禁的发生概率。

如果准妈妈感到胸闷和呼吸困难，可以活动上半身以促进呼吸。某些准妈妈静脉曲张的症状比较严重，但这属于孕期的正常现象。准妈妈分娩之后大部分软化的静脉都会发生收缩，使静脉瘤逐一消失，然而在某些情况下这一症状也会在分娩之后依然存在，这需要通过运动来促进血液循环，让血管恢复弹力。

静脉曲张症状的准妈妈不可保持久站或者久坐的姿势，不要穿高跟皮鞋，要穿较为宽松的袜子。在治疗静脉曲张的过程中，消除腿、足部位的疲劳尤为重要。

缩紧阴道

在平躺的姿势下吸气，在吸气的同时慢慢地尽力缩紧阴道，注意不要把力量分散到其他部位，然后在呼气的同时慢慢放松下来。

吸气时数到6，呼气时数到8，在重复5次之后侧躺休息。

功效：可以增强会阴、阴道部位的肌肉弹性。

分腿运动

在平躺的姿势下将膝盖向上举，用嘴慢慢呼气，同时用手在双腿的内侧拉住膝盖慢慢将腿分开并抬起上半身。

然后用鼻子慢慢吸气并恢复平躺姿势。

功效：可以强化大腿和骨盆处的肌肉。

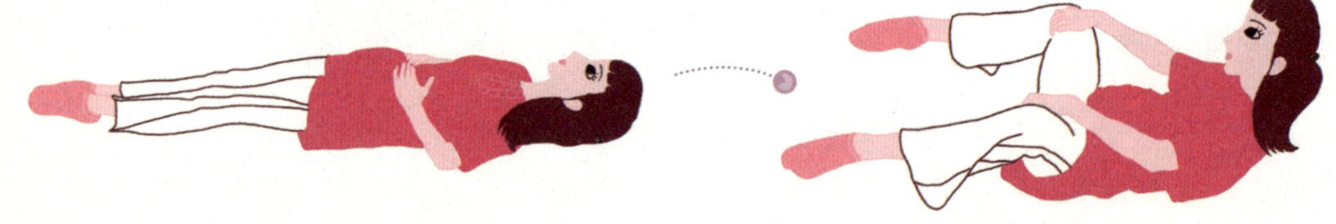

找平衡

站立，两腿分开，用鼻子吸气的同时高举双臂。

然后一边吐气一边放下双臂降到与肩同高，一条腿保持不动并尽力寻找平衡感，另一条腿稍稍向前抬起。

再次吸气、吐气后将腿放下，变换方向。

功效：可以缓解疲劳，锻炼平衡能力。

脚腕运动

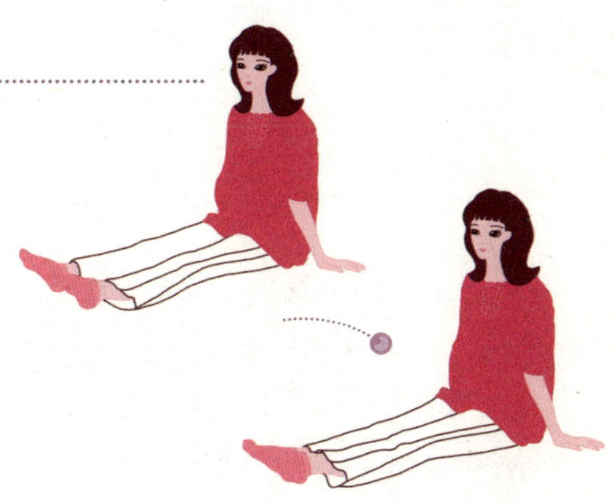

慢慢坐下，两手自然地撑住地面，双腿向前舒展，待腿部完全放松之后碰撞两脚腕。多次重复这一动作。

功效：可以预防和缓解足部浮肿。

腿部运动

平躺以后把双腿举起并靠在墙壁上，一条腿慢慢下沉到地面后再重新抬起。接着再换另一条腿进行这一动作。

功效：可以强化腿部、臀部肌肉、增加大腿内侧柔软性、解除疲劳，防止在准妈妈的腿、足部位的血液过于集中。

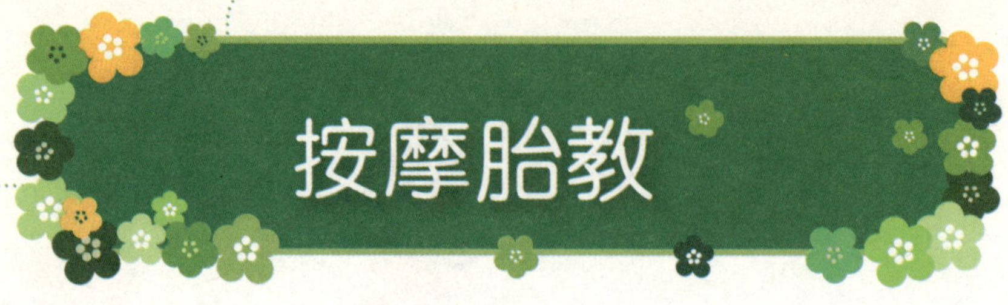

按摩胎教

针对妊娠糖尿病

①用热水浸泡双脚20分钟以上。

②在脚底中央的涌泉穴上用力按压2次。

③用拇指和食指揉搓大脑反射区所在的大脚趾下面区域，重复这一动作2次。

④在脚后跟部位的生殖腺反射区上用画圈的方法进行按摩，重复2次。

⑤用大拇指和食指抓住脚腕，然后柔和地进行左右转动的按摩。

⑥将食指、中指和无名指并拢，然后用指纹所在的部位在脚踝周围用画圆的方法进行转动按摩。

⑦在大脚趾正下方的胰脏反射区，用大拇指按压3次，每次持续4秒钟。

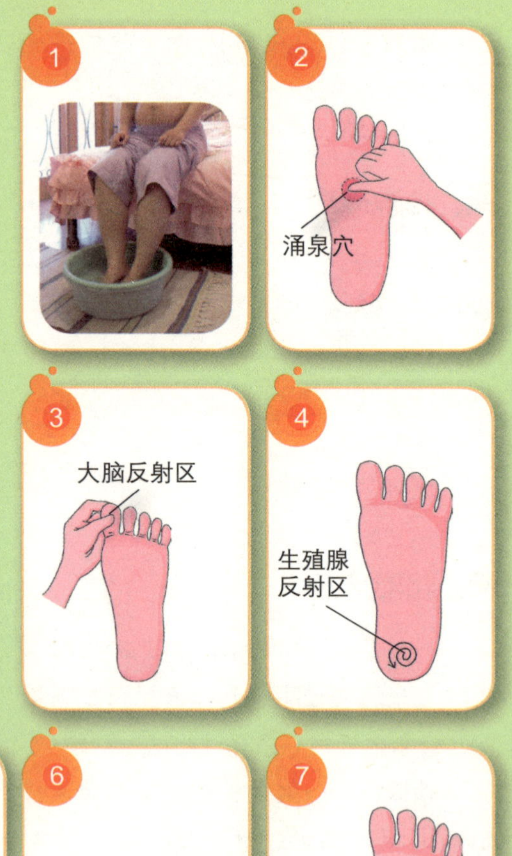

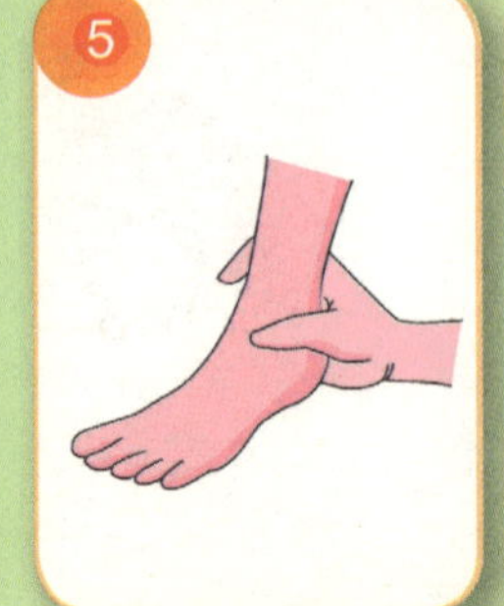

6

7

胰脏
反射区

针对记忆力和思考能力降低

①在涌泉穴上用大拇指按2～3次，每次4秒钟。

②用双手从脚腕出发向膝盖方向按摩，就好像要让血液向上流动一样。对两腿分别进行这种按摩，持续1～2分钟。

③用拇指和食指捏住位于大脚趾上的大脑反射区，然后用转圈的方法进行按摩，重复2次。

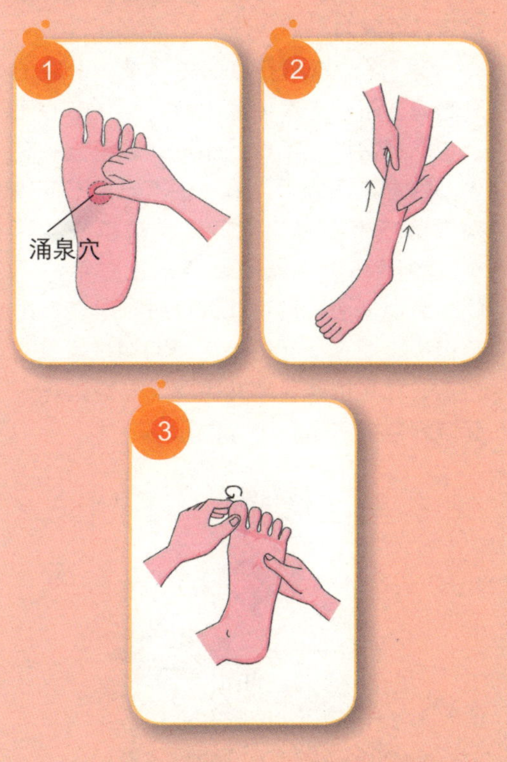

针对压力过大

①在涌泉穴上用大拇指缓缓按4～5次，按时要适当用力。

②在小肠反射区从上向下进行滑动摩擦，重复4～5次。

③在脚后跟部位的生殖腺反射区上用画圈的方法进行按摩，重复2次。

④用一只手抓住左脚，另一只手将五个脚趾一起向后扳动。换一只脚，重复上述动作。

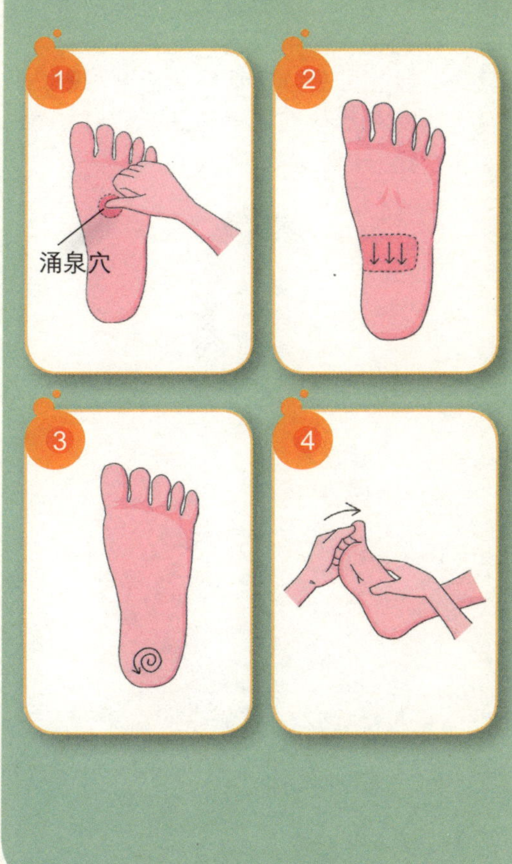

专家谈胎教

夫妻、亲友和同事一起参与的社会胎教才是真正的胎教

宝宝、准妈妈和准爸爸的“3人4脚”胎教行动

宝宝　宝宝身体的各个器官都发育完成，几乎完全具有了人的外观，体内的所有分泌腺都与普通人相接近，此时出生完全可以存活。宝宝的肺部仍未完全成熟，其面部表情更加丰富，有时皱眉，有时微笑。由于宝宝的身躯体积过大，此刻在子宫中几乎无法再做移动。此外，宝宝还会向下调整自己的头部，从这一刻开始他们已经做好了随时来到这个世界的充分准备。

准妈妈　子宫膨胀到了极限，准妈妈感觉呼吸困难、胸部难受、心跳厉害、排尿次数明显增多。如果准妈妈发生尿失禁也用不着过于担心，这多半是一种暂时性的症状。某些准妈妈食欲会出现下降，也有一些准妈妈会受到便秘或痔疮的困扰。腿部经常会发生浮肿，腹部则可能有发胀和堵塞的感觉，因此准妈妈要尽量避免久站或长时间保持一种姿势，还要有意识地减轻各种压力。

准爸爸　必须要经历生产这一考验的准妈妈，不仅在身体上十分疲惫，在心理上也同样会产生不安的感觉，准爸爸一定要多替准妈妈着想，对其进行无微不至的照顾。随着准妈妈的身体变得越来越笨重，此时再提出任何性要求都是不合适的。准爸爸应该尽可能地抽时间陪在准妈妈身边，与其一起练习按摩和调整呼吸的方法，还可以购置婴儿用品，与准妈妈一起做好迎接孩子到来的准备。

宝宝也会做梦

女性怀孕后，她自己或是身边的人都有可能做梦，这种梦被称作胎梦。每个人的胎梦都不一样，对胎梦的解释和分析也不尽相同，但我们可以把胎梦看成提示准爸爸或者准妈妈开始进行胎教的自然信号。

另一方面，不仅准妈妈和准爸爸会做梦，胎宝宝也有做梦的可能。在孕期的第9个月时，对宝宝进行脑电波测试，可以观察到其大脑电波会发生交叉并引起做梦。尽管我们无法了解那是一些怎样的梦境，但是宝宝在出生以前就会做梦这一事实已经被明确地证实了。

那么，准妈妈和准爸爸此时应该给予宝宝怎样的帮助呢？其实只要仔细想想自己做梦的情况就可以找到正确的答案。在心情舒畅、愉快的日子里我们往往会在睡觉时进入美好的梦境，相反在心情沉闷的时候我们不仅很难入睡，还常常会进入到乱七八糟的复杂梦境当中。宝宝的所有经历都是通过准妈妈获得的，准妈妈只有在生活中保持平和、安定的心态才能对宝宝的梦境产生好的影响。

想想看，准妈妈在梦里见到即将出生的宝宝，而宝宝则梦到不久将要见到的爸爸、妈妈，这是一件多么美好的事情啊！请记住一点：要达成这一目标，需要准妈妈、准爸爸、同事、亲戚以及周围其他所有人的共同努力。

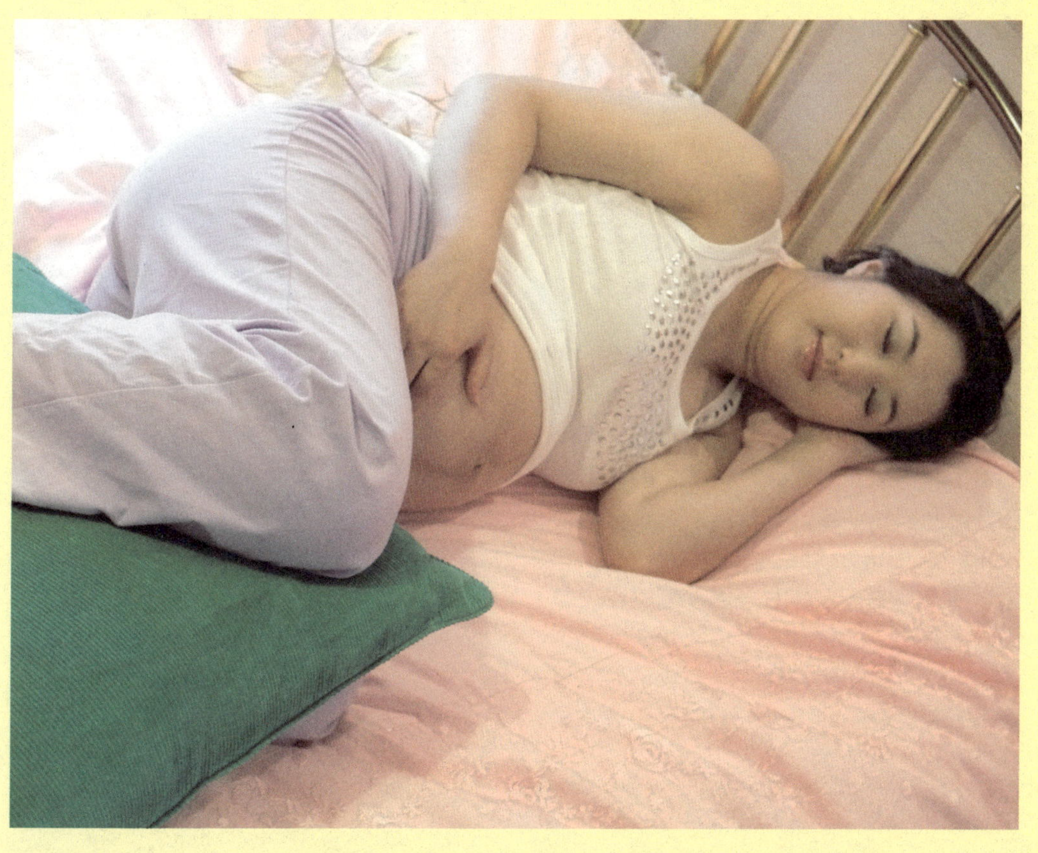

准妈妈痛苦时宝宝所承受的痛苦

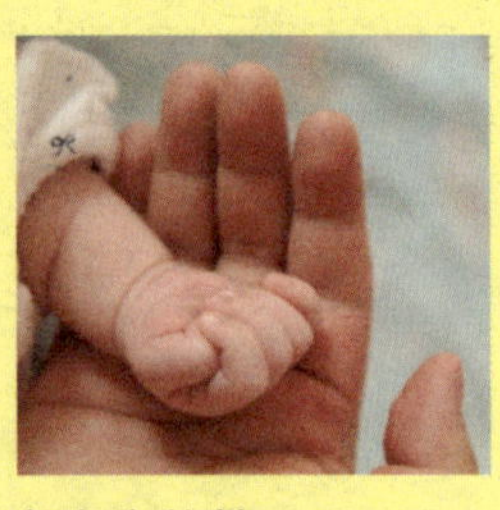

10个月的怀孕过程并不总是一帆风顺的。准妈妈可能遇到意外，遇到令人伤心的事情，还可能遭受身体上的病痛和突如其来的家庭变故等。

这些会给未出世的宝宝带来怎样的影响呢？有一项与此相关的科学研究分析了在进行人工流产手术时，宝宝所承受的痛苦程度。人工流产不仅会使准妈妈的身体感到疼痛，还会给宝宝带来身体组织彻底碎裂的巨大痛苦。有人会问：宝宝真的可以感受到这种痛苦吗？答案是肯定的。这一点可以通过宝宝在此过程中分泌的镇痛激素得以体现。

上述研究结果确实令人感到震撼，它揭示了腹中的宝宝可以感受到母体内传递的痛觉这一重要事实。

社会胎教十分必要

在孕期的10个月中，准妈妈周围的人对其细心的照顾非常必要，这也是倡导社会胎教的理由。工作中的同事应该尽可能地给准妈妈最好的照顾，亲戚、朋友则要在各方面多加注意，争取将准妈妈的压力减到最小。

准妈妈是一个怀有充满希望的小生命的人，周围人的言行、举止都可能对两个人的未来产生影响，每个人都应该为培育健康、美好的生命贡献一份力量，这就是真正的社会胎教。

延伸阅读

产后健忘症和抑郁症

在这一时期，准妈妈很容易被这样或那样的不安感所包围，往往会为分娩时的痛苦和以后抚育孩子的问题而担忧，分娩后往往会患上产后健忘症和抑郁症。

只要准妈妈能够事先了解这两种疾病的原因，就可以采取一定的措施加以预防，从而使怀孕末期的准妈妈从这种不必要的心理压力中摆脱出来。

产后健忘症和抑郁症是女性在适应怀孕和生产所带来的各种变化的过程中，可能发生的一种精神疾病。女性在怀孕和分娩的过程要经历大脑收缩，这一点往往会导致产后健忘症的发生，一般来说这种症状会在产后6个月左右自行消失，如果恢复的过程很不顺利，就可能会受到产后忧郁症的困扰。

由此看来，造成产后健忘症和抑郁症的不仅仅是环境上和心理上的问题，物理性的大脑损伤才是真正的致病因素。这一研究结果也同时证明了女性分娩时要经受多么大的身体变化和痛苦。妻子应该把这些事实告诉身边的人，尤其是要告诉自己的丈夫，这样就能够得到应有的关心和照顾。

第37～40周

宝宝和准妈妈的变化

37周

宝宝

宝宝的体重大约是2.7千克，头顶到臀部的长度约35厘米，身长约为46厘米，生成了大量的皮下脂肪。

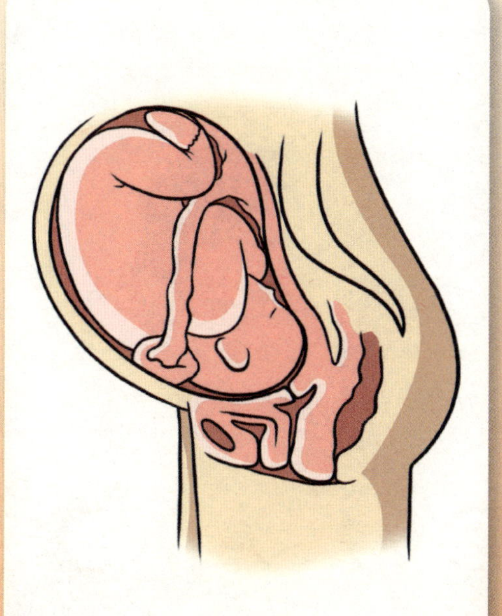

胎儿在子宫里第十个月

准妈妈

子宫大小与上一周相似。准妈妈的体重差不多到达了最高点，与怀孕之前相比增加11～15千克。准妈妈单侧乳房的重量已经达到了400～800克，发生阵痛时子宫颈会变软、变薄。

备忘

饮食习惯——直到分娩之前，准妈妈都应该保持良好的饮食习惯，要尽量避免摄入高脂肪和高热量的食物，也不要吃生鱼、生肉。

运动——准妈妈可以进行强化阴道肌肉的提肛运动以及促进血液循环、减轻浮肿和痉挛症状的腿部运动。此外轻微的舒展活动也一样可以起到强化韧带及周围肌肉的效果。

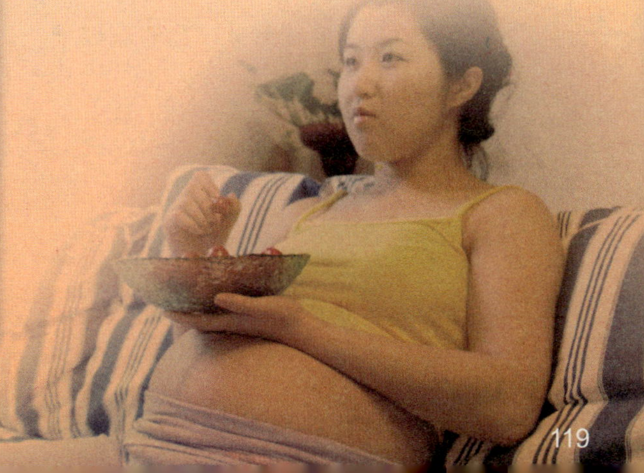

38周

宝宝

宝宝的体重约为3千克，头部到臀部的长度为36厘米左右，身长约为48厘米。可以通过监护仪来观察其心脏的跳动情况，也可以通过宫缩压力试验确认宝宝的健康状态，还可以做血液抽样检查。

准妈妈

肚脐到子宫上部的距离是16～18厘米，耻骨与子宫上部之间的距离则达到了36～38厘米。

在怀孕的最后几周里，准妈妈的腹部不再继续变大，但身体已经很笨重了。这一时期最好不要采取仰卧的姿势，以免造成呼吸困难和恶心。进行适当的运动可以缓解力气不足和情绪不安的症状。

备忘

为母乳喂养做准备——如果打算母乳喂养就要事先准备好哺乳用的胸罩，卡扣在前的那类胸罩往往较为舒适。

胸部不适——最好不要一次吃太多的东西，做到少食多餐就不会有胸部难受的感觉。

39周

宝宝

宝宝重达约3.2千克，头顶到臀部的长度约为37厘米，身长约49厘米。宝宝可能将脱落下来的头发和汗毛吞进肚子里，一段时间之后就会成为胎便并排出体外。宝宝所有的身体器官都已发育成熟。

准妈妈

准妈妈的子宫上部将下降至约31周的高度。此阶段应避免体重增长过快，最好控制在12～16千克。宝宝位置的下降可能给准妈妈的行走造成困难。

备忘

母乳喂养——如果打算母乳喂养，就要继续保持均衡的营养摄取。进行母乳喂养的女性每天要额外消耗425～700千卡的热量，所以这一时期应远离各种容易引起肠胃不适或带有强烈刺激性的食物，还应每天保持喝足够的水，并注意补充钙质。

40周

宝宝

宝宝的体重约3.4千克，头顶到臀部的长度约为38厘米，身长达到50厘米左右。宝宝占据了整个子宫，几乎再也没有任何移动的空间。尽管这一周是预产期，但宝宝有可能提前1周或推迟1周降临到世界上来。

准妈妈

子宫上部在剑突与肚脐之间。

准妈妈腹部的皮肤时刻处于紧绷的状态，并有可能产生瘙痒的感觉。此外，乳晕的颜色变得更深。准妈妈可以感觉到宝宝做好了一切出生的准备。

备忘

做好分娩计划——每一个准妈妈阵痛和分娩时的状况不尽相同，因此要做好充足的心理准备，是否采用麻醉，何种情况下采取剖宫产手术……这些具体

的分娩计划都必须事先制订。由于不知道阵痛会发展到什么程度，所以必须提前做好各种准备，包括了解阵痛和分娩过程中可能发生的紧急状况和相应的对策。阵痛发生期间可能出现恶心和呕吐等症状，所以需要更加注意。

自然分娩——自然分娩可以避免手术带来的后遗症，分娩后只需要2天时间就可以出院，而且之后的恢复期也较为短暂。自然分娩过程中，当宝宝通过产道时准妈妈的腰和背会感觉到明显的疼痛，这种疼痛的感觉可能在分娩之后仍然持续很长时间。如果准妈妈的骨盆较小、宝宝的个头又很大等，采取自然分娩会有一定难度。在怀有双胞胎或准妈妈患有高血压、糖尿病的情况下，医生会建议采取剖宫产手术。应该根据准妈妈和宝宝的健康状况来选择适当的分娩方法。

饮食胎教

强化膀胱机能

怀孕的第39～40周，母体的足太阳经脉控制着宝宝的生长，这是一条与膀胱有关的经脉。

宝宝借助母体膀胱的机能在怀孕的最后阶段获得了完整的骨骼和元气，然后才来到这个世上。准妈妈一定要食用可以强化膀胱机能的食物，比如，海带、紫菜等海藻类的食物。

促进母乳分泌

准妈妈需要在这一时期提前为以后的母乳喂养做好准备。维生素E有促进乳汁分泌的作用，准妈妈要多吃一些瘦肉、乳类、蛋类、麦芽等富含维生素E的食物。

此外，如果打算喂奶，从现在开始要以比平时多补充40毫克维生素C，因为宝宝的出生会使产妇缺乏维生素C。在怀

孕过程中一定要坚持补充维生素C，尤其在怀孕的最后一个月里更是如此。

打算母乳喂养的准妈妈要避免吃含有大量脂肪的食物。摄取高脂肪食品容易使乳汁变得黏稠并对喂奶产生一系列的不良影响，因此准妈妈在摄取肉类时最好只食用瘦肉部分，而且最好避免吃凉性的食物和过咸的菜肴。

分娩之后补充营养

维生素C还可以使伤口快速恢复，如果想尽快摆脱各种产后后遗症的困扰并让虚弱的身体恢复起来，就必须在这一时期进一步增加维生素C的摄取量。

补充维生素C的最佳方式莫过于吃蔬菜和水果了，西芹、白菜、青椒、菠菜、橘子、绿茶和莴笋是最佳的选择。此外，莴笋还对乳汁分泌有明显的促进作用。

运动胎教

在怀孕的后期，阴道产生的分泌物开始增多，并且与平时的分泌物有所不同，混杂着血液物质，这向准妈妈暗示着预产期的临近。如果发现阴道分泌出黏液或血液时，最好立刻停止运动并咨询医生。

最后一周，准妈妈可以做一些为分娩做准备的呼吸练习，如拉梅兹呼吸法，它是一种针对缓慢阵痛和猛烈阵痛采取不同对策的呼吸方法，通过对它的学习和伸展大腿内侧肌肉的运动，可以使分娩过程变得更加顺利。

如果感到腹部疼痛，准妈妈应立即休息，并通过自己的感觉来分辨这是否属于具有肌肉紧缩等特征的“产痛”。

曲膝观顶

将双腿大幅度分开，两臂向侧面平伸。在这样的姿势下一只腿慢慢弯曲，上半身向弯腿的那一侧倾斜，然后一只手向地面伸出，另一只手伸向屋顶，同时双眼向上仰望，注意臀部不能下沉。

功效：可以增加平衡感，并使大腿内侧的肌肉变得柔软起来。

侧卧抬腿

在侧卧的姿势下将位于下方的腿微微弯曲或平伸，另一只腿伸直，用手抓住靠上的一只脚使劲向上拉。

功效：可以帮助放松臀部和大腿内侧的肌肉。

蹲坐运动

双脚大幅度分开站立，然后慢慢地蹲坐下，双手在身体前方撑住地面。臀部开始向上抬举并站起身来。

功效：可以起到放松大腿内转筋的作用

骨盆运动

双脚大幅度分开，竖膝而坐。两手抱住膝盖，一边靠鼻子用力吸气，一边让身体竖直，向前推动骨盆。

在从口中吐气的同时背部向后弓曲。

功效：可以使骨盆放松，并解除背部肌肉疲劳。

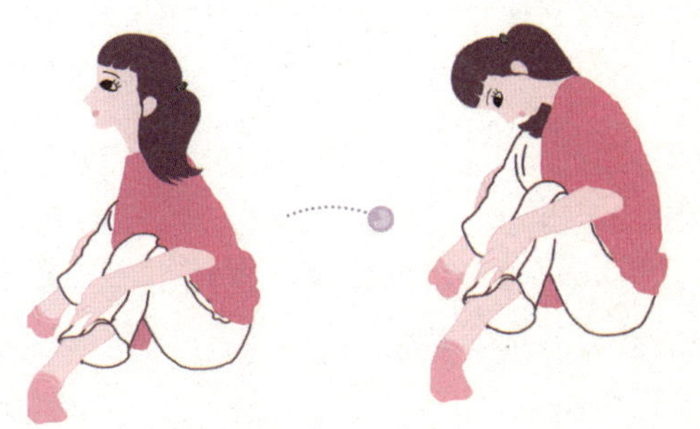

侧分双腿

平躺，曲腿，将双腿向两侧分开并向上举起。吸气，吐气，同时将上半身抬起，展开膝盖并用双手按住两侧的小腿。

接着，静止下来从1慢慢数到5，再次吸气并向后躺下。在重复2～3次以后，侧躺休息。

功效：可以使大腿内侧肌肉的柔软性得到增强。

按摩胎教

针对产后抑郁症

①用双手握住整个脚背，模仿掰开一个苹果的动作进行按摩，重复4～5次。

②用大拇指和食指依次抓住5个脚趾中的每一个向上提拉。

③握住脚底向后扳，重复4～5次。

④用大拇指在脚踝侧边的子宫反射区上依照逆时针方向画圆。

⑤用两手的大拇指从左右两侧对应着挤压脚底中央的涌泉反射区。一共挤按3次，每次4秒钟。也可以用大拇指进行按摩。

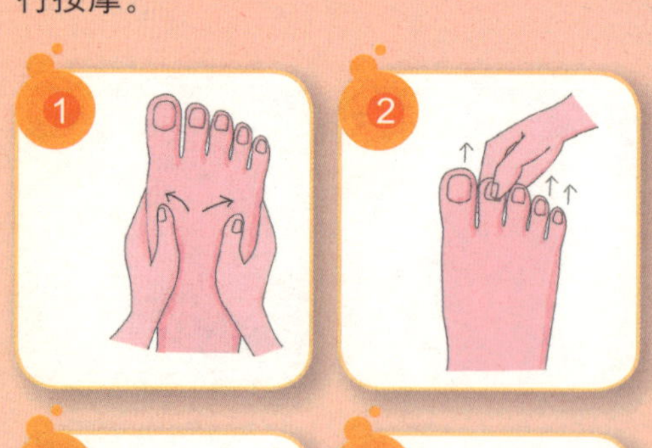

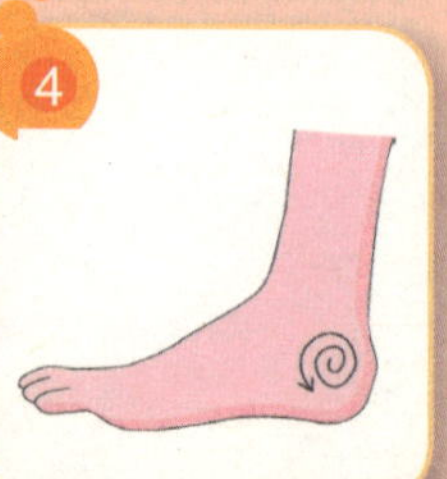

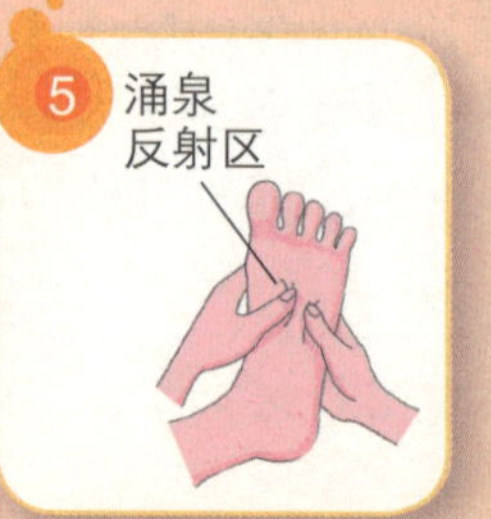

针对肥胖

①把毛巾敷在脚背上，用双手握住整个脚背，模仿掰开一个苹果的动作进行按摩，持续1～2分钟。

②从脚腕出发向膝盖方向摩擦，对两只脚轮流做这种按摩，持续1～2分钟。

③用大拇指轻按脚底中央的涌泉穴3次，每次按4秒钟。

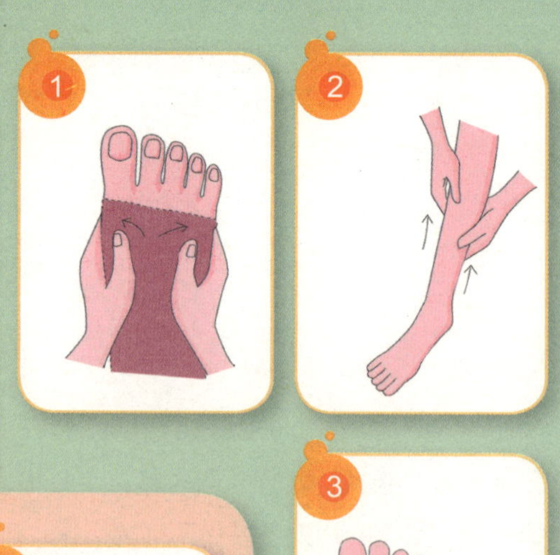

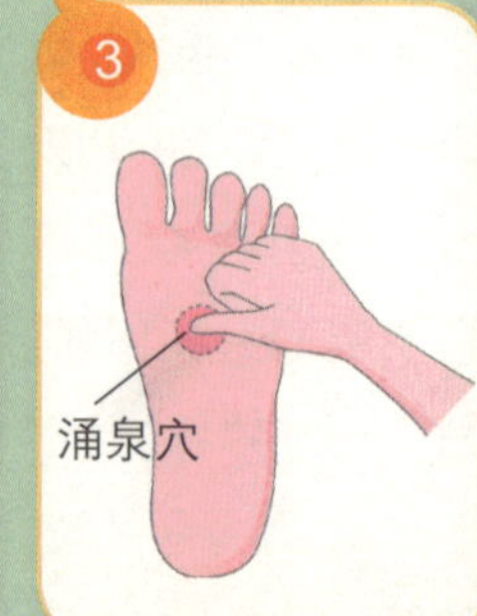

针对妊娠期高血压疾病

①把毛巾敷在脚背上，双手握住整个脚背，模仿掰开一个苹果的动作进行按摩，持续1～2分钟。

②从脚腕开始向膝盖方向摩擦，就好像要让血液向上流动一样。对两只脚轮流进行这种按摩，持续1～2分钟。

③用大拇指轻按脚底中央的涌泉穴3次，每次按4秒钟。

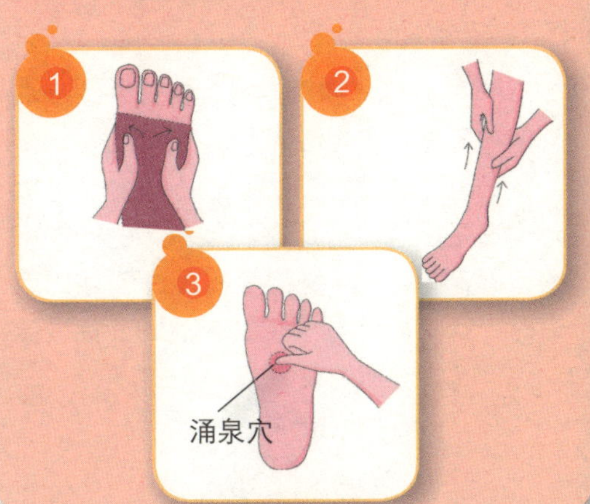

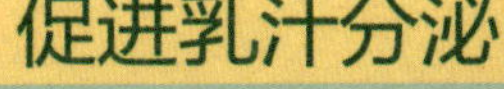

促进乳汁分泌

①在脚底中央的涌泉穴上按4次，每次3秒钟。

②向着对角线方向的输尿管反射区滑动按摩，重复9次左右。

③在位于足部内侧的膀胱反射区上按压3次，每次持续4秒钟。

④在胸部反射区按照箭头所示方向滑动搓摩4～5次。

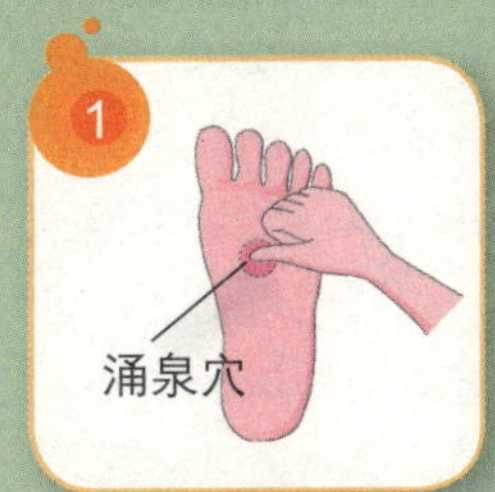

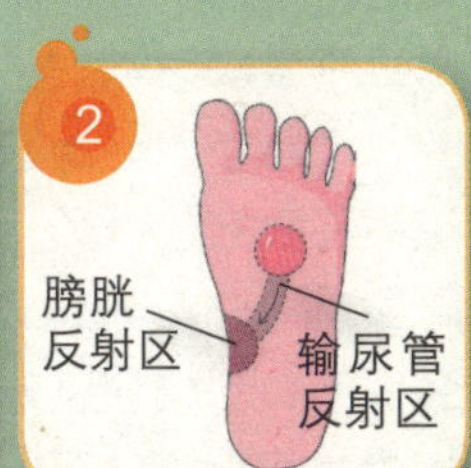

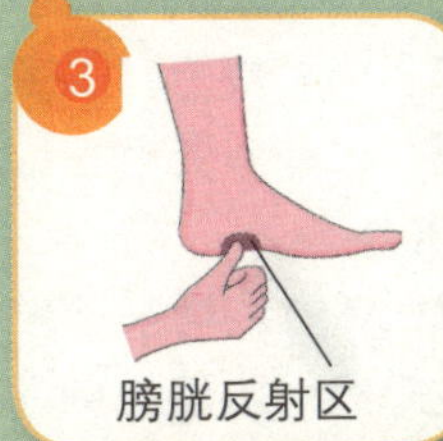

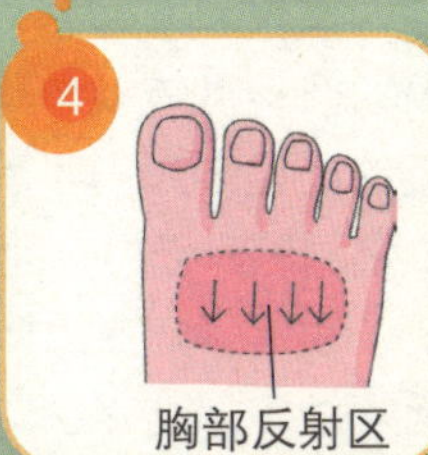

针对产后浮肿

①把毛巾敷在脚背上，用双手握住整个脚背，模仿掰开一个苹果的动作进行按摩，持续1～2分钟。

②从脚腕开始向膝盖方向摩擦，就好像要让血液向上流动一样。对两只脚轮流进行这种按摩，持续1～2分钟。

③在涌泉穴上用大拇指轻按3次，每次4秒钟。

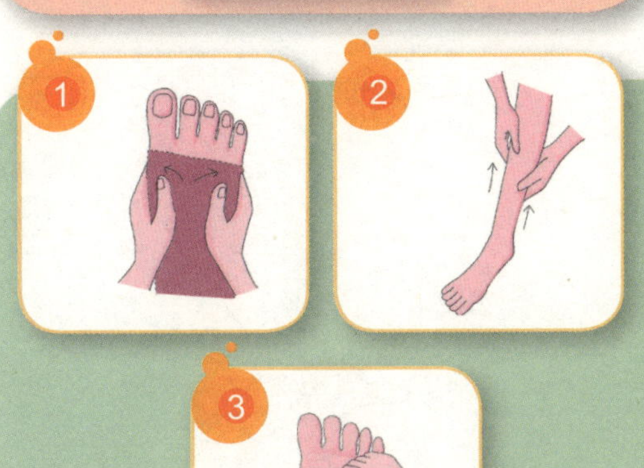

将胎教进行到底

宝宝、准妈妈和准爸爸的“3人4脚”胎教行动

宝宝 宝宝已经做好了来到这个世界的一切准备，急不可待地等着那个特殊时刻的到来。宝宝的皮肤变得十分柔软，胎毛几乎全部脱落，手指甲已具有相当的长度，性器官也达到了一定的大小。此外，宝宝的心脏、肝脏、消化器官和泌尿器官等身体内脏也都具备了完整的形态。由于宝宝的头部已经进入骨盆，所以胎动受到了极大的限制。在出生前的一周里，宝宝体内发生激素分泌的现象，还会从母体中汲取各种抗体以增强自己的免疫能力。宝宝的肠道中充满了胎便，这些粪便会在出生之后的几天内排泄出来。

准妈妈 腹部体积和重量的增长使准妈妈很难保持平衡。准妈妈可以感觉到子宫正渐渐地向下移动，心脏和胸部所受到的压迫不断地减少，但子宫位置的下降给膀胱造成了更加严重的压迫，排尿的次数变得更多了，下腹部和大腿也开始明显地感到疼痛。子宫口此时开始为分娩做准备，变得潮湿且柔软，还会有许多分泌物，准妈妈需要经常沐浴。如果准妈妈的下腹部发胀或者疼痛次数明显增加，应该立刻到医院检查。

准爸爸 因为无法准确地预知宝宝会在何时降临世上，准爸爸应该陪在心神不宁的准妈妈身边，时刻做好去医院的准备。假如准妈妈一个人在家，往往在出现阵痛时过度紧张，所以准爸爸要尽可能地陪在准妈妈的身边，即使不能陪在她身边，也要随时打电话问一下。到了准妈妈分娩的时候，准爸爸更应该在准妈妈身边与其共同承担这必经的历程，一起享受宝宝出生所带来的奇妙感觉。

自然分娩是准妈妈的首选

好的分娩环境可以对宝宝天性以及与父母的亲密程度等多个方面产生影响。

根据科学家的研究结果，采用自然分娩法生出的宝宝比采用剖宫产生出的宝宝智商高2点。因为宝宝在经过母体的产道时，身体上的各个组织都受到一定程度

的刺激，而剖宫产手术则不能达到这样的效果。

宝宝身体所受到的刺激与大脑的发育存在着不可分割的密切关系。就像用母乳喂养也可以提高宝宝的智商一样，这不仅仅是因为乳汁当中含有有益的成分，更重要的是在喂奶的过程中宝宝可以与妈妈发生亲密的身体接触，这一点已经成为大家公认的事实。

因此，应该尽可能地选择自然分娩的方法。

准爸爸陪产

宝宝的出生对其本身，对爸爸、妈妈，以及对整个家族来说都是一件值得庆祝的大事。准妈妈即将分娩了，准爸爸首先要确认如下事项：分娩室是否允许准爸爸进入，医院对采用自然分娩的态度等。

如果条件允许，准爸爸最好能陪产。分娩过程中的参与将是准爸爸胎教的最后一站。

大家一起承担分娩的痛苦

即使只是表达一下想共同承受痛苦的心意，同样可以起到减轻准妈妈疼痛的作用。现在有秋千助产、唱歌助产、分娩球助产等各种新的助产方法，但事实上最重要的并不是这些方法，而是这些方法所包含的让许多人与准妈妈一起承担痛苦的新观念，以及在分娩过程中所营造的积极氛围。

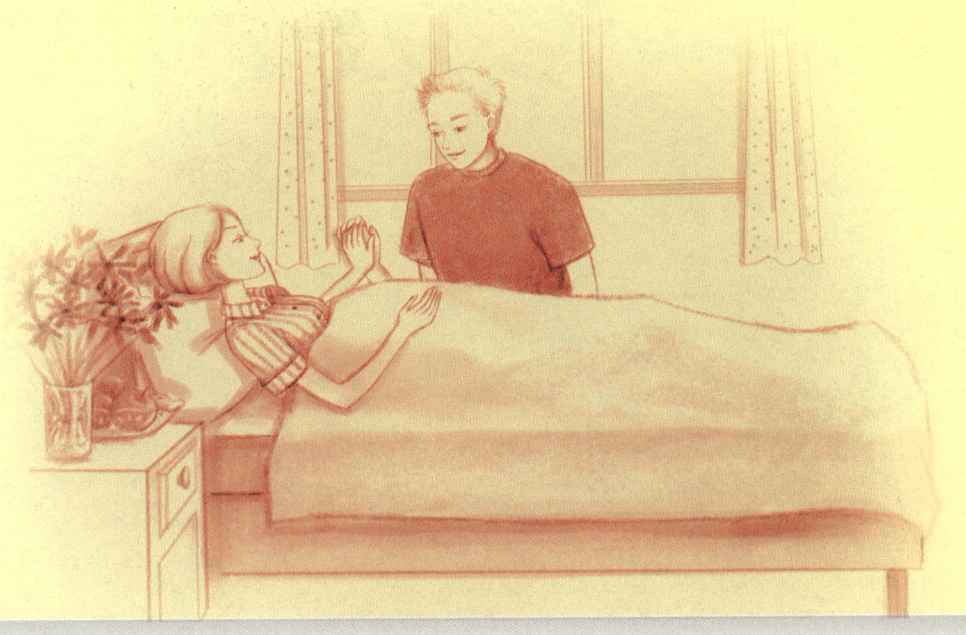

延伸阅读

轻松的分娩方法

采用什么样的分娩方法可以减轻准妈妈和宝宝的紧张呢？与此相关的研究一直呈上升的趋势。一直以来，最普遍的分娩方法是让准妈妈以平躺的姿势生下婴儿，这实际上是属于美国式的分娩方法。

如果将这种仰卧位的美式分娩法与主张坐式分娩或立式分娩的欧洲式分娩法相比，会发现采用仰卧式分娩会增加剖宫产的概率。因此，可以说美式分娩法是一种比较不利于宝宝出生的分娩法。

在准妈妈可以较为容易地把宝宝生下来的各种姿势当中，有一种蹲坐的姿势在很久以前就被许多国家广泛采用，并已经成为一直延续至今的古老传统。

最近人气不断上升的勒博耶分娩法和水中分娩法也同样属于可以减轻准妈妈紧张情绪的分娩方法。勒博耶分娩法强调在分娩的时候，产房内一定要保持安静的环境和昏暗的灯光，目的是把给宝宝带来的刺激减小到最低程度。水中分娩法，顾名思义是一种在水中进行的分娩方法，可以减轻准妈妈在生产过程中所经受的痛苦。由于宝宝出生之后所进入的环境与羊水相似，这种方法同样也可以缓解宝宝的紧张状态。

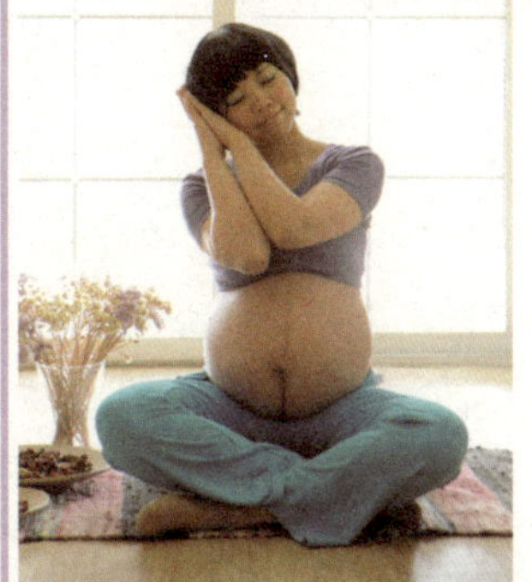

第四章

主题胎教助你提升胎教效果

胎教的最终目的是生产下身心健康的宝宝，在听觉发育时期让胎儿聆听美妙的音乐，视觉发育时期给胎儿欣赏美丽的图画，大脑发育时期食用坚果类的食物并进行有氧运动……用积极的态度和行动让胎教的效果更上一层楼吧！

传统胎教

无论古今，生下既健康又聪明的孩子是为人父母不变的期望。让承载着先人智慧的传统胎教帮助我们孕育充满智慧的下一代吧。

显示祖先智慧的传统胎教

传统胎教是一种涵盖怀孕之前的思想准备、怀孕之后的饮食习惯以及所应该注意的行为的综合胎教。其中最引人注目的则是反复强调怀孕前的胎教和准爸爸参与胎教这两点。

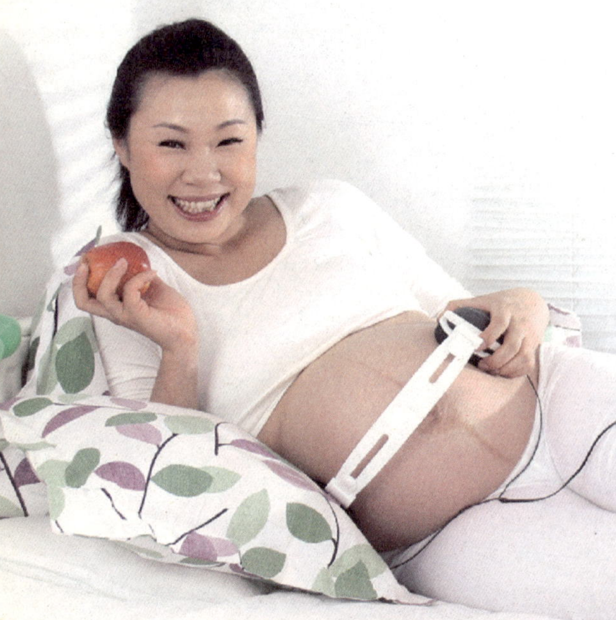

在传统胎教中，要求已婚女子为随时可能到来的怀孕过程做好身体上和心理上的完全准备。而现在的医生也在大声呼吁女性们为了子宫环境的健康而进行有计划地怀孕。由此我们就可以看出，很早以前人们就意识到了通过计划怀孕和胎教来孕育健康、聪明的孩子。

传统胎教所强调的注意营养摄取的均衡和注意自己的各种言行等也都在现代医学中得到了间接的认证。对于老人们所坚持的各种传统的胎教方法，我们再也不要一味地采取无视的态度，而应该汲取祖先的智慧并加以运用。

第一个进行胎教的人

依照古时候流传至今的各种记载，在东方第一个进行胎教的人是周文王的母亲太任。书中记录到：太任两眼不看邪恶的东西，两耳不听刺耳的声音，口中不说粗俗的话语，在言行举止和心理状态上始终保持谨慎的态度。通过这样的胎教，她生下了周文王这样的一代英杰。

重视心理状态和言行

传统胎教强调父母所应付出的各种实际行动和心理调整。其中饮食、行为举止和心理状态都被称作非常重要的环节。

准妈妈要小心不干净的或凉性的食物，不去高而险的地方，夜里尽量不外出，做家务事时要注意放慢速度，移动身体时要保持步伐稳健，这些都是传统胎教中提出的忠告。

从现代医学的观点来看，这些内容都有积极的意义。传统胎教理念中的很大一部分都带有预防医学的色彩。

强调准爸爸在胎教中的积极行动

如今有许多准爸爸渐渐地对胎教表现出了关注和参与热情。实际上，准爸爸也应该参加到胎教当中的观点在很久以前就已经得到了强调。

准爸爸参与胎教是传统教育中“立人”观点在胎教这一领域的延续。丈夫要尽力让妻子在健康的情绪和心理状态下怀孕，要严守一切的禁忌事项并遵从法律，还要学习与德、福、智慧有关的知识。

宫内环境非常重要

准妈妈的子宫可以算得上是宝宝的第一所学校。孕期的第10周以后宝宝就会做出自我调节、防御不良刺激和表现自己意图的各种尝试。

在决定宝宝性格的因素当中，宫内环境的体验比基因更加重要，因此我们要用良性刺激促进宝宝的生长发育，与此同时，尽一切努力避免给宝宝带来任何不良刺激。

世界上著名的科学杂志《自然》上曾刊登过一篇论文，认为：“子宫里的环境比遗传方面的因素更能够决定人的智商。”抚摸腹部、对宝宝说话以及让宝宝欣赏柔和的音乐对宝宝的情绪有着相当大的帮助。准妈妈还应时刻牢记避开灯光炫目或噪音嘈杂的地方，以便营造一个安稳的子宫环境。

整个家庭都参与到胎教中

怎样才能给宝宝带来轻松愉快的感觉呢？准妈妈的情绪和心态起着相当重要的作用。如果准妈妈感受到压力，腹中的宝宝理所当然也会变得紧张，其脑部发育可能受到不良影响。准爸爸和其他家庭成员一定要给予准妈妈最大的帮助，将准妈妈的压力减到最小。

所有的家庭成员都应该有一种思想，即只有全心全意地进行胎教才能够得到具有完整人格的下一代。营造其乐融融的家庭气氛可以让准妈妈变得平静，并使宝宝保持安稳的状态。

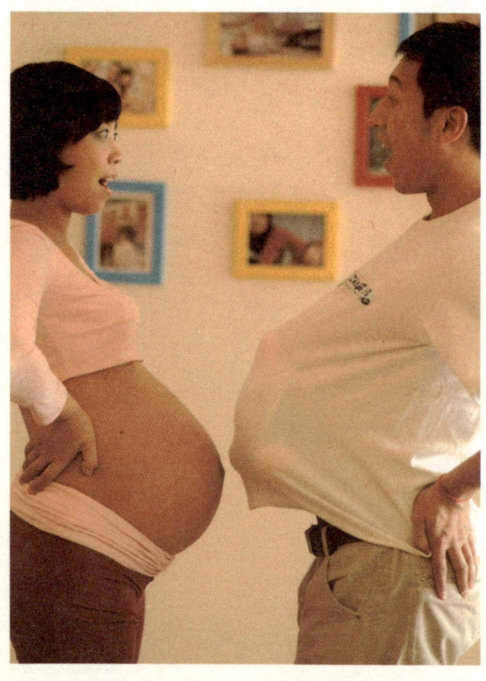

让宝宝欣赏音乐

在很早以前的有关胎教的书籍中可以找到把诗配上乐曲唱给宝宝听的记载。与此相对应的是，现代科学中已经找到了关于音乐对宝宝脑部机能的提升和记忆力的形成具有很大作用的证据。

准妈妈要想生出聪明的孩子，就一定要从宝宝大脑发育完整、听觉功能也逐渐发达起来的孕期的第5个月起，让宝宝欣赏美妙的音乐。宝宝在出生之后，会具有安稳的情绪和高度的精神集中力。

胎教之道在其父，胎教之行在其母

传统胎教还认为，宝宝学到的是为人做事的根本，还将准爸爸在受孕时的态度，准妈妈在孕期的努力以及老师的教诲做了比较：老师的10年教诲不及准妈妈的10个月孕育，而准爸爸在受孕当夜的状态则比准妈妈的10个月孕育更为重要。

胎教之道是关系到整个家庭兴旺的大事，所以在胎教过程中掌握方法和进度是准爸爸不可推卸的责任。胎教之行当中的具体任务则由准妈妈承担。准妈妈在孕期的10个月里必须爱惜自己的身体，在视觉、听觉、言语、行动、想法和心态上保持纯净，一心一意地为宝宝营造健康的成长环境。

准妈妈在睡觉时不可采取不正确的姿势，走路时不可经过不平的道路，站立时不得倾斜，用餐时不吃奇食怪味，坐下之前先整理好坐垫，两眼不看邪恶的事物，两耳不闻杂乱的声音，每天晚上背诵诗篇，说话时注意公正的态度。怀孕期间准妈妈如果能遵守上述规则，生下的宝宝就能具有端正的容貌和出众的才能。

有的准妈妈为了一时的味觉快感而品尝奇异味道，或者为了身体上的享受而在寒凉的房间里睡觉，以及与别人说一些无聊的话题以此寻乐，终日无事可做、昏昏沉沉，这样的生活完全背离了胎教的观念。

如果持续这种状态，准妈妈体内的血气流动将逐渐进入停滞状态，则会导致营养吸收困难，甚至还会得病、发生难产。

准妈妈应该做的和不应该做的事

应该这样做

端正自己的心态，无欲无求，双眼只看高雅和美好的事物，只吃干净的食品，保持容貌端庄。

不应该这样做

使身体变得过热，暴饮暴食，用餐过饱，在冰冷或是脏乱的地方随便就座，恶意中伤或挖苦他人，随意服药或接受针灸治疗等。

准妈妈该吃的和不该吃的食物

传统胎教除了要求准妈妈端正自己的心态之外，还强调通过饮食来达到保养的效果。

应该吃这些食物

鲤鱼——容易被消化吸收，蛋白质、钙质和不饱和脂肪酸含量高。

黑鱼——含有大量优质蛋白和容易消化的脂肪成分，钙质丰富且属于碱性食品。

海参——可以使准妈妈和宝宝保持安定，有流产危险时服用效果最佳。

海带——无机物质、维生素、纤维素的含量丰富。

生姜——含有可以止吐的成分，泡茶饮用可以减轻孕吐症状。

松子——有流产危险时食用，可以起到安胎的效果。

艾蒿——具有暖身的作用，还能够使子宫内的血流变通畅，在安胎方面也具有一定的功效。可以榨取生艾蒿汁直接饮用，也可以在春季摘取后晒干保存，之后泡制成艾蒿茶服用。

大麦——碳水化合物、铁质和纤维素的含量高，有助于消除准妈妈的便秘症状，并能够起到缓解神经紧张状态的作用。

不应该吃这些食物

无鳞的鱼类，薏米、半夏、芦荟、麦芽等食品、各种药品、冷水、生水和带有刺激性的香辛料，以及各种类似的食物。此外虫类、未熟的水果以及掉落在地上的食物也有一定的危险性。

在以上列出的食物当中有一些会对身体产生真正的危害，还有一些则可能会在食欲或心理方面造成不良的影响。

幸福妈妈胎教心得

俗话说：10月胎教胜过10年教育。这么看来，很久以前的古人就已经开始了解到胎教的重要性并付诸实践了。有许多胎教方法随着老人们的口述和书中的记载流传下来，为什么我们不去继承呢？尽管其中存在很多有迷信色彩的东西，但只要经过鉴别就依然可以找到大量合理的、可以采用的方案。

端正自己的言行和心态可以让你生出健康的宝宝，我现在已经完全相信了这一点。我在站、坐、躺的时候都极为注意自己的姿态，因为只有这样才能使宝宝端端正正地成长。

我们在在做菜的时候尽量不放调味料，并只选择对身体有益的食物。我在加餐时一般吃用黑豆和黑芝麻做成的点心，偶尔还吃可以补充血气的鲤鱼和鲫鱼。

我把重视准爸爸参与胎教的理论说给丈夫听了以后，他也参与到了胎教当中，还主动承担了许多家务。由于准妈妈不可以激动，所以我一直注意回避会让自己生气的话语、场面和念头。

现在，我有了一个健康、漂亮的女儿，她每天都在飞快地长大。现在她常常看着我的眼睛，嘴里发出咿咿呀呀的声音，别提有多可爱了。直到现在我都确信：之所以能生下这么健康的宝宝，完全是因为怀孕时遵从正确的胎教方法，端正了自己的言行和心态。

日记胎教

受到体内激素变化的影响，准妈妈在一天内可能时而忧郁，时而感到幸福，感情时刻处于起伏不定的状态。在这种情况下准妈妈最好养成写日记的习惯，写的时候心里可以想着将要出生的宝宝，借此使自己逐渐进入宁静而平和的状态。在写日记时最好能将当天发生的事件以及自己的苦恼、担心、喜悦和感激等情感记录下来，这样做很有帮助。

如今记录宝宝成长过程并写成胎教日记已经形成了一股潮流。越来越多的准妈妈把胎教日记贴到育儿专题网站上。甚至还有一些热心的女性开始发表"怀孕预备日记"，除此以外，我们偶尔还能看到一些准爸爸们写的相关文章。

胎教日记可使内心平和

准妈妈往往都会有一种不安的感觉，因此，有必要对自己的内心进行一番探索。想要达到这个目的，最好的手段就是写日记，写日记其实是为了更好地了解自己。通过这样的过程可以使准妈妈不安的内心渐渐平和下来，并逐步加深对宝宝的爱。

夫妻一起写胎教日记还可以增进感情，准妈妈也会得到一种情绪上的安慰，这种安慰感则会自然而然地提升胎教的效果。

购买自己喜爱的日记本

有许多人都曾在学生时代为了每天都要完成的日记作业而伤透脑筋，写日记并不像说话那么简单。怀孕之后即使意识到了有写日记的必要，也未必知道该写些什么。有的时候甚至会觉得这是一件比以前写作业还要困难的事情。

一切胎教方法的根本都是让准妈妈内心变得更加愉快，写日记也是一样。记录孩子的成长过程并用爱心去进行写作，这就是它的根本所在。

准妈妈首先应该买一本自己喜欢的笔记本。学生专用的笔记本或是带有漂亮图片的手册都是不错的选择。把买来的日记本放在最显眼的地方，好让你在任何时候都可以记录。准妈妈还应该把它当作自己在怀孕期间最亲密的朋友，与其分享所有的秘密和心里话。

完全按照自己的想法写

日记的形式并不固定，准妈妈可以把它写得很长，也可以写得很短，甚至写成一封信也没有关系。我们建议在睡觉前像与宝宝进行交谈一样把自己想说的话写成一封信。有一点非常重要，那就是，一定要坦率地对待自己。一旦开始写日记就要做好对写下的内容负责的准备。

每天都写日记固然是一个很好的习惯，但也没有必要过于坚持。准妈妈完全可以根据自己的意愿，在特别想与宝宝对话时，以及有特殊事件发生时写日记。

将消极想法转化成积极想法

在怀孕期间，准妈妈的感受并不仅仅是舒适和幸福。对于即将成为母亲的事实感到不安，担心自己生下畸形儿，担心怀孕之后夫妻之间疏远，这些都是准妈妈在怀孕过程中很容易遇到的问题。

对此，准妈妈首先应该做到坦率地面对它们。一边写日记一边思考，然后让自己的想法逐渐向积极和肯定的方向转变。如果准妈妈整天愁眉苦脸、焦躁不安，子宫环境也会跟着越变越差，并最终对宝宝造成不好的影响。

在刚刚得知怀孕消息、第一次感觉胎动、在B超检查时看到宝宝的模样、听到宝宝心脏跳动等这些特殊的日子里，准妈妈可以把自己的喜悦和神秘感一一记录下来。准妈妈还可以把在胎教过程中读过的诗句或播放的音乐，自己和丈夫之间的深厚感情以及对宝宝的无限期待作为日记的内容。

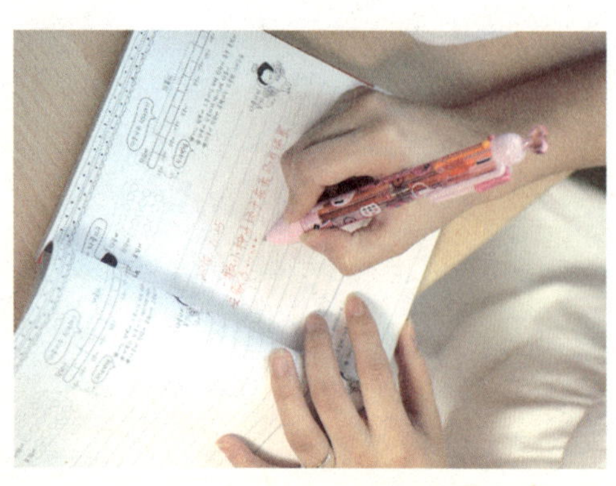

写日记就好像在与宝宝对话

在写日记时，准妈妈应该从心里跟宝宝进行对话。除了文字内容以外，准妈妈还可以把B超检查的照片贴在日记本里。如果拍下自己每个月发生的外貌变化贴在日记本里，今后也一定会成为美好的回忆。在宝宝出生以后可以把这本日记当作礼物送给宝宝，一定会比千言万语更能传达自己心中的深厚爱意。

记录每周宝宝与准妈妈的变化

一本好的胎教日记往往涵盖怀孕期间准妈妈和宝宝的所有变化。检查日当天的日记内容应该让人一目了然地了解到检查过程、宝宝的体重、准妈妈的状况、宝宝的状况和大小等细节。

写完一篇日记后可以自己朗读出来，宝宝一定会对充满爱意的声音产生好感，这样一来就顺便起到了胎谈的作用。准妈妈可以用朗读童话书的方法来朗读日记。

写日记有困难可以改为写信

如果准妈妈感到写日记的压力很大，可以偶尔尝试一下写信的方式。

信写完之后应当像写好日记一样，用舒适的姿势躺下来并大声地朗读给宝宝听，从而向宝宝传递深厚的爱意。

在网上写日记

为将要出生的宝宝在网上做主页也是一个很不错的想法，不习惯使用日记本，夫妻两人可以一起在做好的主页上写胎教日记。

如今有很多与怀孕和生育相关的网站，这些网站为准妈妈提供写网络日记的空间，准妈妈可以在里面发表自己的怀孕日记。

准妈妈可以下载一些提供各种各样的背景图案的写日记用的免费软件。准妈妈既可以将日记设置成保密的状态，也可以将它们公开让大众浏览。

胎谈胎教

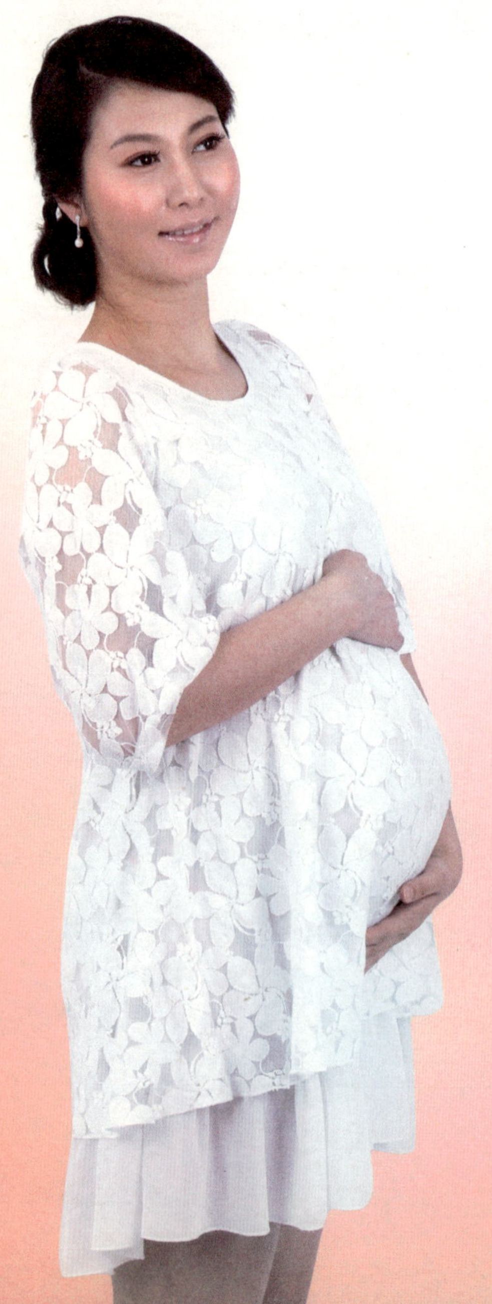

在众多的胎教方法当中，最为人们熟知的应该是胎谈了。胎谈可以称作是一切胎教的基础，因为没有一种胎教可以脱离与胎儿之间的交流而单独进行。饱含爱意的话语可以使腹中宝宝的情绪安定下来，甚至还能够对宝宝出生后的性格产生影响。让我们常常用饱含感情的声音向宝宝传达想说的话吧！

用话语传递爱意的胎谈胎教

所谓胎谈，就是以与腹中的宝宝进行谈话的方式来传达爱意。胎谈的内容可以包括准爸爸和准妈妈在日常生活中遇到的小事以及各种感想。

如果把手放在准妈妈的肚子上并轻柔地抚摸，同时用饱含感情的声音诉说衷肠的话，不仅宝宝的情绪会明显变得稳定，宝宝与准妈妈之间的亲子关系也会渐渐地得到加深。此外，事先通过图书和资料学习和了解宝宝的成长过程，这样也可以增加胎谈的效果。

胎谈开始得越早越好

应该在什么时候开始进行胎谈呢？专家们对这一问题有着不同的见解。有人建议从宝宝听觉器官开始形成，即怀孕第3个月做起，也有人认为要等到第5个月以后，在宝宝可以听见外部声音并发生胎动的情况下进行胎谈才有效果。

实际上，根据准爸爸和准妈妈自己的想法来决定开始胎谈的日子才是最有效果的；另一条原则是越早开始越好。这是由于胎谈不仅有利于宝宝，更有利于准妈妈。即使宝宝并不具备听觉能力，胎谈也一样会对准妈妈产生很好的效果。

胎谈可以让准爸爸和准妈妈的心境变得平和，还能够增进夫妻之间的感情。准妈妈应该在言行举止上多加注意并时刻端正自己的心态，积极地进行胎谈，来迎接宝宝的到来。

一定要进行胎谈胎教的理由

促进脑部发育

宝宝的脑细胞大多是在宫内发育的，因此，只有不断接受刺激才能促进其发育。准妈妈在怀孕2个月的时候，宝宝的脑部逐渐发育成形，到第5个月时已有80%的部分得以完成，此时其大脑机能与成人几乎不存在任何差距。

人类脑细胞的数量大约是140亿，其中有100亿是在胎儿时期产生的。大部分脑细胞的形成都发生在宫内，由此可见宫内发育是多么的重要。

要想刺激胎儿脑细胞的发育，最好的方法就是进行胎谈。因为胎谈可以刺激脑部发育，增加在脑细胞之间起到连接作用的神经回路。借助从准妈妈那里传来的温柔、深情的话语，宝宝的大脑会不断地受到刺激并进入持续发育的良好状态。

可以增强宝宝对社会的适应能力

对在胎内与父母进行过充分交流和没有进行交流的宝宝进行比较，发现二者在发育状态和行为上都有明显的差异：参与过胎谈的宝宝懂得借用哭泣来准确地表达自己的意图，他们很少会无缘无故地号啕大哭或突然变得情绪焦躁。胎谈不仅能够安定胎儿的情绪，还可以使胎儿的性格变得温和正直。

准妈妈以各种事物为对象所进行的描述相当于让宝宝间接地体验了这个世界，这种体验可以明显地增强宝宝对社会的适应能力。由于很早就学会了如何与其他人相处，今后宝宝的宽容心与亲和力将显得更加突出，从而更容易地适应社会。

加深妈妈与宝宝之间的亲子关系

宝宝不仅在身体上直接受妈妈的影响，在情绪上也同样和妈妈息息相关。如果妈妈总能对宝宝说话，宝宝就能够记住妈妈柔和动听的嗓音，并会在再次听到这种嗓音的时候做出反应。这样的过程足以使妈妈和宝宝之间的亲子关系变得更加深厚。

妈妈与宝宝的亲子关系在宝宝出生以后可以对宝宝情绪产生一定的影响。因此，如果希望自己的宝宝能够保持平和心境，让他“从胎儿时期开始积累与妈妈之间的亲密感”，这一过程就尤为重要。

使准妈妈的心态变得平和

怀孕时最应该注意的就是尽量避开各种各样的压力。如果准妈妈承受的压力过大就容易大量地分泌肾上腺素，这些肾上腺素会通过血液流入宝宝体内，从而把压力和紧张感传递给宝宝。

根据一项调查表明，许多战争时期出生的孩子都出现了焦虑症、神经质以及低体重等症状。

在生活中要想不承受压力是相当困难的。胎谈可以使准妈妈尽可能地减少压力，并能够起到将已经承受的压力逐渐化解的作用。这是因为在与宝宝谈话的同时，准妈妈的心情也会逐渐变得舒畅。

在进行胎谈的时候，准妈妈应面带笑容，充满爱意地面对胎儿。这种努力学习怎样对待宝宝的过程能够培养准妈妈的母性，让她为成为一位母亲而做好准备。

顺利展开胎谈的要领

给宝宝起一个可爱的小名

刚开始对腹中的宝宝说话时可能觉得挺不自然，就像在自言自语一样。与其生硬地称呼宝宝为“孩子呀”，不如给他起一个小名后再开始胎谈。这样，接下来的过程就会变得轻松许多，准妈妈与宝宝之间的亲子关系也会变得深厚，从而使准妈妈有机会与宝宝进行更为亲密的谈话。

可以取“牙牙”、“豆豆”等这种非常上口的名字，但名字最好不要有性别倾向。因为这代表了父母对孩子真实性别的尊重态度。

就像与朋友说话时一样真诚

由于感觉说出的话得不到任何回应，有些准妈妈会因此而提不起兴趣。

实际上，在进行胎谈胎教时，准妈妈不应该觉得自己是单独一人，而应该用与身边的朋友交谈的真挚态度和嗓音来诉说自己的心里话。

说话时要注意抑扬顿挫，并尽量做到发音标准。一边深情地抚摸肚皮，一边温柔地对宝宝说话，只要这样做，准妈妈就可以把安定的情绪完完整整地传递给宝宝。

起床后向宝宝打招呼

在迎接美好清晨的那一刻，为什么不试着向宝宝打招呼呢？这样会使准妈妈的心情也渐渐地爽朗起来，不知不觉就做好了迎接快乐一天的心理准备。

胎谈的最佳话题

每次说不同的话题可以对宝宝的大脑起到良好的刺激作用。如果想让宝宝的情绪安稳，就应该经常对宝宝的大脑进行良性刺激。事实上，胎谈时的最佳话题就是准妈妈自己的各种体验。

此外，宝宝对语言的初步学习过程也是从胎儿时期开始的，准妈妈只要进行各种积极的活动并用话语向宝宝表达自己的感情，就可以对宝宝产生极大的帮助。无论是出门散步、参观展览馆或者是去旅行，只要把这些体验说给宝宝听，就可以达到对其大脑产生良性刺激的目的。

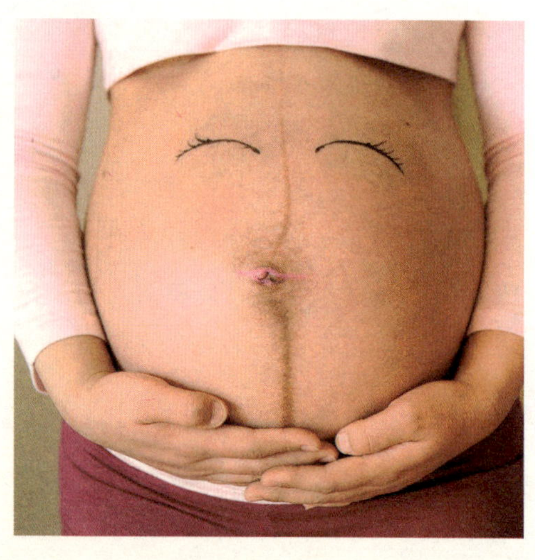

谈话的同时听音乐

胎谈的同时可以做一件非常容易的事情——欣赏音乐。播放最喜欢的音乐，然后从与音乐相关的事情开始聊起，准妈妈就能够非常自然地进入到胎谈的状态中。在欣赏音乐的同时，准妈妈可以把自己对音乐的感觉，音乐讲述的内容以及使用的各种乐器一一介绍给宝宝。

给宝宝唱歌

除了与宝宝谈话之外，把宝宝的小名编到歌词里，或者学一些传统的童谣唱给宝宝听，也都是不错的选择。有些妈妈说：把胎教时经常唱的童谣再次唱给宝宝听时，宝宝会有非常明显的反应。

专家们还发现，胎儿时期经常欣赏音乐的宝宝在情绪上比其他的宝宝更加稳定。用自己作的歌词配上现成的曲子唱给宝宝听，既有趣又能达到胎教的效果，这可是件一举两得的事呀。

用谈话的口吻读童话故事

选择好的童话故事，然后用谈话的口吻坚持把它们读给宝宝听。最重要的是讲故事时一定要想象宝宝就坐在自己的身边。读童话故事可以使宝宝的智力得到提高，但在这一过程中必须注意不要读得过于平淡，一定得要让自己的声音始终饱含丰富的感情。

从怀孕的第6周开始，宝宝的听觉就得到了明显的发育，并成为五感当中最为敏锐的一感，因此为宝宝读童话故事就变成了胎教效果最好的刺激方法。即使不读童话故事，准妈妈也可以选择一两篇自己喜爱的小说或散文读给宝宝听，读的时候依然应该饱含感情。

画出宝宝的小脸当作胎谈的对象

如果觉得一个人说话还是有些放不开，可以把想象中宝宝的小脸画出来，并当作胎谈的对象。这样做准妈妈会感到宝宝似乎真的就在自己身边，如此一来胎教也就变得更有效果。

准妈妈可以采取舒适的坐姿，看着宝宝的画像娓娓道来，这样准妈妈的平和安定的情绪就能够逐渐地传递给宝宝。

让宝宝常听准爸爸的声音

如今，准爸爸们也纷纷开始对胎教产生了兴趣。准爸爸在胎教中态度越积极，所生下的宝宝就越聪明、越安定。

由于胎谈是一种没有应答者的谈话，所以许多准爸爸会觉得无话可说。在这种情况下准爸爸可以试着寻求妻子的帮助，从而增加自己对宝宝的感情。

准爸爸应该一有空闲就让宝宝听一听自己的声音，努力使两人之间的感情变得深厚起来。

在怀孕期间，如果准爸爸坚持不懈地与爸爸交谈，宝宝出生之后就能分辨出爸爸的声音。上班出门、下班回家的时候可以用“睡得好吗？”“今天在玩什么呢？”“爸爸从公司回来啦！”这样的话向宝宝问好，以此增进准爸爸和宝宝之间的交流。

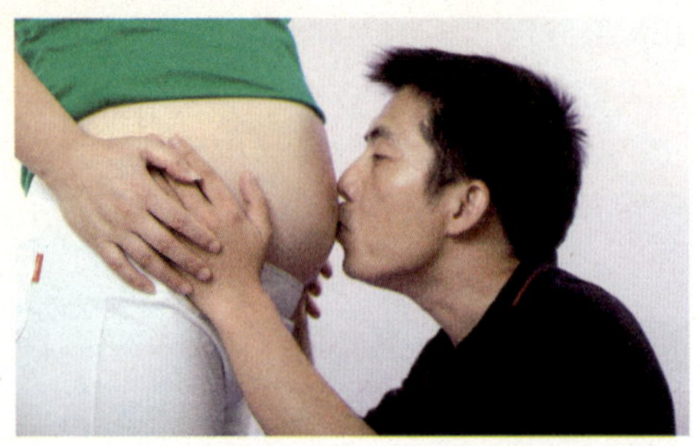

胎谈时，准爸爸可以正对准妈妈的腹部，也可以在抚摸准妈妈腹部的同时进行。此外，胎谈过程中还要注意保持充满爱意的语气。要知道，抚摸准妈妈的腹部就是间接接触腹中的宝宝，因此这一举动也能达到使宝宝的情绪安定下来的效果。

保持积极的言行

胎谈过程中最不能忘记的事情就是传递爱的信号，可以说让宝宝知道你的无限爱意，是胎谈的根本所在。“我爱你”、“欢迎你的到来”这样积极的话语将使宝宝更加了解自己正被疼爱的事实。

准妈妈一定要避免消极的言行，因为与其他任何人相比，宝宝都能够更快地感知到准妈妈的情绪变化。准妈妈在视觉和听觉上都尽可能地不接触消极的事物。比如，准妈妈要避免使用“太差了”、“不行”等否定词汇的语句。

称赞和奖励对宝宝的好处是不言而喻的。去医院做检查时，发现胎动比较明显或是感觉自己身体状态良好时都是夸奖腹中宝宝的大好机会。

请记住，只有保持积极的言行和开明的想法才能使你的宝宝变得乐观而开朗。

不同时期选择不同谈话内容

用餐的时候莫忘胎谈

对于宝宝的健康来说，准妈妈的饮食习惯尤为重要。准妈妈不仅要积极地摄取营养，还得保持饮食的平衡。无论是正餐还是加餐，都不要忘记在吃饭的同时进行适当的胎谈。

准妈妈应该告诉宝宝，自己之所以要吃这些食物都是为了让其变得更加健康。“知道吗？鱼含有丰富的钙质，它让你的骨头变得更结实了。”“苹果好吃吧？真是又香又甜，据说苹果里有许多的维生素呢！”就像这样，把食物里的营养和味道都描述给宝宝听吧！

怀孕各时期的胎谈法

孕早期

胎谈开始的越早越好，我们建议从得知怀孕消息的那一刻开始进行胎谈胎教。准妈妈可以把自己得知怀孕消息时激动、愉快和幸福的心情说给宝宝听。

变成一个“话匣子”对准妈妈来说是理所应当的事情。准妈妈可以把一天当中遇到的许多琐事向宝宝一一道来。从早上起床一直到晚上上床，一天中肯定会发生很多事情，就从向宝宝简单地打招呼开始胎谈吧！

准妈妈的谈话内容可以是动物和花草、自己读过的某一本书、与朋友见面的经历、在往返医院的路上所遇到的事情……

除此以外，准妈妈还应该把自己对宝宝能平平安安地成长，不受流产等问题困扰的期望告诉宝宝。

孕中期

在孕中期，就宝宝的成长展开适宜的话题，并表达出自己对宝宝健康成长的无限期望。

怀孕的第4个月之后，准妈妈就开始逐渐感觉到胎动了。在感觉到胎动时，可以尝试进行胎动游戏作为对宝宝的称赞和奖励。

宝宝在羊水里游泳时，准妈妈的下腹部会产生一种蠕动的感觉。这时只要抚摸腹部的皮肤就能够与宝宝互动。

其实，从怀孕早期开始宝宝的皮肤就具有了一定的触觉能力，并能够感知到许多事物的存在。只要轻轻地拍打腹部，对宝宝产生一定的刺激，宝宝就能相应地感觉到这一过程中所产生的各种声音和位置移动。

胎动游戏第一步，保持舒服的姿势并等待宝宝做出踢打的动作。如果有了“呀，宝宝开始踢我了”的感觉，要立刻轻拍踢中的部位。只要重复几次这一动作，宝宝就会再次开始踢打那个位置。

如果宝宝做出了反应就可以进入第二步了。轻轻地拍打被宝宝踢中的部位，宝宝就会使劲地踢那个部位，准妈妈则可以说一些表扬宝宝的话。在实际过程中，想达到这一步并不容易，所以即使宝宝没有做出任何反应也不要失望，只要坚持不懈地做下去就一定可以收到良好的效果。

若第二步也获得成功就可以进行第三步了。在拍打腹部的同时开始数数。一边念"啪、啪"一边拍打腹部两次，随后，准妈妈可以觉察到宝宝相应地传来两次回应。

每天最好做2～3次胎动游戏，并且最好选在休息的时间，以闲暇的心态进行。也许一开始不会有明显的反应，只要坚持不懈地尝试，就能最终达到在胎动中与宝宝进行交流的目的。

孕晚期

只要经常让宝宝听到父母的谈话，宝宝就能对这两种声音做出分辨。宝宝的记忆能力是在怀孕的第6～8个月形成的，所以这一时期，让宝宝在胎谈时接触文字卡片或是动物名称可以起到非常好的效果。

怀孕第8个月时，宝宝能够区分声音的强弱和高低，这时进行胎谈取得效果比其他任何时候都好。准妈妈应该更积极地给宝宝读书，让宝宝听音乐，唱歌给宝宝听并与宝宝谈话，从而对宝宝产生相应的良性刺激。分娩的临近往往会给准妈妈带来不安的感觉，通过与宝宝的对话也能使准妈妈的心境渐渐平和下来。

随着分娩的临近，准妈妈自身往往会产生一种不安的感觉。因此这时应该尽量传达一些与顺产有关的期望，"我们的宝宝长什么样呢？"就用类似的话语来表达等待宝宝出生的美好心愿吧！

幸福妈妈胎教心得

相信吗？孩子在肚子里的时候就已经有“心灵”了。直到现在我都能清楚地记得在怀大女儿的时候在胎谈上下了多大的工夫。

怀孕一开始的时候，我每次只要一放音乐就想，这样能否算作是完成胎教的任务了。由于我得去上班，要进行胎教显得比较困难，当时的想法是听听音乐就算了。但通过阅读相关的书籍，我对宝宝的各个方面都逐渐有所了解，并下定决心开始进行胎谈。这是因为有许多专家都强调了胎谈的重要性，并指出胎谈对职业女性来说是一个相对轻松的胎教方法。

孕中期以后，我的肚子渐渐地隆了起来，并且开始感觉到了胎动。我把上班时遇到的事情、和朋友一起谈论的话题、观看电影或演出以后的感受等琐碎的经历全部讲给宝宝听。到了晚上还会给宝宝讲童话故事。我的丈夫很富有爱心，他每次准时回家后，都将手放在我的肚子上为宝宝朗读童话书。每次一听到丈夫的声音，我的心境都会变得舒适而平和起来。

怀上第二个宝宝以后，我像第一次怀孕时一样非常认真地与宝宝进行谈话，这是因为我从第一个宝宝身上了解到了胎谈的效果有多么的显著。无论是在旅行还是在工作，只要一有空闲时间我就会一边抚摸自己的肚子一边对宝宝说话。

现在，每当想到两个开朗健康的女儿，我都忍不住赞许自己在胎教上所做出的英明选择。

音乐胎教

对于宝宝的大脑来说，最好的精神食粮当属音乐了。音乐有时比话语更能直接地触及人的心灵并起到安抚的效果。进行音乐胎教时，应该听什么样的音乐？如何听音乐效果最好？让我们共同来了解一下吧。

宝宝对声音十分敏感

在怀孕的第6～12周宝宝开始对响声和阵痛做出反应。怀孕第6周时宝宝的耳部器官开始发育，第20周时可以传达声音的内耳发育完毕，宝宝就具有了与成人相近的听觉功能。

在孕早期，宝宝可以听见准妈妈响亮的说话声音和语句里的爆破音，也可以听见音量较大的音乐。当耳朵完全形成之后，宝宝就会对外部声音做出敏感反应。

宝宝也懂得倾听音乐

音乐在我们的生活中扮演着极其重要的角色。有时它使我们兴致高涨，有时它为我们解除忧愁。如同清凉饮料一般的音乐，无论对准妈妈还是对宝宝都可以起到积极的作用。

准妈妈能够听见的音乐，宝宝基本上也都能听见。牛津大学出版社出版的《音乐的开端：音乐能力的起源与开发》对相关的最新研究结果进行了介绍，书里写道：尽管怀孕28周以后宝宝的耳朵才具备完整的外观，但从怀孕的第3个月开始胎儿就可以听见声音。子宫里的宝宝可以听见准妈妈消化食物的杂音、循环系统内体液的流动声，准妈妈的说话声以及外界传入的各种声响。

怀孕第20～24周，宝宝已经具有了相当发达的听觉能力，在听见外部传来的声音时，其心脏跳动会做出变快或变慢的反应。宝宝可以听见外部的声音，因此音乐胎教会对宝宝产生很大的影响。有研究结果表明，接受过音乐胎教的宝宝和没有接受过的宝宝相比，出生后前者的注意力更集中。

音乐胎教的效果

安定情绪，提高注意力

音乐胎教会影响到宝宝的神经发育。在1998年的《纽约时报》上曾刊登过一篇文章，描述了音乐对神经所起到的作用，并且预测在21世纪音乐将在医学领域里产生巨大的影响。

现在我们正处于21世纪，医学界已普遍对音乐疗法产生了兴趣，并出现了音乐治疗师的新兴职业。适当地听音乐可以刺激感官，使肌肉得到放松并促进大脑活性激素的分泌。

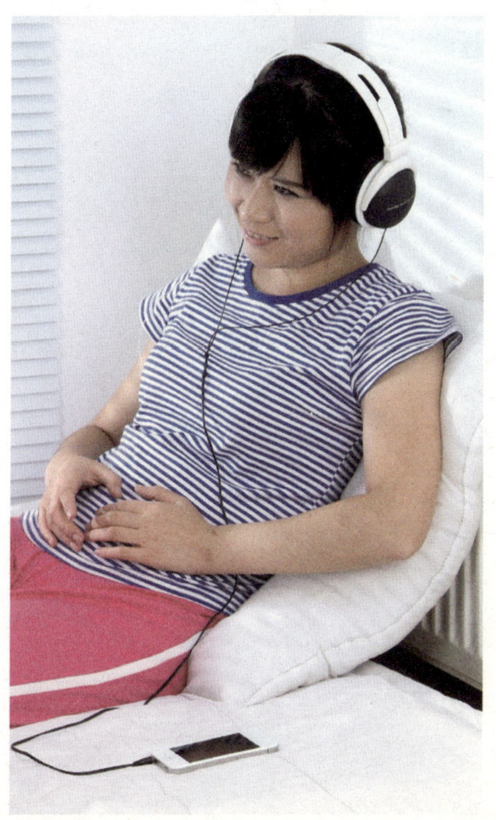

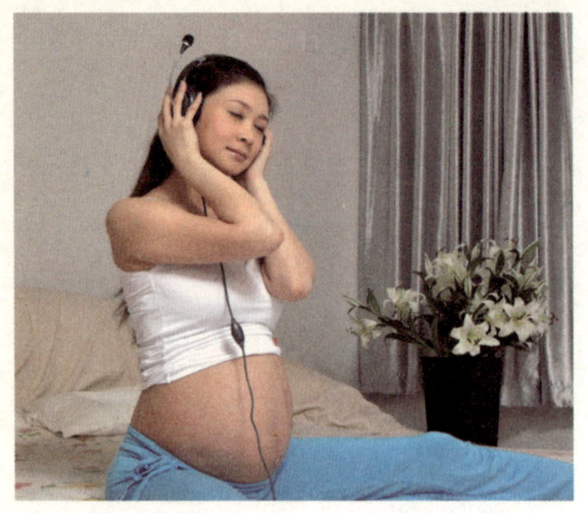

在倾听节奏柔和、旋律优美的音乐时，准妈妈不仅自己的情绪变得安定，而且还会将这种情绪传递给宝宝。当听到让自己愉快的声音时，大脑会产生强烈的α波，这种电波往往在大脑活性增强时才会大量散发出来。这一事实证明了音乐足以起到让大脑环境产生积极变化的作用。

此外，有关研究结果表明，α波可以促进大脑内部的自然分泌物——氨多芬的分泌，这种物质可以增加人的幸福感，并能够使人平静下来。

促进脑部发育

人类的脑细胞在数量和形态上并不具有个体差异，但脑细胞之间联络路线的多少决定大脑的发育程度。怀孕的第5个月之后宝宝的脑部就已相当发达，脑细胞的数量接近成人，这时给予宝宝脑细胞一定的刺激就可以使连接脑细胞的线路增多，从而对宝宝的脑部发育产生明显的作用。

在帮助宝宝的脑部发育方面，听觉起到了90%以上的作用。音乐可以刺激主管各种感觉的右脑半球，只要持续倾听音乐，人的想象力和创造力都会有所上升。胎儿时期就喜欢上音乐，这样的宝宝在出生以后会在说话、集中注意力等方面显示出一定的优势。

加深亲子关系

音乐胎教不仅可以使宝宝的身体和心理健康、快乐地成长，还可以有效地加深宝宝与父母之间的亲情。

良好的亲子关系会让宝宝感到自我的存在，并使宝宝健康地成长。不仅是准妈妈，准爸爸参与到音乐胎教当中也格外重要，这是因为宝宝可以感受到来自父母的不同的关爱的缘故。《怀孕也发生在爸爸身上》一书的作者托马斯·巴里和艾琳夫妇就是“准爸爸应该参与到胎教中来”的观点的坚决拥护者，他们一直在呼吁准爸爸为了宝宝的健康成长，和准妈妈一起参与到更多的音乐活动当中。

有效的音乐胎教法

哼唱歌谣

唱歌对于准爸爸、准妈妈来说是很容易实施的音乐胎教手段。母亲的声音对宝宝的耳朵来说是最重要的声音源泉，而唱歌又是展示声音的一种很自然的方式，所以准妈妈应该用歌声把自己的感情传递给宝宝。准爸爸也要经常用唱歌的方式参与一家三口之间的亲情交流。

经典歌谣往往具有民间语言和文化的特征，容易被人们学习和接受，可以把这些歌谣当作最基本的音乐胎教素材。

哼唱摇篮曲也是很好的音乐胎教方法，如果准妈妈平时能够经常哼唱几首摇篮曲，宝宝就可以将准妈妈的声音与节奏感联系在一起加以记忆，这样做还可以进一步加深母子（女）之间的感情。

准爸爸、准妈妈可以自己填词来唱民歌和童谣，还可以进行自我创作，谱一些较为简单的曲子给宝宝听，以此强化宝宝与父母之间的感情。自创作品的好处在于它可以加强宝宝与父母之间相互交流的亲切感觉。准爸爸和准妈妈把对宝宝的爱称加入到创作的内容中，再唱给宝宝听，这也是一种与宝宝进行心灵沟通的有效手段。

边听音乐边跳舞

跳舞可以使整个家庭的气氛活跃起来，并达到健身的效果。

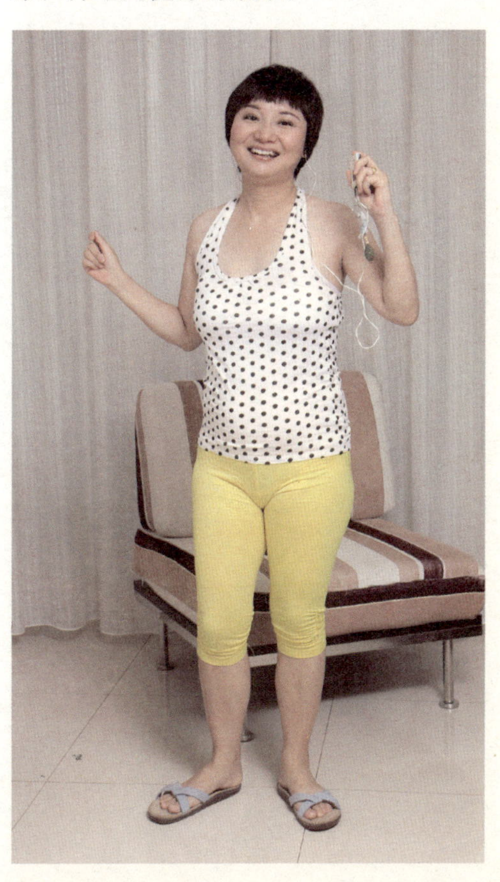

准妈妈可以使用舞巾和丝带，也可以在播放柔和音乐的同时踩着拍子跳舞。准妈妈和准爸爸在爱的氛围下共同起舞也是非常不错的选择。

欣赏音乐

欣赏音乐是一种可以给予宝宝丰富的感官体验的音乐胎教法。在施行这种以欣赏为主的音乐胎教方法时，可以选择容易吸引宝宝注意力的、形式分明、内容淡雅的古典音乐。巴赫的《G弦上的咏叹调》、亨德尔的《水上音乐》、莫扎特的《G小调交响乐第一乐章》以及帕海贝尔的《卡农》等都被广泛推荐为胎教音乐。

除此之外，乔治·温斯顿的轻音乐就好像现代的音乐剧作品一样，可以给人带来轻松的享受。妇产科专家史沃茨博士曾说："我们发现分娩时播放音乐可以减少孕妇的紧张感觉，并起到使宝宝镇定的作用。"

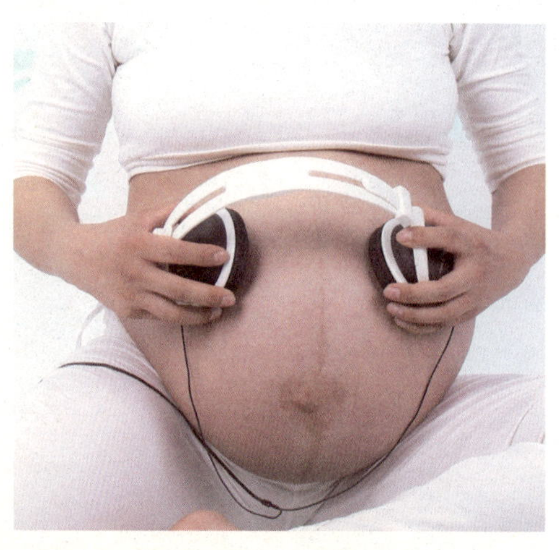

如何选择胎教音乐

根据准妈妈的喜好

人们在听到某些声音的时候会有一种愉快、安稳的感觉，因为那些声音包含着生命的节奏。这种节奏的专业术语是"1/F波动"，这种波动可以消除人类的不安感。

古典音乐正是因为含有大量的这种波动才会在胎教音乐中占据着不可动摇的地位。这也就是为什么我们每次提到音乐胎教时都会首先想到古典音乐。然而，这并不意味着适合当胎教音乐的只有古典音乐。

一切胎教方法的基础都是在减轻准妈妈压力的同时让其保持心态平稳，音乐胎教也不例外。对于那些平时对古典音乐没有兴趣的准妈妈来说，勉强去听不想听的音乐只会适得其反。在这种情况下，古典音乐带给准妈妈的不可能是平和的心态，反而有可能是一种相当巨大的压力，准妈妈的各种心态都可能原封不动地传递给宝宝，那样下去唯一的结果就是对准妈妈和宝宝造成伤害。

在进行音乐胎教的过程中，准妈妈通过欣赏音乐获得情绪上的安定，与此同时这种安定的情绪还会传递给胎儿。所以与音乐直接对胎儿产生的影响相比，准妈妈本人在鉴赏音乐时产生的情绪反应对胎儿的影响更为深远。正因为如此，我们一定要把以准妈妈的喜好当作最重要的胎教音乐为基准。选择胎教音乐必须以准妈妈的喜好为依据。只要能合乎准妈妈的口味并给其带来平和、幸福的感觉的音乐都可以作为胎教音乐。

为了能在怀孕期间顺利地进行音乐胎教，最好在平时养成欣赏音乐的习惯。胎儿只会对准妈妈喜爱的音乐做出最敏感的反应，因此准妈妈不仅要根据自己的喜好选择音乐，还要在欣赏的时候保持平和、愉悦的心态。

节奏规律、旋律平和的音乐

宝宝最熟悉的声音就是准妈妈的心脏搏动声，因此与这个节奏相似的音乐，即在每分钟60～70拍，最适合当作胎教音乐。

与悲伤的曲子相比，节奏规律、旋律平和、能创造温馨氛围的音乐可以对积极情绪的调动起到更大的作用。

胎教音乐的欣赏方法

在舒适的状态下欣赏音乐

尽管没有必要为欣赏音乐做什么特别的准备，但在欣赏美妙的乐曲时注意保持舒适的姿势对准妈妈来说是非常重要的。

准妈妈可以坐在舒适的沙发里或躺在床上，在舒适的姿势下尽情品味音乐的柔美，从而放松身心。

无论是从早到晚背负着一定要进行音乐胎教的义务感，还是强迫自己去听不感兴趣的音乐，都会对音乐胎教产生负面的影响。进行音乐胎教的根本目的在于让准妈妈和宝宝的情绪安定。当准妈妈对听音乐感到厌倦或产生反感时，应果断地停止音乐胎教。

注意宝宝的活动规律

在出生前，宝宝重复着一种睡眠2～3个小时后再活动约30分钟的规律生活。为了避免过响的声音把睡梦中的宝宝吵醒，可以在感受到胎动时听一些轻快的音乐，在宝宝沉睡时欣赏曲调比较平静柔美的音乐。

控制音量的大小

美国佛罗里达医科大学的研究人员曾得出这样一个结果：如果准妈妈说话的声音在身体之外被测定为72分贝，子宫内部听到的声音将达到77.2分贝。很吵的噪音和突然发出的响声都会给宝宝带来压力。根据观察，在这种情况下宝宝的呼吸会不规律，可能还会做出吞咽羊水的动作。

宝宝最熟悉的声音就是母亲的心脏搏动和器官运作的声音，所以我们应该尽可能地把音乐的音量大小调整到与其相近的程度。

合适的时间

有许多准妈妈很重视音乐胎教，从早到晚不停地听音乐，而她们却做着一些其他的事情，比如，洗碗、读书或者扫地。其实，保持积极态度一心一意地进行音乐胎教往往可以带来更佳的效果。此外，比起从早到晚不停地播放音乐，每天听1～2个小时的音乐是较为恰当的选择。

自然的声音

在听到鸟儿的鸣叫、溪水的潺潺流动以及风吹树叶的声音时，不仅准妈妈的内心会感到一阵清爽，宝宝的情绪也会有积极的变化，感情将变得越来越丰富。

关门时发出的巨响、瓷碗打碎的声音、夫妻之间的争吵和刺耳的电话铃会使宝宝受到惊吓，经常听到这类声音，宝宝的情绪很容易变得烦躁。

准妈妈一定要多加注意，平时多听温和、令人愉快的声音，尽量避免听到惊吓、扰乱宝宝的声音。

不同时期的音乐胎教

孕早期

尽管无法听到声音，但是宝宝可以感受到准妈妈的心理状态。宝宝的双耳是从孕早期开始形成的，这一阶段里它们还并不具备听觉上的功能。不过，音乐胎教的意义在于通过让准妈妈的心情平和达到使宝宝的情绪变佳的目的，所以应该在孕早期就开始进行音乐胎教，以保持一个平稳而愉快的心态。

在这一阶段，准妈妈很容易因为孕吐和压力等问题而变得忧郁，所以通过音乐来调整的心态尤为重要。准妈妈应该根据自己的作息时间来决定每次进行音乐胎教的时间。

这些曲目最合适

- 莫扎特的《第十四号钢琴奏鸣曲》
- 海顿的《四季交响曲》
- 约翰·施特劳斯的《圆舞曲》
- 迈尔斯的《卡伐蒂娜》

孕中期

怀孕的第6个月时宝宝的听觉功能已相当发达，宝宝几乎能够听到所有的声音，这个时期准妈妈应该经常和宝宝一起欣赏曲调平缓的音乐。

怀孕的第7个月以后，宝宝的听觉器官已经发育完全，其脑神经细胞也逐渐发育完成，这意味着宝宝具有了记忆的能力。

我们应该趁此机会积极地展开音乐胎教，以进一步促进宝宝脑部的发育。平静的声音和舒缓的节奏可以使宝宝平静下来。除了欣赏音乐以外，倾听鸟儿的鸣叫、流水声或风声等自然声音也称得上是很好的方法。

这些曲目最合适

- 圣桑的《动物狂欢节》第七首《水族馆》
- 勃拉姆斯的《雨之歌》
- 德彪西的交响诗《大海》第二首《海浪的嬉戏》

孕晚期

宝宝的脑细胞正以惊人的速度增长着，这时应该听一些可以产生良性刺激的声音。

这一时期，宝宝已经能够分辨出声音的高低和强弱，并开始通过自己的记忆力来区分各种不同的声音。宝宝能够对外界传来的声音做出反应，这一点可以通过其心脏搏动次数的变化得以体现。此时可以适当地用具有动感的旋律代替原先的平静乐曲。那些像鸟儿叫声一般平稳、自然的音乐和弦乐曲等都极为合适。

这些曲目最合适

- 柴可夫斯基的《胡桃夹子》
- 圣桑的《天鹅》

“爱心备忘录”中的音乐胎教

美国银湖学院胎教与幼儿音乐学科长罗纳·泽姆克博士根据4～6个月大的胎儿开始对外部的声音做出反应的科学研究结果，于1986年创立了系列胎教音乐节目“爱心备忘录”。泽姆克博士的“爱心备忘录”节目致力于让宝宝获得安全感，并感受到父母对他们的期望与爱意。

放松

在欣赏古典音乐的同时，准妈妈可以做一些较为轻松的动作给自己和宝宝带来安定、平和的感觉。活动之后应该轻抚自己的腹部并让身体得到充分的休息。

正确的做法：

1. 播放古典音乐或其他喜爱的音乐，然后随着节拍动起来。

2. 在移动身体和举起双臂的同时调整吸气和吐气的时间。

3. 身体向左右移动的同时重心也跟着移动。

4. 双臂举过头顶，依照顺时针或逆时针方向画圆。

5. 将一只手臂平举，与肩同高，再向左右移动手臂。换一只手臂，重复之前的动作。

6. 双臂在身体前方画圆，在向左右

方向移动身体和臂膀的同时重心也跟着转移。

除了上述做法以外，准妈妈还可以在不会给身体造成负担的前提下做一些其他活动。

这些曲目最合适

- 马斯奈的《泰绮丝冥想曲》
- 巴赫的《G弦上的咏叹调》
- 莫扎特的《小夜曲》中的《浪漫曲》
- 威廉姆斯的《绿袖幻想曲》
- 柴可夫斯基的《睡美人圆舞曲》
- 巴赫的《耶稣，人们仰望喜悦》

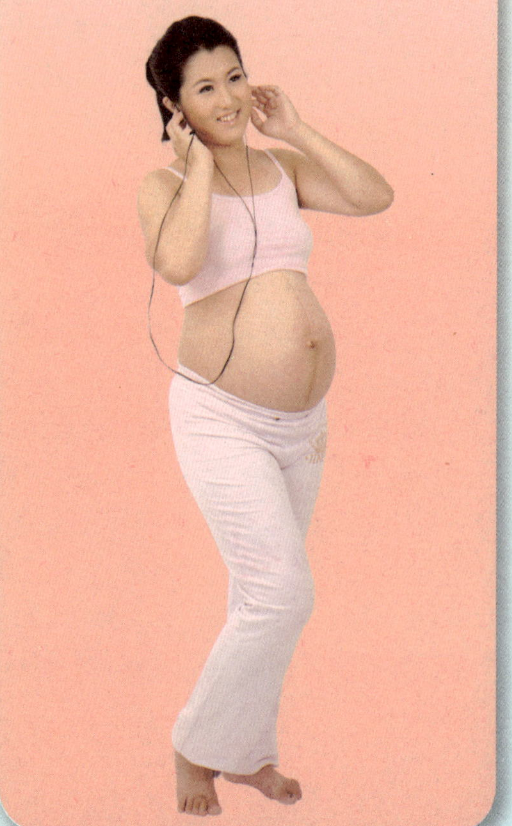

锻炼

怀孕之后准妈妈的身体变得越来越重，许多人渐渐疏忽了肢体运动方面的锻炼。

在孕早期，准妈妈因为怕给宝宝造成伤害而不敢锻炼，体重增加之后往往又懒得动。获得充足的氧气无论对宝宝还是对准妈妈来说都是非常必要的，因此准妈妈应养成进行适当身体锻炼的习惯。

准妈妈可以在听音乐的同时踩着拍子移动脚步。在准妈妈活动身体时，腹中的宝宝也有可能感受到其中的节奏。此外，准妈妈还可以借助丝带、舞巾和毛线小球等来活动身体。

正确的做法：

1.随着音乐舞动手中的丝带。可以采用在空中画圈，朝侧边晃动或向上转动等不同的方法。

2.夫妻两人一起随着音乐的节拍互相投接手中的丝巾，注意长拍和短拍的变化。

3.夫妻两人依照音乐的节拍向对方投掷毛线小球。这一动作可以使夫妻之间得到情感上的交流，两人的愉快情绪和深厚感情也会传递给宝宝。

这些曲目最合适

- 维瓦尔第的《四季》中的《春》
- 小约翰·施特劳斯的《蓝色多瑙河》
- 比才的《阿莱城姑娘》中的第一组曲《小步舞曲》
- 巴赫的《G小调赋格曲》
- 柯莱利的《弦乐套曲》中的《撒拉本舞曲》
- 勃拉姆斯的《海顿主题变奏曲》

增加触觉感受

准妈妈可以在说出某一个单词的时候做出与此相对应的动作，这样就可以让宝宝将听到的和感觉到的联系起来。

准妈妈可以在轻轻拍打腹部的同时说“拍拍肚子”，这样宝宝就可以在听到这个单词的同时加深其触觉上所留下的印象。准妈妈可以在哼唱熟悉的童谣或民歌的同时，配合其节奏进行一些能够使宝宝产生触觉感受的活动。

正确的做法：

1.搓一搓（用手掌在整个腹部表面上轻轻转圈揉搓）。

2.敲一敲（手指尖立直，然后在整个腹部表面上敲打）。

3.擦一擦（展开手掌并由上向下擦拭腹部）。

4.挤一挤（用手指将整个腹部自然地挤聚在一起）。

5.按一按（用手掌在整个腹部上均匀、轻轻地按）。

唱歌

宝宝可以透过羊水和母体听见准妈妈说话的声音。可以把对宝宝的期望和爱意创作成歌词，然后借助熟悉的童谣或民谣的旋律哼唱出来。

除了准妈妈以外，准爸爸也可以对着妻子的肚子温柔地吟唱或与宝宝谈话。无论是世界童谣还是传统儿歌都可以促进准妈妈与宝宝的相互交流，并使亲子关系变得更加深厚。

这些曲目最合适

《妈妈我爱你》、《炒栗打令》、《鸟儿啊鸟儿》、《自行车》、《我爱你》、《在花园里》、《故乡之春》、《细雨》、《在铁路边上》、《蝴蝶啊》、《桔梗谣》、《鸟儿的早晨》、《阿里郎》、《少儿音乐团》、《少儿圆舞曲》

欣赏与冥想

音乐欣赏是音乐胎教中最基本的。无论是对胎教多么不感兴趣的准妈妈，在怀孕期间都会有意无意地欣赏古典音乐。

“爱心备忘录”节目倡导准妈妈在欣赏名曲的同时，冥想自己对孩子的爱。在这一过程中，准妈妈会很快进入平静、舒适的状态，而宝宝也将感受到妈妈对自己的深深爱意。

此外，准爸爸和准妈妈还可以和着音乐的节拍尝试慢慢地跳舞，这样可以使整个家庭的气氛变得更加温馨。

乐器

“爱心备忘录”节目告诉人们，尽管准妈妈的歌声对宝宝的刺激最佳，但是和弦齐特琴、卡祖笛、哗啷棒等乐器在音乐胎教中的作用也是不可忽视的。

音乐元素会对宝宝的脑部产生刺激并对其智力发育起到很大的帮助，宝宝会对旋律中的音程和节奏等基础概念留下印象，这会使宝宝在保持安定情绪的同时获得良好的音乐熏陶。

正确的做法：

木琴：将木琴放在准妈妈的腹部上，然后一边唱歌一边轻轻地演奏。准爸爸可以承担演奏的任务。木琴是一种可以发出清脆声音的乐器，演奏时如果琴身碰到孕妇的衣服就有可能影响音色，因此要多加注意。在调整好位置后，准爸爸可以用合适的音量演奏《我爱你》、《自行车》、《蝴蝶呀》等乐曲。

和弦齐特琴：准爸爸应该把和弦齐特琴放在准妈妈的身边演奏。在演奏之前要记得先针对曲目进行调琴。在演奏过程中，准妈妈和准爸爸都可以把琴声当作伴奏来进行跟唱。

卡祖笛：用塑料制成的卡祖笛是一种准妈妈可以直接吹奏的乐器。演奏时准妈妈可能感受到卡祖笛的振动，这种振动只有吹奏方法正确时才会出现，并且会顺着准妈妈的嘴唇和下巴传递到颈部以下，最后通过羊水的振动对宝宝产生一定的刺激作用。

哗啷棒：哗啷棒的顶端是用绒线做成的，内部的小球会发出哗啷哗啷的声音。可以在唱歌的同时按照节拍摇动哗啷棒，给整个腹部进行良性的刺激。适合在此时哼唱的歌曲有《请别离开》、《阿里郎》、《少儿圆舞曲》、《故乡之春》、《宝宝真听话》等。

不同时间段的不同音乐

早晨起床后

柴可夫斯基的《睡美人》中的《波兰舞曲》、《如歌的行板》、《小进行曲》；莫扎特的圣乐曲《春的序曲》；

舒伯特的《音乐瞬间》的第三首；贝多芬的第六号交响曲《田园》；小约翰·施特劳斯的《蓝色多瑙河》；爱德华·格里格《培尔·金特》中的《早晨》、《索尔维格之歌》、《阿拉伯舞曲》、《安妮特拉之舞》。

用餐时

柴可夫斯基的《胡桃夹子》中的《花的圆舞曲》；亨德尔的《弥赛亚》中的《哈里路亚》；巴赫的《d小调管风琴托卡他与赋格曲》、《法国组曲》的第六首《波兰舞曲》、《管弦乐组曲》；德沃夏克的《斯拉夫舞曲（作品e小调46之1、2）》；肖邦的《军队波兰舞曲》、《离别曲》、《雨点前奏曲》、《即兴幻想曲》；莫扎特的《一首小夜曲》中的第四乐章回旋曲。

胎动明显时

德沃夏克的《诙谐曲》；勃拉姆斯的《第五号匈牙利舞曲》、《圆舞曲（作品39之15）》；肖邦的《第七号圆舞曲》；约翰·施特劳斯的《春之声圆舞曲》；贝多芬的第一交响曲中的《小步舞曲》；莫扎特的《小步舞曲》；阿尔贝尼斯的《探戈》。

休息时

柴可夫斯基的芭蕾舞曲《天鹅湖》；维瓦尔第的《金翅雀协奏曲》；克莱斯勒的《伦敦德里小调》、《天使小夜曲》、《罗曼史》、《摇篮曲》、《十四行诗》、《幻想曲》；莫扎特的《小夜曲》；托斯蒂的《小夜曲》；古诺的《小夜曲》；海顿的《小夜曲》；史特拉汶斯基的《普钦奈拉》中的《小夜曲》；亨利·曼西尼的电影《蒂凡尼的早餐》中的插曲《月亮河》；舒伯特的《摇篮曲》、《圣母颂》、《野玫瑰》；勃拉姆斯的《摇篮曲》；贝多芬的《致爱丽丝》、《月光奏鸣曲》；戈达尔的《约瑟兰的摇篮曲》；德彪西的《月光》；夏农的《爱尔兰摇篮曲》；格什温的《夏日时光》。

幸福妈妈胎教心得

怀孕早期是比较容易流产的阶段，所以那会儿我总是一个人待在家里，并且尽可能地减少活动，一段时间下来觉得有些烦闷，这时其他怀孕的朋友向我提出了尝试音乐胎教的建议。起初我觉得很奇怪，音乐胎教就是在家里放音乐听，宝宝能从中学到什么？

后来我抱着试一试的心态，去专门教授音乐胎教的地方报了名，接着就开始了相关的学习。我渐渐了解到音乐胎教并不是单纯地听听音乐，还包含了韵律体操和乐器演奏等各种各样的方法。

听一听柔和的音乐并随之摇动身躯可以起到非同寻常的运动效果，我的身心变得轻松、愉快、舒适起来。平躺下来把木琴放在肚子上进行演奏时，宝宝就会心情愉快并做出表示新奇感觉的胎动反应。

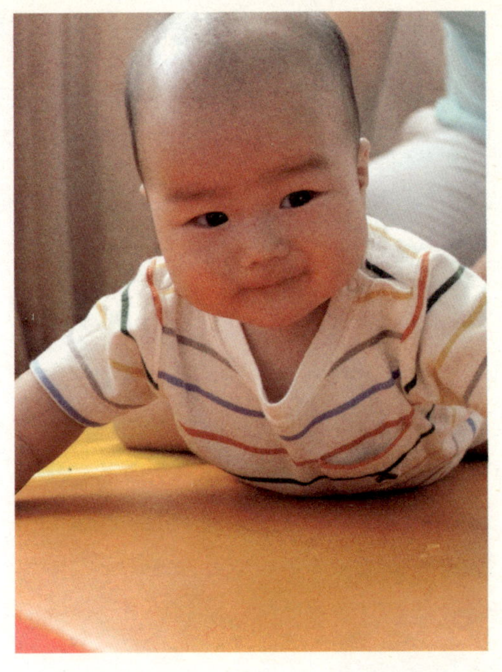

在家里丈夫也会不时地自弹自唱一番，每到这时宝宝就会变得活泼起来。尽管在提到音乐胎教时，人们首先想到的是听古典音乐，但我认为在选择歌曲上应该根据自己的喜好。

如今，我和漂亮的女儿经常一起听音乐。在播放胎教期间听过的音乐时，就像唤起了女儿的回忆一般，微笑出现在她的小脸上。音乐把我的爱心完完整整地传达给了女儿，对此我感到非常满足。

美术胎教

随着人们对胎教的关注程度不断上升，美术胎教出现在了大多数人的视野当中。对名画进行鉴赏、给图案上色等方法都属于通过接触色彩来培养宝宝的感知能力的美术胎教。准妈妈看到的东西越多，宝宝所能感受到的视觉体验就越多。现在就让我们开始看，开始感受吧。

视觉刺激很重要

人的视觉需要极为复杂的机能作为支持，而直到出生时为止，宝宝并没有完全具备这些机能。进一步说，宝宝要长到8岁时才能具备与成人一样的视觉能力。因此我们切不可疏忽对宝宝进行视觉刺激。宝宝在视觉上接受的刺激同样会对其情绪产生明显的影响。

照射到准妈妈眼睛里的光线会对一种叫做褪黑激素的物质产生调节的作用，使宝宝的眼前也相应地产生明暗的感觉。当看到明亮物体的时候，褪黑激素的分泌量会下降，看到昏暗物体的时候上升，这一点使宝宝也具备了辨别外界事物明暗的本能。

促进脑部发育

在怀孕的第6～7个月之后，宝宝具有了五感，美术正是能够有效刺激五感的胎教内容。宝宝的脑部在有所感受的时候才会快速发育，全面地刺激宝宝的五感能起促进宝宝大脑发育的显著效果。

美术胎教的素材

平时对美术毫无兴趣的准妈妈，如果因为怀孕而强迫自己去美术馆或画展，则很难真正产生什么特殊的感觉和印象。在这样的情况下，和准爸爸一起去看场电影，漫步在夜景迷人的步行街或者看一看可以带来美好回忆的照片则是较为明智的选择。

无论是真实的风景还是照片，只要能让准妈妈的心态平和并引起欣赏的兴趣，就可以称得上是美术胎教最好的素材。

美术胎教的方法

与音乐胎教和胎谈胎教相比，美术胎教可能显得较为无趣和困难。然而事实上，美术胎教也是一种可以轻松掌握的方法。

鉴赏

参观画展和到美术馆欣赏名画

欣赏好的美术作品就如同听到优美旋律、阅读感人的文字一样是一种美的享受，人的内心会变得安定，甚至会有一种被净化的感觉。比如，参观摄影作品、画作、雕刻、陶艺和版画的画展等都会对胎教有很大的帮助。

对于鉴赏美术作品，最重要的并不是了解多少与之相关的背景知识，而是排除一切拒绝感和心理负担。只要对作品没有反感，任何人都可以从零开始对它们进行鉴赏。

准爸爸和准妈妈一起前往美术馆或画展，接触各种各样的美术作品无疑会给宝宝带来极大的益处。

有的准妈妈在观看名画的同时拼命地给自己灌输相关的知识，这种主次不分的行为往往会使美术胎教变得毫无趣味，并可能给自己造成一定的压力。通过鉴赏美术作品使自己的感情变得丰富，并将丰富的感受传递给宝宝才是美术胎教的意义所在。

利用画册

如果居住区的文化氛围不浓或附近没有美术馆，准妈妈可以借助画册进行美术胎教。

在选择画册时，准妈妈应把自己的爱好当作最重要的基准，与其选择一些受到别人称赞的“杰作”，不如选择一些自己所熟知和喜爱的画家的作品。

此外，在学生时代的美术课上曾学习过的，或平时通过各种媒体经常接触的作品也很适合在美术胎教中使用。因为准妈妈看到这些作品时，往往会产生一种亲切的感觉。

网上画廊

生活在信息时代的我们并不一定非要去美术馆或画展才能欣赏到美术作品。有一个去处可以使准妈妈非常轻松地鉴赏美术作品，那就是网上画廊。经常上网的准妈妈可以在网上搜寻这样的网站，并把它们当作进行日常美术胎教的场所之一。

考虑到电磁波的影响，准妈妈最好把每天上网的时间控制在1～2小时之内，并养成每隔1小时休息一次的习惯。

适合的作品

在进行美术胎教时，准妈妈往往会由于不知道该看哪些作品而感到苦恼。最适合被用做胎教的其实就是那些美感充足，线条和色彩较为鲜明且能够带给人柔和感觉的作品。那些能够用明亮的颜色和快速的笔触很好地展现色感变化的印象派作品就符合这样的条件。

欣赏要点

1.刚开始的时候，与其欣赏细腻的人物肖像，不如看那些一眼就可以了解画家基本意图的风景画，看到美丽的自然风景就如同身临其境一样，可以使准妈妈的情绪安定下来。

2.在去美术馆之前可以先了解一下正在展示的大概是哪些作品。只要了解画家何时创作了这幅作品，作品的名称是什么就已经足够了。了解一些画家和作品的基本信息之后再对其进行鉴赏，往往可以有更多的收获。

3.对准妈妈来说，一个画展并不只具有观赏一次的价值。遇到一本好书，每读一遍都会有新的收获，欣赏画作也是这样，即使是同样一件作品，每看一次都可能有不同的感受，昨天没有领悟的部分也许会在今天的欣赏中找到答案。

爱心小叮咛

美术胎教也和其他胎教一样，只有持之以恒才可以收到良好的效果。去过几次美术馆，看了两眼画册并不代表着整个美术胎教过程已进行完毕。只有坚持与那些作品打交道才可以使美术胎教变得更有效果。当然期待通过美术胎教使宝宝具有较高的审美能力，长大以后成为一个名画家，也是不切实际的想法。

绘画

自己动手

准妈妈在生活中不仅要学会从普通的事物中发现美，还可以尝试着如何通过画画将这种美表现出来。在画纸上将自己的感情表达出来并不是一件很容易的事情，对于认为自己完全没有美术细胞的准妈妈来说，更是如此。

事实上，作画就像接受心理治疗一样，可以达到释放内心情绪的目的，这种能够缓解压力的活动所起到的胎教效果比欣赏画作高出数倍。强迫自己作画是毫无意义的，准妈妈带着愉快的、自愿的心情画画是非常有必要的。

所画的并不是要拿给别人欣赏的作品，所以准妈妈不必非要把它画得非常完美。比起作品完成得好与坏，更重要的是，准妈妈在作画的时候自己是否做到了保持镇定，以及是否有与宝宝共同参与的感觉。

不同的色彩和素材

准妈妈在进行美术胎教时要尽可能多地接触不同的色彩和素材。可以尝试着用蜡笔、颜料和彩色铅笔绘画。素材则可以是天空、云朵或者漂亮宝宝的面庞等。准妈妈甚至可以对着从医院带出来的B超图片画一画宝宝的模样。

十字绣

使脑部变得发达

我们都知道锻炼自己的手指可以使脑部变得发达，这是因为在进行手工制作时，手指上的神经会对脑部产生一定的刺激作用。

做十字绣可以使准妈妈的心情很快得以平静，对提高其集中注意力的能力也有一定的作用。

提升色彩感

在一幅十字绣作品里往往要用到数十种颜色的丝线，所以在一针一线的编织过程中，准妈妈的色彩感和调和颜色的能力也不知不觉得到了提高。

准妈妈若能在怀孕期间多接触一些美丽的颜色和形状，生出的宝宝也将拥有较高的审美能力。

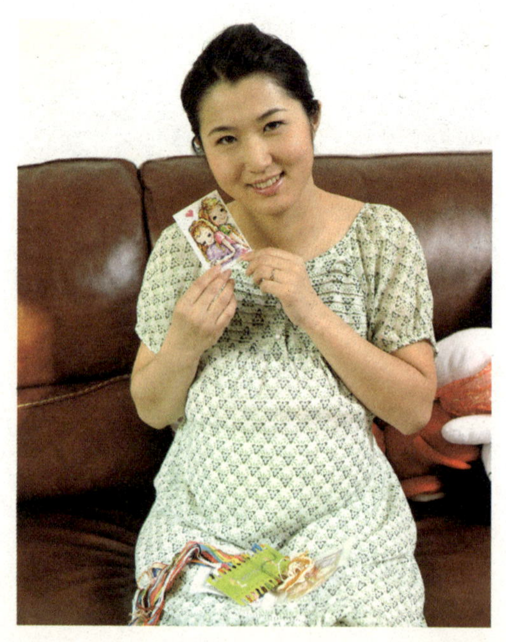

注意事项

刺绣使准妈妈的注意力大部分集中在了针尖那一点上，所以很容易产生疲倦的感觉；另一方面，准妈妈也不适合长久保持刺绣的姿势。因此，准妈妈最好把每次刺绣的时间控制在1个小时之内。

准妈妈在刺绣时一定不能有希望尽快结束的急切心态，最好在腰后垫一个垫子，在舒适的姿势下完成这项活动。

准妈妈可以在刺绣的同时与宝宝聊天，可以说一说正在为其制作的东西，比如，枕头、围兜和儿童被等；也可以为宝宝讲解一下刺绣过程中都用到了哪些颜色的线。

装饰

以宝宝为中心重新把房间装饰一番吧！进行这一活动的最佳时期是怀孕的第5～8个月。

首先，可以养一些绿色植物，让每个人都感受到自然的气息。在看到绿色植物时，准妈妈会自然而然地产生平静的感觉，而植物释放出的氧气还可以起到使大脑更加清醒的效果。此外，换上不同颜色的窗帘和坐垫也可以起到调节气氛的作用。

在墙上挂一些名画或贴一些以美丽风景为内容的明信片也是很好的方法。有的准妈妈还喜欢把漂亮宝宝的照片放在家里经常看到的地方。除此以外，悬挂具有特殊意义或是能感动和教育宝宝的作品是最佳的选择。

幸福妈妈胎教心得

在胎教这个问题上，我们夫妻俩开始并不特别感兴趣。后来听说我的一个朋友在怀孕时进行了胎教，结果她生下来的宝宝既安静又温顺，而且似乎具有特别强的认知能力。正是这件事改变了我对胎教的想法。

当我怀孕后，在我冥思苦想到底应该采用什么样的胎教方法时，刚好看到一个做十字绣的小店，于是我得到了启发。

尽管平时得去上班，但我仍有充足的休息时间织十字绣。在织十字绣时手指要不停地移动，这样不仅对宝宝的脑部发育有很大的好处，还可以培养宝宝的色彩感和美感。

我对织十字绣的热情很高。刚开始的时候，我只能做一些手机链，后来水平慢慢提高到能做围兜。在欣赏优美旋律的同时一针一线地织成一样作品，等到完工的时候会有一种极大的成就感。

此外，把做好的十字绣裱在像框里送给朋友，也可以使心情变得愉快起来，这种兴奋的感觉同样会传递给宝宝。我的宝宝31个月大的时候，不知道是不是我织十字绣的缘故，他对做东西、拆东西、剪东西这样的事表现出了很明显的兴趣。更大一点之后就可以看到他每天拿着积木玩个不停。

都说孩子只有多动手才能使头脑发育得更快，对于我家宝宝来说都不用去教他，他自己就喜欢上了各种动手的活动。连幼儿园的老师都说，她从来没有看到过对美术活动这么感兴趣的宝宝。

童话胎教

准妈妈和准爸爸一起给宝宝读一读童话书，通过那些美丽的故事可以培养宝宝的想象力和思维力，此外，亲子关系、夫妻关系也会得到加深。每天坚持拿出30分钟读童话书，让整个家庭一起度过这段幸福的胎教时间吧！

童话胎教不可少

以图画、思考、经验、知识和习惯为依据，在大脑中形成的印象对我们来说是非常重要的，它的形成需要经过外部信息的输入、大脑对数据进行处理和储藏这三个步骤，离不开脑细胞之间形成连接的过程。

宝宝脑细胞的活性化过程需要良好且充分的刺激。读童话书是刺激宝宝大脑的很好的方法，父母用充满爱意的声音读出的每一个美丽童话都将给宝宝带来好的影响。

童话胎教好处多

轻松交流

与宝宝进行交流并不是一件容易的事情。我们都知道胎谈的重要，但具体操作起来却往往会遇到困难，这时童话胎教就可以帮上我们的大忙。因此在这一点上，童话胎教和胎谈胎教具有密不可分的重要联系。

像胎谈一样进行童话胎教吧，无论是对准爸爸和准妈妈还是对宝宝都将是一种愉快的体验。

准爸爸参与

现在大多数准爸爸对胎教的态度可以算是非常的积极了。但是，也有个别的准爸爸依然对胎教没什么兴趣，甚至会对准妈妈的胎教行为表现出冷淡、不乐意的态度。对于这样的准爸爸，有一个让其参与到胎教中来的好办法就是进行童话胎教。

准爸爸的声音较为低沉，能够比准妈妈的声音更好地透过羊水传递给宝宝。在做B超检查时也可以发现，准妈妈和准爸爸轮流对宝宝说话时，宝宝往往会对准爸爸的声音做出更加明显的反应。

加深亲子关系

将父母深厚的爱意包含在美丽的童话故事中读给宝宝听，就会在父母和胎儿之间架起一座感情交流的桥梁。提高胎儿的语言能力、想象力和表现力，这仅仅是童话胎教所带来的附加效果，童话胎教的真正意义在于加深亲子关系。

开发潜力

宝宝的听觉机能在孕中期就已接近发育完毕。如果准爸爸和准妈妈能够用温柔的声音为宝宝读童话故事就可以刺激宝宝的大脑，从而达到提升宝宝潜在能力的效果。在准妈妈睡觉之前，即使只有30分钟的空闲时间，也应该将其利用起来给宝宝讲童话故事。

通过不同的童话故事，不仅可以将勇气和友情等概念传授给宝宝，还可以培养宝宝的想象力和好奇心。此外，如果准妈妈能用自己丰富的想象力将童话书中描绘的世界转述给宝宝，童话胎教的效果会有更大的提升。

宝宝倾听声音的过程并不是单纯通过耳朵来进行的，宝宝往往要运用自己的整个身躯来接受外部的信息。准妈妈如果能够带着丰富的感情朗读，就可以促进宝宝各种感觉能力的发育。

童话书再利用

为胎教而买的童话书可以一直保存到宝宝出生之后继续使用。到那时，宝宝会对自己在胎儿时期就听过的故事有一种亲切的感觉，父母也可以节省一笔开支。

步骤

1.首先留意一下童话书的书名、作者和插画作者。

2.不要急着翻看书页，分析一下此书的主题和画风并确立读这本书的进度安排。

3.按照顺序欣赏书中的插图并将自己的想象具体化。

4.将自己的具体想象描述给宝宝听。

5.为宝宝描述书中的插图，注意不是说明，而是描述。要把整个画面勾画出来，把眼睛看到的和心里感受到的一起表述出来。

6.用饱含深情的声音朗读书中的童话故事。

7.尽可能将书里的插画记在脑海中，时常可以回忆一下。

8.根据记忆重新在白纸上画出书中的插画。

9.和丈夫一起做一个游戏，比比在10秒中之内谁能记住更多图画里的细节。

怎样使童话故事更有趣

准确发音

准爸爸和准妈妈在给宝宝朗读童话故事时应该注意发音的准确性，如果发音不够准确，朗读的效果一定会大打折扣。在朗读之前可以先做一些针对舌头、嘴唇和口型的训练，这样会对朗读有很大的帮助。

运用口语

给宝宝起了小名以后，可以把童话书里主人公的名字改成宝宝的小名，并运用口语来讲述这个故事。

这样在读故事的时候准爸爸和准妈妈就会觉得自己的宝宝和故事的主人公合二为一，从而使自己对宝宝的感觉变得更加亲切。如果父母把故事讲得声情并茂，也可以更多地吸引宝宝的注意力；反之，若是读成了流水账，胎教的效果则会大打折扣。

平和而温柔的嗓音

进行童话胎教时，准爸爸和准妈妈要注意自己的嗓音，可以像平时说话一样，保持着那种随和、温暖而又富有感情的语调和状态。

平和而温柔的嗓音可以使宝宝的情绪安定下来，从而提升童话胎教的效果。

抚摸腹部

准妈妈可以在抚摸腹部的同时朗读童话书，这样可以给胎儿带来一种温暖的感觉，使童话胎教的效果倍增。

坚持进行

童话胎教也必须坚持进行才可以获得成效，应该选择一天中心情最愉快的时段给宝宝朗读童话，准爸爸在晚上8点参与童话胎教往往最合适。这是因为宝宝的睡眠时间较长长，其听觉神经最敏感的时段是晚上20点左右，准爸爸在这个时间为宝宝朗读可以取得事半功倍的效果。

生动讲解

宝宝对整个世界可谓是一无所知，会很自然地对书中出现的事物产生好奇。针对这种情况，准爸爸和准妈妈可以对童话故事中出现的各种事物进行亲切而生动的讲解。

边走边读

如果准妈妈读童话故事时的姿势很不舒适，宝宝也一定会有难受的感觉。准妈妈应该在最舒适的状态下读童话故事给宝宝听，偶尔一边走一边读也是个不错的方法。

这样做既可以让准妈妈得到锻炼，又可以使宝宝接受有益的振动刺激，可谓一举两得。

改编故事

如果每次都读完全相同的内容，准爸爸和准妈妈都不禁会感到一丝厌烦。其实在读童话书之前，可以根据图画的内容对故事的细节进行改编，这样做将为准爸爸、准妈妈和宝宝带来很多的乐趣。

在进行改编故事这种再创作的时候，准爸爸和准妈妈可以从那些之前没有留意到的小幅插画开始。在想象的过程中，准妈妈的注意力和想象力会得到很大程度的提升，宝宝的想象力也同时得以丰富。

交流感想

朗读童话故事时，准爸爸和准妈妈的注意力集中在故事情节里，会很自然地产生一定的感想。在读到故事的结尾处，准爸爸和准妈妈可以这些感想为话题与宝宝进行亲切的交流。

童话书的选择

孕早期

在刚刚得知自己怀孕后，有的准妈妈特别是初次怀孕的准妈妈会有害怕或茫然的感觉。可以购买一些内容简单、欢快、有趣的童话书来读，使准妈妈在美丽的童话的陪伴下逐渐适应怀孕的事实。

孕中期

这一时期对童话胎教来说意义重大。准爸爸和准妈妈需要根据宝宝五感发育的程度给予适当的刺激。由于宝宝最需要的是好奇心和理性的刺激，可以买一些能够让人自由想象的创作性童话书来读给宝宝听。

孕晚期

随着预产期的临近，准妈妈应该在这一时期给童话胎教画上一个完美的句号。可以读一些童话来减轻自己对分娩的恐惧情绪，使内心逐渐平和下来。

爱心小叮咛

如何选择童话书

1.选择颜色鲜艳、故事内容生动优美的童话书。

2.可以营造温暖而煽情的气氛的童话书。

3.背景不显得单调，一幅图画里蕴藏许多话题的童话书。

4.书中的文字和插图搭配协调的童话书。

5.内容简单、有趣，准爸爸和准妈妈自己都会对其产生兴趣的童话书。

幸福妈妈胎教心得

我在刚刚怀孕时，因为年轻，自己对怀孕的事有些不知所措。后来我渐渐地平静下来，但是在高兴之余，更多的是一种担心。由于不知道自己最应该做些什么，我决定读一读与怀孕有关的书籍。就这样，我了解到对宝宝来说胎内环境是多么重要，只有良好的胎内环境才能对胎儿的智力和性格产生好的影响。

在平时读书的时候，我能感到自己的心情变得平和，所以我选择了读书作为主要的胎教方法。我不仅让丈夫朗读故事书给我听，还特别注意在自己睡觉和发生胎动的时候用平和的声音朗读童话故事。

我对可以充分发挥想象力的书特别感兴趣，这些故事内容丰富，图画鲜艳，我自己在读的时候都充满了幸福的感觉。在怀孕第7个月时，给宝宝讲故事时可以感受到宝宝做出的明显反应。有时我还让丈夫扮演书中的角色和自己一起把故事表演出来。

现在，我的宝宝性格温和又大方，而且对书有着特别的爱好。看着他一个人专心致志翻阅书籍的样子，我不禁对童话胎教所起的巨大作用感叹不已。

英语胎教

怎样进行英语胎教才最合适呢？在英语胎教这四个字中，我们更应该把重点放在“胎教”二字上。准妈妈通过自己说英语等一系列方法，为宝宝创设接触英语的环境，这是英语胎教的意义所在。让宝宝从胎儿时期开始接触英语可以提升其智力，并使其对英语有一种天生的熟悉感。

英语胎教的前提

英语胎教的前提是准妈妈积极的心态，只有以安定、愉快的情绪去给宝宝读英语文章、唱英语歌才能创造出良好的胎内环境。

有不少准妈妈提起英语就会产生畏缩的情绪，会对自己的发音和语调没有信心，用英语说话时总是担心句子的结构和自己的发音是否正确。

其实，英语胎教的目的是使宝宝体验到英语特有的节奏、语调和发音，而不是想让其了解到每一个句子的具体含义。因此，准妈妈不必以如临大敌的态度去面对英语胎教，那样会给自己带来压力，也不会收获好的胎教效果。

专家们认为，即使准妈妈每天都坚持自己朗读英文，也不必担心发音不准会对宝宝产生难以改变的影响。

英语胎教的过程，最重要的是准妈妈是否具有与宝宝一起融洽地、愉快地学习的心理准备。准妈妈即使不能很好地运用英语，只要能够进入一种良好的学习英语的状态，这种状态就一定会对宝宝产生良好的刺激和影响。

何时开始

很多下定决心进行英语胎教的准妈妈可能会问："具体应该从什么时候开始对宝宝进行英语胎教呢？"

宝宝一般在怀孕的第6个月时听力就比较发达，可以听到准妈妈的心跳声、说话声，准爸爸的说话声以及除此之外的其他或大或小的杂音。宝宝在对外部的声音做出敏感反应的同时，会将听见的内容储存在自己脑中，而这就是我们开始进行英语胎教的最佳时机。

不过，准妈妈也不必在时间的问题上过于拘泥，宝宝的发育情况并不是何时开始英语胎教的唯一基准。准妈妈只要有学习英语的意愿就可以随时开始英语胎教。

学习英语的好时机

准妈妈以英语胎教为契机开始正规地学习英语，不仅可以让宝宝早接触英语，还可以顺便提高自己的英语水平，这无疑是一种一举两得的做法。准妈妈只要抱着为宝宝着想的信念，就一定能够努力地学习英语。

提升英语胎教效果

用英语和宝宝对话

怎样用英语进行胎谈呢？其实，准妈妈只要有对宝宝的深深爱意和开发宝宝无限潜力的信念，用英语和宝宝对话就不会是一件难事了。

准妈妈可以从"Good morning, baby"开始，一边抚摸着腹部一边用英语传递自己的心声，慢慢地就会变得熟练起来。一定要铭记"放下负担，用一颗愉快的心去进行胎教"这句话。

简单而有趣的英语童话

每个人的爱好不同，水平也存在着或大或小的差异，准妈妈根据自己的情况选择英语胎教的教材是最正确的做法。要说最适合胎教的英语教材莫过于简单而有趣的英文童话书了。

在买英语童话书时，应尽量选择那些有漂亮图片的。这是因为宝宝通过右脑和准妈妈进行情感交流，而右脑正是专门管理图像信息的脑半球。若准妈妈一边看着优美的画面一边读书，可以带给宝宝更多的良性刺激。

童话书的内容最好是与梦想、希望、幸福、自然以及小动物有关的故事。为了增加阅读的趣味性，准妈妈可以朗读韵律清晰或有大量拟声词、拟态词的内容。

准妈妈最好将每天读英语童话书的时间固定。宝宝的听觉神经在晚上20点到第二天上午11点最为敏锐，准妈妈应该尽可能地选择在这一段时间里读英语童话书。

准妈妈可以一边轻轻抚摸自己的腹部，一边像与宝宝对话一样地读英语童话书，这样做比用单调的声音朗读更能对宝宝产生积极的影响。

准爸爸的积极参与也极为重要，因为准爸爸低沉的嗓音更容易被宝宝听到。读完英语童话故事书后，准爸爸可以轻拍准妈妈的腹部并说上一些称赞的话语。

朗读儿童诗歌

"Twinkle, twinkle little star
How I wonder what you are
Up above the world so high
Like a diamond in the sky"

这是一首叫做《Twinkle, little star》的儿童诗歌，在朗读的时候应该特别注意将其中的韵律表现出来。经常读带有韵律的英文诗歌可以使宝宝自然地熟悉英文的韵律。

使用音像制品

尽管准妈妈自己朗读是最佳的选择，但是，如果在英语朗读方面完全没有自信，准妈妈可以试着使用一些音像制品进行英语胎教。在实际胎教过程中，使用音像制品也可以使宝宝得到良好的刺激。

准妈妈想休息或嗓子不舒服的时候，音像制品也可以帮上大忙。平时，运用多种媒体也可以大大提升英语胎教的效果。准妈妈在反复朗读某一段内容之后可以播放此段内容的原声录音，这将使宝宝对英语的正确发音产生更为深刻的印象。

如果准妈妈曾经被某些英文原声电影所感动，可以重新品味一下这些电影。听英文广播也会对英语胎教产生很大的帮助。准妈妈还可以试着在市面上寻找幼儿用的英语教学片，那些色感鲜明、内容明快的片子最适合当英语胎教的教材了。

唱英文歌曲

在进行英语胎教的过程中，最好的方法当属准妈妈和准爸爸一起合唱英文歌曲了。此时，准妈妈会心情愉快、表情舒展，还会将这种情绪传给宝宝。

准妈妈可以选择《The ABC song》、《Ten little Indian boys》等这些尽人皆知的歌谣，也可以选择美国人在哄宝宝睡觉时常唱的《Rock-a-by(e)》或《Hush little baby》等既好学又好听的歌曲。

通过唱英文歌曲，准妈妈可以自然地提高的英语语感，宝宝也能够感受到准妈妈的平和与愉悦的情绪。

制作英语单词卡片

在进行英语胎教时使用英语单词卡片可以使胎教变得生动有趣。

准妈妈可以在较厚的卡纸上用英文写下动物或其他事物的名称及特征并画上相应的简图。如果不擅长绘画，准妈妈可以把杂志或书中漂亮的图片剪下来，贴在卡片上。

在读卡片上的内容时要保持生动的语调和神情。使用过的卡片还可以留到宝宝出生以后继续使用，可谓是一举两得。

除此以外，准妈妈还可以以这些带图的卡片为素材试着编一些英文小故事讲给宝宝听。

听英语童谣

听简单而有趣的英语童谣是进行英语胎教的好办法。曲调欢快、歌词优美的英语童谣可以为宝宝提供一个自然、宽松的英语环境，会使准妈妈和宝宝的情绪很快安定下来。

此外，童谣往往很短，准妈妈多听几次就可以毫不费力地把歌词背下来，然后自己来唱这些童谣，这也是它们的好处之一。

简单的英语胎谈

早晨

Good morning. Did you sleep well?

早上好，你睡得好吗？

I love you.

我爱你。

Look at the sky. It's a nice day today.

瞧瞧天空，今天天气真好。

What day is it today?

今天星期几呢？

Today is Monday.

今天是星期一。

I am getting up.

我这就起来。

I am having breakfast.

我正在吃早餐呢。

Daddy's going to work. Let's say good-bye.

爸爸要去上班了，咱们一起跟他说再见吧。

下午

Good afternoon, baby.

下午好，宝宝。

Shall we go for a walk or listen to some music?

我们是去散步还是听音乐？

That's a nice breeze.

这一阵清风好舒服呀。

Look! What a pretty flower.

瞧！好美的花儿呀。

What color is this? It's red.

这是什么颜色？是红色。

睡觉之前

It's already nine o'clock. Let's get ready for bed now.

已经九点了，准备上床睡觉吧。

It's story time. Are you ready?

到了讲故事时间了，准备好了吗？

I will read you a book.

我给你读本书吧。

Good night and sweet dreams.

晚安，做个好梦。

幸福妈妈胎教心得

怀孕后，有一次我非常偶然地走进一家书店，看了一下与英语胎教有关的书。那时，我意识到了从胎儿时期起为宝宝创造一个熟悉的英语环境是多么的重要。

用英语进行胎教是个不错的方法，这样一来，身为母亲的我也在胎教的过程中重温了英语。刚开始的时候我也不知道该如何进行，就买了几套英语有声读物。我先集中看了书上的内容，然后又在自己有空的时候听录音。我买的都是幼儿读物，内容十分简单、有趣。

我还买了英语童谣的音像制品并经常放给宝宝听。在播放某些特别欢快的童谣时，我可以明显地感受到宝宝做出的反应。

在进行英语胎教的过程中，我一直保持着一颗平常心，把英文书和英文音乐当作普通的教材和教具。尽管自己的发音并不是很流畅，但我一直坚持用简单的英语和宝宝对话，并以这样的方式非常愉快地度过了整个孕期。

现在，从我们家宝宝身上不难看出我在10个月里坚持进行英语胎教的效果。宝宝对书籍有着特殊的爱好，尤其是在播放胎教时期用过的英语教材时，他就会把英语书拿过来要我读给他听，宝宝好像对英语完全没有任何陌生的感觉。回头想想，这一切都要归功于英语胎教。

旅行胎教

暂时从原来的生活环境中解放出来，外出去旅行，可以让准妈妈在陌生的环境里体验到不曾接触过的生活、文化、风景和饮食，会为准妈妈的生活增添许多活力，也给宝宝带来了间接的体验。旅行是一种极具胎教意义的有益活动。

旅行时间

在孕早期和孕晚期旅行存在比较大的风险，准妈妈应尽量避免参加远距离的出游活动。在孕中期，准妈妈和宝宝都处于一个相对稳定的状态，出门旅行一般不会给身体造成不良影响。

即使准妈妈的身体和精神并不处于一个很好的状态，在多加注意并做好充足准备的前提下，没有必要对旅行产生任何恐惧的心理。与之相比，小心翼翼地待在家里度过怀孕的10个月反而是一种对身体有害的做法。

清新的空气

宝宝出生前是通过母体的血液来获取氧气的。带给宝宝充足氧气的方法之一是去空气质量很好的地方旅行，绿色的大自然可以让准妈妈感到身心放松，清新的空气无疑会把准妈妈心中的烦闷一扫而光。

自然的风景和声音

准妈妈可以将自己在旅途中的感受、所见、所闻详细地描述给宝宝听，这样准妈妈与宝宝之间的话题就会变得丰富起来。鸟叫声、风声、水声以及稀奇的文物都可以成为准妈妈向宝宝描述的对象。

旅行可以算作是胎教中的一种野外体验活动，在投入到大自然的怀抱中时，准妈妈的身体和心灵都会进入到一种舒适的状态。

向医生咨询后再出发

怀孕期间，准妈妈可以不厌其烦地“打扰”妇产科医生，并借此来减轻自己心中的不安，出门旅行之前也最好先向医生咨询一下医生。

一般情况下，在孕中期如果准妈妈的身体状态正常，即使出国旅行也不会有什么问题。在不给自己的身体带来过大负担的前提下，准妈妈没有必要刻意限制旅行的次数。

准爸爸做好筹备工作

旅途愉快的前提是做好充足的准备，打算旅行时需要考虑的事情肯定不只一两件：要乘坐汽车或者飞机就得预先订票，接着还要备齐所有的旅行用品，旅行当中去哪些地方以及具体的日程安排也必须事先计划好。

准妈妈参加旅行就必须做好比平时更多的准备，这个时候准爸爸应该承担起做好筹备工作的任务。

看着丈夫为了自己而积极地进行旅行准备的样子，准妈妈在感激之余也会觉得自己的负担减轻了许多。

旅行必备物品

医疗保险卡和病历

因为不知道在旅行途中会发生什么事，所以携带着准妈妈的医疗保险卡和病历是相当必要的。准妈妈可以用橡皮筋将这两样东西捆在一起，放在手提包的最里层，这样需要的时候就可以很快找到它们。

零食

为了应对准妈妈在旅行途中突然出现恶心、呕吐的情况，可以随身携带一些用来减轻呕吐症状的零食，饼干、姜糖等都可以起到这样的效果。

帽子和遮阳伞

在阳光强烈时外出旅行，帽子和遮阳伞是不可缺少的用具，可以有效地防止强烈的阳光带来的刺激。

薄毯子

准妈妈应该把一张薄毯子放在自己旅行箱里，即使是夏天也不例外。在凉爽的日子里准妈妈更要多加注意，以免受凉。

自驾车旅行

车内环境

准妈妈要在车里的狭小空间内度过较长的一段时间，要把车内打扫干净以后再出发。特别要记得清洗车里的空调设施，并除去各个死角的灰尘。

当然，旅行的过程中绝对不要在车内吸烟，还要养成经常开车窗换气的习惯。

靠后的座位

准妈妈坐在前排位置是非常危险的，哪怕是一次轻微的事故所带来的冲撞也会给准妈妈隆起的腹部造成伤害，最好将车里靠后的座位留给准妈妈。

遮光设施

强烈阳光会对准妈妈造成刺激和伤害，因此一定要在车窗上装上遮光用的设施。

防晕车

晕车是旅行中一件让人头疼的事情。即使是怀孕前从不晕车的准妈妈，由于怀孕后身体发生了各种变化，也可能会晕车。用读书或看报纸等方法预防晕车是不会起到太大作用的。准妈妈晕车时，最好停下车来，下车吹吹风。

此外，准妈妈在感到难受时把切成薄片的生姜含在嘴里，也是减轻晕车症状的有效方法。

应对浮肿

准妈妈在狭窄的车里坐了很长一段时间之后，腿部很容易发生浮肿。针对这种情况应该在准妈妈的身前放上垫子或旅行包，使其在感到疲倦的时候可以把腿放在上面。

乘坐飞机

浮肿

长时间飞行往往会造成准妈妈腿部和脚腕的浮肿，所以最好预定靠过道的座位，在飞行过程中每隔1个小时在过道上来回走一圈或做一做伸展运动，可以减轻浮肿症状。

除此之外，穿弹性较强的袜子在预防浮肿方面也能起到不错的效果。

充足的水分

在飞机提升飞行高度或机内温度时，准妈妈可能有脱水或恶心的反应。因此在飞机上一定要摄取充足的水分。

宽松的鞋子

也许在飞机航行的时候，准妈妈贪图舒服而脱了鞋，但是在下飞机的时候却发现双脚浮肿而很难再将鞋子穿上，隆起的腹部也会让准妈妈穿起鞋来很费劲。因此，在出门之前，一定要记得穿轻便而宽松的鞋子。

不参加危险的活动

从枯燥的日常生活中解脱出来，到一个陌生的地方旅行，这会让准妈妈的心情放飞起来，于是准妈妈可能会无意识地参加一些具有危险性的活动。

请记住：雪橇、滑雪、水上滑行、骑马等具有一定的危险性运动，准妈妈绝对不能参加。

不要错过洗手间

在旅行时，寻找洗手间对准妈妈来说有时是一件不方便的事情。因此，准妈妈每次在旅行的途中看到洗手间时，即使没有尿意也不要放过上厕所的机会。

准妈妈必须让自己的体内时刻存有充足的水分以保证胎儿的健康，绝对不能因为怕去洗手间而减少水分的摄入量。准妈妈如果想减少排尿次数，可以在每次小便时让身体向前倾，这样做就可以达到排空膀胱的效果。

享受特色美食

旅行中的一大乐趣就是品尝各地的特色美食。一个地方的传统食品或是特色的美食对准妈妈来说的确是不可抗拒的诱惑。准妈妈品尝新鲜而美味的食品，不仅能够摄取营养，还可以起到调节心情的奇妙作用，从而大大提升胎教的效果。

幸福妈妈胎教心得

一开始总以为结婚以后就会自然而然地怀上孩子，谁知道并不是想象中的那么容易。结婚7年才怀上第一胎，在得知怀孕消息的那一刻，我们夫妇俩高兴得差点跳了起来。

因为很不容易才怀孕成功，所以在接下来的胎教过程中，我们比其他夫妇倾注了更多的热情，我们相信胎教的前提是要让准妈妈保持一种平和的、愉快的心态。

我和丈夫本来就很喜欢旅行，平时经常一起出去游玩。怀孕后，我们决定以去近郊旅行的方式进行胎教。怀孕初期出于安胎考虑，我一直待在家里安静地读书，从怀孕中期直到第8个月为止，我都积极地接触大自然。尽管有时会出现很明显的晕车症状，但我仍然享受着旅行带来的乐趣和幸福。

旅行过程中我每接触一个地区的风土人情都会有很多的感受，而这些通过感官接收到的信息都可以传达给宝宝。为了预防晕车，丈夫会每隔一段时间就把车停下来，让我吹一吹凉爽的清风并观赏周围的景色。为了不让身体感到疲倦，我在车里特地准备了几张垫子用来垫高脚，还放了几个橙子和柠檬，它们能产生自然的香气。

我的女儿性格开朗而豁达，幼儿园的老师也夸奖她表现力强。我们相信这一切都要归功于孕期里的多次旅行，以及我在旅行过程中所进行的胎教。

散步胎教

散步是一项不会给准妈妈的身体造成很大的负担，又可以使其身心安定的运动，是进行胎教的很好的方式。

吸入充足的氧气

散步给准妈妈和宝宝带来的最明显的效果就是增加氧气的供给量，散步时吸入的氧气比静坐时高出2～3倍。准妈妈在散步时吸入的氧气会随着脐带输送给宝宝，氧气进入宝宝体内之后会增强宝宝脑细胞的活性化。

改善血液循环

许多准妈妈的腰痛或腿痛是由于血液循环不畅引发的，散步可以明显地改善血液循环，从而减轻准妈妈的浮肿或腰痛的症状。

散步还可以增强准妈妈的心肺功能，并使其自然养成腹式呼吸的习惯，这有利于减轻准妈妈的产前阵痛。

刺激胎儿的皮肤

散步可以使子宫进入规律的收缩状态，并满足宝宝在皮肤刺激上的需要。刺激宝宝的皮肤可以使宝宝的脑部也受到刺激，这一点对于宝宝脑神经发育的好处是不言而喻的。

那么，应该用什么样的方法刺激宝宝的皮肤呢？宝宝所感受到的皮肤刺激主要是通过子宫的自动收缩来实现的。子宫以一定的节奏进行收缩，从而使宝宝的皮肤得到规律的挤压和放松。

准妈妈以平和的心情散步时，子宫就会自然地发生收缩，这不仅是宝宝进入愉快状态的征兆，也是让宝宝的皮肤接受良性刺激的必经之路。

需要注意的是，准妈妈散步时过于强烈的震动会给宝宝带来不良的刺激。

缓解压力

适度的压力会使氧气等细胞生存所必需的物质被更好地吸收。但是当准妈妈承受过大的压力时，身体会大量地分泌肾上腺素，并通过血液传递到身体的各个部位，也就会有一部分肾上腺素通过胎盘传递给宝宝，会对宝宝产生不良的影响。

散步可以有效地缓解准妈妈的压力，使其心情变得舒畅。

何时散步

散步只要避开强烈的紫外线和饱腹、饥饿的状态并选择空气质量较好的时间段就可以。每天散步30分钟就可以起到准妈妈和宝宝共同锻炼的效果。

一般来说，准妈妈每周最好散步3～5次，也可以根据自己的身体状况进行适当的调节。

注意事项

良好的状态

准妈妈在开始散步之前要确认自己的身体不存在任何问题，在身体吃不消时坚持散步会对自己造成很大的伤害。准妈妈最好能根据自己的身体状态来调节走路的速度并保持愉快的心态，这样才能在散步中获得最佳的效果。

保持平和的心态，悠然自得地散步是较为妥当的做法。

舒适的便鞋

准妈妈最好穿较为舒适的便鞋，开口宽敞、低面、弹性好的鞋子是最佳的选择。

除此以外，准妈妈散步时还应该穿上棉质、宽松的袜子，这样就能更好地保护足部了。

摄取水分

准妈妈在散步之前应准备好凉白开水或矿泉水，以便散步时及时给身体补充水分，这样做可以预防在散步时出现脱水症状。

注意休息

准妈妈在散步时觉得累了可以停下来休息片刻再继续走。

准妈妈在身体疲倦时很容易产生腹部抽痛的感觉。如果准妈妈有明显的疲劳感或腹部疼痛时要立即停止散步，若出现冒冷汗或眩晕的情况应立刻前往医院接受诊断和治疗。

散步地点

准妈妈很容易出现关节松弛、肌肉抽筋等状况，并可能因此而受伤。准妈妈在散步时最好选择一些地面平坦的场所。

需要特别注意的是，准妈妈在散步时不要走上坡路，这样会给腹部造成很大的压力。

放松呼吸

为了在散步时更多地吸入清新的空气，准妈妈掌握一种好的呼吸方法显得格外重要。在用鼻子吸入长长的一口气之后稍作停顿，然后随着“呼”的一声把气息从口中排出。

发生阵痛时也需要使用到与此类似的呼吸方法，所以准妈妈在散步时注意练习是很有必要的。

正确的姿势

散步时，准妈妈走路的姿势也非常重要。低头走路会给颈部和肩膀带来很大的负担。

准妈妈在散步过程中应该保持挺起胸部、注视前方的姿势，步伐没有必要迈得太大，要给双脚留出一定的自由活动空间。

幸福妈妈胎教心得

以前我常常听到“胎教很重要”这样的话，但一直没有决定应该使用哪一种胎教方法，也没有像别人一样尝试每

一种胎教方法。我和丈夫都认为每个准妈妈都应该有自己独特的胎教方法，我所选择的方法就是愉快地对待和经历每一件事，因为我相信：准妈妈在身体上和情绪上获得的所有感受都会完全传递给宝宝。

每一天，我都尽量保持做自己所喜爱的事情。在悠闲的时候听一听音乐或做几样好菜，有时就在附近散散步。丈夫也跟我一样有散步的爱好，在得知怀孕的消息之后，他非常积极地带我去公园慢慢游逛。在工作日里，我们吃完晚饭以后也会在社区里兜兜圈子并愉快地谈话。

我们居住的地方并不在都市圈里，所以周围有小山和树林。有时兴致来了我就会享受一番森林浴，之后便觉得自己的心情格外爽快。

在散步时我并不是简单地走来走去，而是不停给宝宝描述路边的花草、树木、蝴蝶、星星等大自然的一景一物。“树木可以给我们带来新鲜的空气、凉爽的树阴和美味的果实，它们是我们的朋友。”我就用这样的方式与宝宝进行对话。

现在我们的女儿已经 1 岁了，她表现出了特别强烈的好奇心，而且从不挑食，一直在健康快乐地成长着。现在回头看来，自己当初坚持散步并呼吸新鲜空气的做法的确非常明智。

森林浴胎教

随着人们对健康的关心程度不断上升，森林浴的人气也变得越来越旺，所谓森林浴，就是一种在呼吸新鲜、清爽空气的同时在森林里漫步或休憩的活动。

森林浴可以促进新陈代谢并强化心肺机能，还可以缓解因为压力和疲劳而引起的肌肉与神经的紧张状况，会给准妈妈带来无限的活力，使准妈妈的身体和心情都变得舒畅起来。

有益身心

大量的研究结果证明了森林里的空气对人体健康有益这一事实。在弥漫着植物杀菌素的森林及其周围1米范围之内几乎找不到任何的细菌。举例而言，如果在橡树和桦树的叶子附近投放结核杆菌和大肠杆菌，这些细菌会在几分钟之内被消灭干净。

森林浴对完全暴露在压力环境和各种污染之下的现代人来说是一种极佳的保健方法，给准妈妈和宝宝带来的积极作用也是难以估量的。

走进森林，呼吸着新鲜、清爽的空气，聆听自然界的声音，比如，小溪流水和鸟儿、虫儿的鸣叫等，准妈妈的所有疲劳感会被一扫而光。

广泛使用

很久以前，森林浴作为一种治疗法在中国和日本广泛地使用，在西方的德国也被当作一种治病的手段而流传下来。当今社会，随着森林浴的效果逐渐为大众所知，越来越多的森林浴场出现在人们面前。

其实森林浴并不一定非要在休养林中才可以进行，小山坡或是人工林也可以成为准妈妈尽情享受森林浴的绝佳场所。

植物杀菌素和阴离子

进入树木繁茂的森林中，准妈妈会感到自己的心情变得爽快起来。这实际上是“植物杀菌素”的功劳，植物杀菌素是植物为了保护自己不受细菌的侵害而不断释放出的一类“芳香性物质”。森林浴的效果很大程度上来源于这些植物杀菌素。

森林中特有的清香味道来自于植物杀菌素中的主要成分萜烯。萜烯在起到抗菌作用的同时会对身体的活性化过程产生帮助。萜烯被身体吸收后会轻微地刺激人的皮肤，提高人体的活性，促进血液循环，并达到使人的心情安定下来的效果。

森林浴的另一个好处就是使准妈妈获取大量的阴离子。阴离子可以使准妈妈的自主神经变得镇定，促进新陈代谢并强化细胞和脏器的机能。

更好地进行森林浴胎教

最佳时期

进行森林浴胎教的最佳季节是树木枝繁叶茂的初夏到初秋。这段时期温度和湿度较高，植物杀菌素会被大量地释放出来。

此外，在一天当中最好的时段是上午10～12点，准妈妈应该尽量利用这段时间享受森林浴的乐趣。

针叶林

尽管在任何树木茂盛的地方都可以进行森林浴胎教，但是与阔叶树相比，种有松树、枞树、柏树等针叶树种的森林更加合适。扁柏、偃侧柏、朝鲜冷杉和柳杉的植物杀菌素含量最丰富，曾有实验表明扁柏是最适合在森林浴当中使用的植物，它会释放出60多种有益于身体健康的物质。

此外，从效果上来说，树龄较高的树木强过年幼的树木，山腰处的森林强过山顶或山脚处的森林。

合适的衣着

在进行森林浴胎教时，准妈妈应尽量穿轻便、宽松的衣服，这样就可以使皮肤更多地接触空气中的植物杀菌素。

由于在森林中呼吸新鲜空气的同时还要走山路，所以对鞋子的选择十分重要。准妈妈除了尽量穿运动鞋之外，还应该选择鞋底较厚的鞋子，以应对高低不平的山路。

平和的状态

在进行森林浴胎教时，准妈妈应尽量使内心保持平。只要将头脑里烦杂的念头驱除干净并接受自然的拥抱，准妈妈就会感到一种从头到尾的舒畅。

可以随身携带几首小诗、散文集或冥想录，进入森林之后靠在大树上一边阅读一边品味，这么做将使准妈妈在精神上进入极为平和的状态。

在感到疲劳时，准妈妈还可以面对一棵大树做长长的深呼吸，将废气吐出并吸入对身体有益的植物杀菌素和阴离子。

腹式呼吸

与散步时相类似，在进行森林浴胎教时应该努力吸入尽可能多的空气，感觉好像要用空气把自己的身体注满一样。

腹式呼吸的方法可以使准妈妈吸入充足的氧气和植物杀菌素。

此外，准妈妈还可以在树木之间轻轻地跳跃，或者做一做体操和伸展运动，这些都会增强森林浴胎教的效果。

散步或森林浴之后的足部和小腿按摩

脚底按摩

①捏住每一个脚趾中央的凸起部分，轮流进行按摩和缓慢地旋转。

②以脚趾的顶端作为起点向脚后跟方向推进，再用两手大拇指挤按整个脚底。

③握紧拳头，用第二个手指关节在脚底轻轻地抚按。此动作不可过于用力，仅仅起到刺激的作用就可以达到最佳效果，最后在脚腕周围进行大范围的抚按。

④用以上的方法按摩另一只脚。

小腿按摩

①以放松的姿势坐下，用手掌从上往下轻轻地按摩小腿，再用整个手掌从脚踝开始向膝盖位置抚摸并提拉整个腿部的肌肉。

②用拇指和其他手指的前端以抓捏物体的姿势揉搓整个腿部。

③两手分开一段距离用拧干衣服的姿势轻轻地拧小腿，从脚腕部位开始，到膝盖为止顺次做这一动作。

④在按摩小腿1～3次之后，握拳轻轻地敲小腿。

⑤用整个手掌从下到上对小腿部进行揉搓，让积聚其中的废弃物进入体液并流动到排泄器官中。

游泳胎教

适当的运动可以为准妈妈的生活增添活力，并且能对宝宝大脑的活性化过程产生一定的帮助。在过去医学不甚发达的时候，水曾被当作一种包治百病的药为医生们在救死扶伤时所使用。游泳是一种能够将水的医学功效发挥出来的运动。

准妈妈游泳的好处

让胎儿平静下来

准妈妈游泳时，承载着沉重子宫的肌肉的负担可以极大减轻，子宫也会进入一种放松的状态，宝宝也就能跟着变换到较为舒适的姿势。

缓解疼痛和浮肿

准妈妈的体重在怀孕期间至少会增加10千克，有时甚至能达到20千克以上，这种变化无疑会给肌肉和关节带来更重的负担。如果体重增加过多，准妈妈在走路时会明显地感受到自己的脚腕或膝盖疼痛。

游泳对缓解这种疼痛比其他运动项目效果更好。当准妈妈在水中活动时，浮力可以让其感到身体轻盈，从而减轻了脚腕和膝盖等部位的肌肉与关节的负担。不仅如此，准妈妈腿部浮肿及腰部疼痛等症状也可以得到明显的缓解。

提高顺产概率

游泳具有放松准妈妈的子宫，锻炼肌肉并强化其心肺机能的作用，这些都会提高顺产的概率。许多准妈妈都在学习拉梅兹呼吸法，游泳正好可以使其更加熟练地控制呼吸。

有益于宝宝的脑部发育

准妈妈进行适量运动，有助于生下既聪明又健康的宝宝。游泳可以使准妈妈吸入更多的氧气，从而对宝宝脑部的活性化过程产生帮助。

有些人可能觉得，对宝宝来说准妈妈大幅度的游泳运动会为其带来不好的影响，实际上这种担心是不必要的，在游泳时只要准妈妈注意控制活动的时间和强度，游泳就会对宝宝产生积极的影响。

注意事项

咨询医生

准妈妈应在咨询医生的建议后确定游泳的时间安排。当医生做出准妈妈和宝宝都没有异常情况的诊断时，就可以开始游泳了。

一般情况下，准妈妈应该在子宫进入安定状态的怀孕第16周开始游泳。但是由于个体之间存在差异，即使怀孕的时间已经超过了16周，如果医生觉得还不适合游泳，准妈妈开始游泳的时间就应该向后推迟。

在决定游泳的结束日期时，准妈妈也同样应该尊重医生的建议。大体上说应该在生产前的一个月，即怀孕第9个月停止游泳。

在游泳之前准妈妈应进行细致的检查，以确定身体是否有异常的状况。

当腹部有鼓胀或紧张的感觉、阴道流血、腹泻、发烧以及感到疲倦的情况时，准妈妈不应进行任何的水中活动。

当出现阴道分泌物比平时明显增多、瘙痒等异常状况时，准妈妈一定要咨询医生的建议后再游泳。

控制运动时间

准妈妈游泳的最佳时段是上午10点到下午14点，因为在这一段时间里子宫偶尔才会收缩一次。

准妈妈最好每周游泳2～3次，把每次游泳的时间控制在30分钟到1小时。游泳过程大致可分为准备活动、正式运动和整理运动这几个阶段。在1小时的时间内准妈妈按照顺序进行上述几项活动不会给身体带来过重的负担。此外，以前不会游泳的准妈妈可以酌情减少游泳的时间。

要记住，准妈妈游泳并不是为了提高自己的游泳水平，游泳最大的好处在于利用水的浮力来减轻隆起的腹部给身体带来的负担。准妈妈在游泳时应轻松地进行较为自由的活动与锻炼，若是有腹部绷紧或身体疲惫的感觉，就要立刻休息。

做好准备活动

准妈妈在下水之前一定要记得用温暖的水淋浴，这样可以使身体放松下来，然后做5～10分钟的准备活动，最好再摆动自己的手臂做一些基础体操动作。

若身体已经准备就绪，准妈妈就可以下水进行舒缓的运动了。开始时，准妈妈可以做重复向两侧分腿和弯曲膝盖的动作，同时“呼、哈、呼、哈”地做一些能够帮助分娩的呼吸法练习。

另外，准妈妈在下水之后最好用自由行走或轻轻跳跃的方法使自己的脉搏渐渐地加快起来。

水中运动

游泳时，准妈妈应当进行锻炼肌肉、伸展运动和保持平衡等可以缓解肌肉紧张状态的活动。

即使会游泳的准妈妈，也可以抓住泳道线，在左右浮动的同时进行踢腿练习。练习过程中如果准妈妈感到呼吸急促，可以稍停片刻，等呼吸变得均匀一些再重新开始。

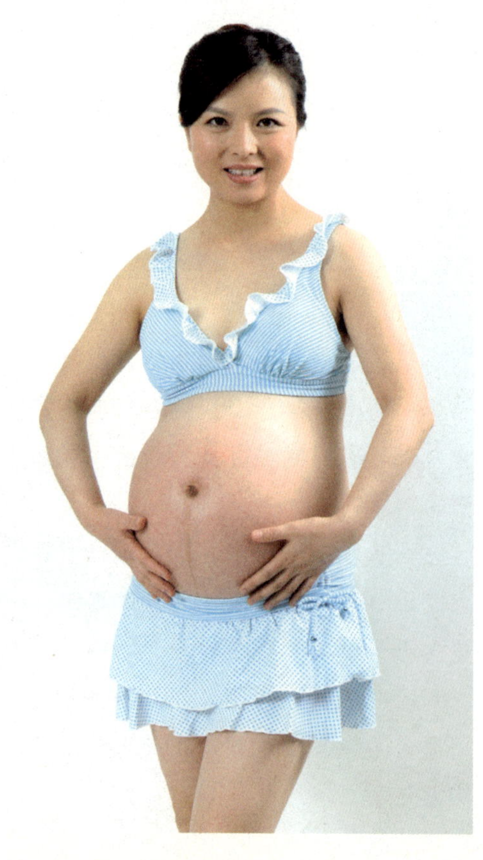

整理运动

准妈妈游泳的最后阶段是进行整理运动，这样可以使运动时加快的脉搏重新减缓下来。

在游泳前后一定要进行准备运动和整理运动，这一点对准妈妈尤为重要。做整理运动时应该伸展自己的胳膊、肩膀和跟腱，从水中出来以后可以做一套简单的体操为整个锻炼过程划上完整的句号。

爱心小叮咛

准妈妈最好在专门为准妈妈提供的游泳场所游泳。因为为了防止准妈妈受凉，专门场所会一直将水温维持在28℃左右。除此之外，还有对准妈妈游泳的细节了如指掌的专家在呼吸法和运动要领上进行耐心的指导。如果无法找到这种场所，准妈妈也可以到离家较近的一般游泳池游泳。

幸福妈妈胎教心得

我怀孕时，身体变得特别重，行动也变得十分吃力。怀孕6个月时，腹部就隆起的特别明显，甚至让我有一种喘不过气来的感觉。当时我就想：这样下去可不行。那会儿恰巧得知了游泳对准妈妈很有好处，于是在不抱太大希望的情况下，我开始了自己的游泳历程。

对游泳的学习也是从怀孕第6个月开始的，由于我家周围没有专门为准妈妈开设的游泳班，所以我就报名参加了普通的游泳培训班，还从网上订购了一套准妈妈专用的泳衣。这种泳衣为腹部隆起的部分预留了足够的空间，而且样式十分漂亮。

学游泳的第一天，我只是在水里简单地走了一圈，不过仅仅是这样也给自己带来了很大的喜悦和快感。好像千斤重的身体突然变得十分轻盈，让我几乎忘记了自己是一个准妈妈。尽管在一开始游泳的时候我有些担心，但很快我的担心就被满足感取代了。

身边一起学习游泳的女性和教练都对我十分照顾，这使我的游泳经历变得非常愉快。我一直游了3个月，在怀孕第9个月才停下来，这主要是考虑到临近预产期，避免出意外。

在游泳的那段日子里，我的腰部和膝部疼痛明显减轻了，呼吸也变得更加自然起来，最后我顺利地产下了自己的宝宝。

瑜伽胎教

无论是在东方还是在西方，瑜伽正受到人们前所未有的广泛关注。随着人们对健康的关心程度不断上升，瑜伽的热度也变得越来越高。瑜伽从古印度流传而来，至今已有五六千年的历史。瑜伽一词在梵语中的意思是“通向完整自我的道路”，这项运动的主要内容是冥想、呼吸和简单的动作，并把达到“结合、调和、均衡、统一”作为它的根本目的。

瑜伽对女性，尤其是对准妈妈的意义是不容忽视的。它不仅有利于准妈妈的身体健康，还能在让准妈妈的内心变得平和的同时起到改善宫内环境的作用。

瑜伽的修行方法大致可以分为三类，那就是使身体得到锻炼并往健康方向发展的运动法，强化生命力的呼吸法，以及净化人的心灵并带来内在平和的冥想。

瑜伽胎教的优点

带来身心的宁静

由于瑜伽能够让紧张的身体变得柔软而放松，还能使身心进入安定的休息状态并给人带来内在的宁静与平和，所以它受到了生活在复杂社会当中的现代人的普遍欢迎。

正是因为具有这样的意义，瑜伽才能够称得上是一种对准妈妈很有好处的运动。印度人在古代就发现瑜伽可以使准妈妈的分娩变得顺利。

运动法是借助瑜伽体操来均匀地伸展骨骼、肌肉等各个部位，从而起到锻炼整个身体的作用。

呼吸法是通过吸入和呼出等调节呼吸的手段来积蓄气息，在给身体带来活力的同时让内心变得平静。

冥想法要求端正心态，通过冥想变成自己心灵的真正主人，从而让自己的生活变得轻松而自由起来。

瑜伽胎教正是采用了这三种方法使准妈妈的身体保持各方面的平衡和稳定，并保持良好的状态。

舒缓压力

女性在怀孕之后要经历许多身体上和精神上的变化。血液循环量的增加导致准妈妈的心脏负担变重，骨骼与肌肉重量的增长也给关节带来了更多的压力。除此之外，准妈妈的神经和感觉系统也变得极为敏感，这会导致其很容易发生情绪上的波动，并受到各方面压力的困扰。

准妈妈进行瑜伽胎教将获得明显的帮助。通过运动、呼吸和冥想可以为体内的各种活动带来最高效率，从而维持身体和内心的轻松感觉。瑜伽不仅可以给准妈妈带来能量，还可以使准妈妈有效地保存和运用能量。

利于宝宝的成长发育

准妈妈的健康与宝宝的健康息息相关，进行瑜伽胎教可以确保宝宝在母体中有足够的活动空间，这一点会对宝宝的成长及其头脑发育产生直接的正面影响。

冥想和呼吸可以使准妈妈的精力变得十分充沛。此外，准妈妈通过瑜伽体操使身体内部的气息流动、顺畅之后，这些气息也会对宝宝的脑部发育产生积极的作用。准妈妈的身体若能保持清爽、舒畅，宝宝也会在腹中感受到准妈妈的安定情绪并健康地成长。

帮助准妈妈发挥潜能

怀孕会给准妈妈带来腰痛和浮肿等烦恼，练习瑜伽则能很好地预防和缓解这些症状。

怀孕后，准妈妈在感到身体疲倦的同时会有一种兴奋感和责任感。瑜伽可以让准妈妈迅速地适应怀孕带来的身心变化，并帮助其最大限度地发挥出自身的力量。

利于自然分娩

分娩影响到女性一生的健康，所以如果不是医学需要，应当尽量避免剖宫产手术。

瑜伽的一大好处就是可以对自然分娩起到诱导的作用，甚至还可能成功地实现无痛分娩。这是发生在许多准妈妈身上的事实。

练习瑜伽还可以为准妈妈产后的恢复和以后的健康打下基础。

怀孕各时期的瑜伽胎教

器具

一张可以用双手抱住的薄坐垫和一块普通大小的手绢。

服装

准妈妈应该穿可以让自己感觉舒适的纯棉且宽松的衣服，最好赤脚进行练习，取下身上所有的饰品。

注意要点

1.所有的动作都要根据身体的状况慢慢地进行。

2.摆好姿势以后，要深深地、均匀地呼吸。

3.要告诉自己：只有诚心进行练习才能够给宝宝带来更多的活力，在站立姿势下做动作时要特别注意身体的承受能力。

4.感到吃力时可以减小动作的幅度，并用增加次数来弥补效果。

5.不可用力压迫腹部。

6.用餐3～4小时后再开始练习。

7.练习瑜伽的最佳时期是在怀孕4～8个月，最好询问专门教练的建议之后再练习。

准备运动

准妈妈在进行瑜伽胎教之前应该做一些准备运动，这能够促进血液循环，让体温上升并使肌肉变柔软。准备运动可以使身体很轻松地适应瑜伽的姿势，并避免肌肉痉挛的突然发生。

转动颈部

让自己的耳朵碰到肩部为止，让颈部缓缓地向左边旋转几圈。在此过程中要保持双眼一直睁开，并使眼球和自己的视线也跟着颈部一起转动。随后向相反方向继续转动。

由于这个动作可能引起头晕，所以最好坐下来慢慢地做，此外紧闭嘴唇也可以提高锻炼的效果。

手与手腕的运动

肘部稍稍弯曲，重复握拳和松开的动作10～30次，这样做可以促进身体的血液循环和能量循环。

轻握自己的双拳，手腕向左侧旋转10～20次。然后换方向重复这一动作。

松开握住的拳头，就像要甩掉手上的水珠一样快速地向下面、上面和侧面甩手。

这样做可以解除手指和手腕的疲劳感觉。

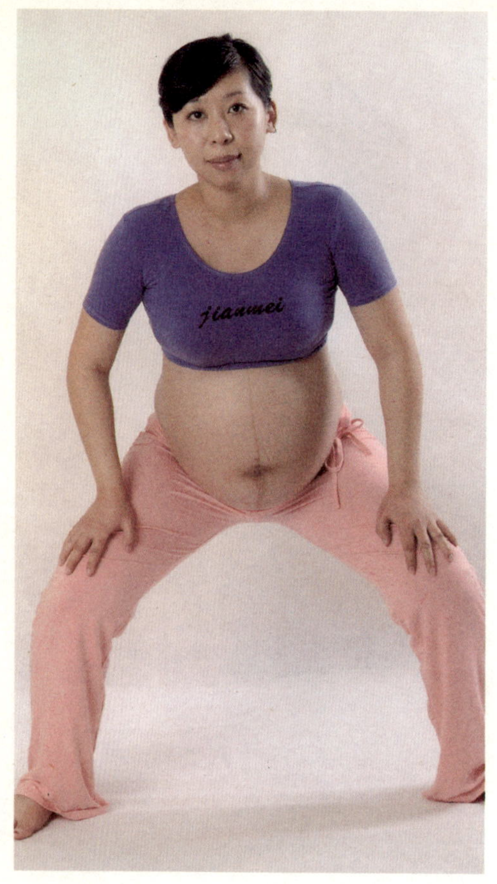

膝盖

两脚分开与肩同宽，保持站立姿势。

两手各自抓住同侧的膝盖，重复做呼气时坐下、吸气时起立的动作。

转动腰部

两脚分开，与肩同宽，保持站立姿势。

两手叉腰，腰部和臀部向两侧来回摆动，注意在摆动出去的时候呼气。

脚趾与脚腕

两脚分开，与肩同宽，保持站立姿势，抬起左脚脚跟并转动脚腕。

用同样的方法转动右脚脚腕。

孕早期

调整坐姿

1. 采取舒适的坐姿，自然挺直上身并保持肩膀和颈部的放松。

2. 两手交叉在一起，然后高高地举过头顶。此时手掌心应朝向正上方。

3. 在呼气的同时使肘部靠近耳朵并完全伸直，让包括手掌在内的整个手臂都得到拉伸。

4. 均匀地吐出气息并保持几秒钟静止，注意下巴不要向前伸出。

5. 慢慢地放下胳膊并分开交叉着的手指，把双手搁在膝盖上让其彻底放松下来。

功效

可以使准妈妈胸部、腹部和骨盆的全身肌肉变得柔韧而有力，增加肺活量，能够减轻骨盆所受的压迫，强化骨盆。

舒展骨盆

1. 将两腿伸开后坐下，保持脊柱挺直。

2. 双脚并拢，两手交叉握住双脚，脚后跟抵住自己的会阴部。

3. 伸展脊柱，远望前方或注视自己的鼻尖，均匀地呼吸并保持平静的状态。

4. 在这一状态下让膝盖接触地面再恢复原位，重复这种一上一下的动作。

功效

每天坚持花几分钟练习这种坐姿，可以有效地减轻准妈妈分娩时的痛苦，还可以维持其肾脏、前列腺和膀胱的健康。

彻底休息

1. 平躺，轻轻地闭上双眼。

2. 双臂自然地放在身体的两侧，手掌向上。

3. 自然地分开双腿并保持放松，保持笔直的平躺姿势，头部、臂部或腿部不要向一侧歪斜。

功效

准妈妈晚间练习这一动作，可以很快消除一天的疲劳感觉。为了让神经和肌肉感到舒适，要尽可能地放松身体所有的部位。

孕中期

牛首姿势

1. 跪起膝盖，坐下。

2. 举起右臂，曲起右肘，越过肩部之后在背后拉住左手。

3. 在呼气的同时双手相互对拉，然后保持均匀的呼吸15～20秒钟。

4. 慢慢地松开双手，左右手互换之后继续互拉。

5. 通过提肩和沉肩来放松身体，同时保持均匀的呼吸。如果两手互拉很困难，可以抓住手绢或丝带来完成此动作。

功效

可以提高准妈妈胸部肌肉的弹性，有利于日后的哺乳，可以增加肺活量，增强肺部功能。

向侧面俯身

1. 双腿向两侧伸展后坐下。

2. 双臂举过头顶，吸气。

3. 在呼气的同时向前俯下上半身，用手绢或丝带挂住脚底向身体方向拉。

4. 让膝盖窝尽量贴近地面，在均匀呼吸的同时保持不动。在不压迫下腹的情况下伸展背部，注意用力不要过于勉强。

5. 缓缓抬起上身并让呼吸变得匀称，彻底地将身体放松下来。

功效

刺激准妈妈的整个腹部以缓解消化

不良、食欲不振及便秘等不适，利于减少下腹部的多余脂肪。

小幅度的倾斜

1.左腿向里侧弯曲，右腿向外侧弯曲。

2.两手交叉，举过头顶，仅让上半身往左边转动。

3.两手在脑后保持交叉的姿势，然后向右倾斜。

4.向头部上方拉伸交叉的双手并向后倾斜身体。

功效

可以增强股关节的柔韧性，减轻腰部和臀部的疼痛症状，并能够以腰部为中心，缓解整个背部的紧张与疲劳。

孕晚期

蝙蝠姿势

1.两腿完全伸直，尽最大可能向两侧分开，舒展脚后跟，同时保持腰部挺直。

2.一边吐气一边让双手接近两侧地面，然后上半身缓缓向前俯下。

3.保持均匀的呼吸，持续10～20秒。

4.吸气的同时再缓缓抬起上半身。

5.两腿慢慢并拢，休息片刻。

功效

可以增强准妈妈的腿部内侧和后侧的肌肉，缓解其肌肉疼痛和肌肉痉挛的症状，增强其骨盆的柔软性，并使其肝脏和肾脏的机能保持正常。

猫势

1.手掌与膝盖着地，摆出爬行的姿势。双手之间和双膝之间都要保持与肩同宽，尽量使手臂和大腿都与地面形成90度角。

2.一边吸气一边向后弯曲颈部，在注视屋顶的同时腰部自然下陷，臀部保持向上顶的姿势。

3.伸直手臂的同时手掌和膝盖用力，持续做向下推的动作。

4.在吐气的同时低下头并曲起肩部，摆出注视自己腹部的姿势。与此同时将腹部往背部方向牵拉，让肌肉产生一定的收缩。

5.慢慢地恢复正常姿态，再重复进行第3～5步。

6.跪起膝盖坐下或用其他的舒适姿势放松身体。

功效

怀孕之后，变大的子宫一直压迫着准妈妈骨盆的血管和腰椎，此动作可以改善这一情况，并促进其腿部和肾脏的血液循环。

还可以强化准妈妈腹部和脊柱附近的肌肉并促使其均衡发展，从而有效地支撑子宫的重量。

放松腿

1.垫高背部，在肩膀或头的下面垫一个垫子平躺。

2.把腿搁在墙壁上让其与地面呈45

度角，注意不要让背部太过僵硬，手臂可以放在身体的两侧或向外平伸。

3.保持这一姿势几分钟，但不要让脚有发凉或者发麻的感觉。

4.闭上眼睛，舒服而有节奏地进行呼吸。

功效

促进血液循环，使准妈妈肿胀而疲劳的臂部和腿部得到放松，还能自然地伸展腰肢，预防腰痛。

幸福妈妈胎教心得

由于自己平时一直没有中断过瑜伽的练习，所以我遵照教练的建议从怀孕的初期就开始练习孕妇瑜伽，并一直坚持到了怀孕的后期。

由于我的丈夫也是瑜伽爱好者，所以我们常常在家一起练习，并围绕身体和瑜伽等话题进行了大量的讨论。许多人都说在怀孕之后与丈夫的关系似乎变得疏远了，可能是由于练习瑜伽的关系，我们两人之间反而有了许多新的话题，关系也变得越发亲密起来。

我怀孕的时候，年龄已经不小了，所以在能否顺产这个问题上着实有那么一点担心，但是在练习瑜伽的过程中这种恐惧感一点点消失了。教练给我讲了许多呼吸的要领，告诉我呼吸是自然的镇定剂，只要掌握呼吸就可以让一切都变得轻松起来，于是我非常努力地练习用鼻子吸气，再用嘴呼气的正确呼吸方法。

说来也怪，在分娩的时候我还真的没有出现很剧烈的阵痛，在疼了3个小时以后就把宝宝生了下来。我的宝宝生下来时体重6千克，身体健康。宝宝在出生之后一直显得特别活跃，还没到100天时就经常做出向侧面翻滚和往后翻跟头的动作。尽管他还小，还不怎么会控制自己的动作，但是这出色的运动天赋却似乎是从胎儿期学会的。

孕妇普拉提

普拉提是一种在20世纪初由一个叫约瑟夫·普拉提的人发明的运动方法。它不仅能够纠正练习者不正确的姿势和习惯，以保持人体各方面的均衡，还可以给人的内心带来平和的感觉。这项运动能够给压力过大的现代人，特别是能给准妈妈带来很大的帮助。

让全身得到舒展

普拉提的特点是并不追求让肌肉得到运动或强化，而是强调让整个身体得到全面的舒展。

普拉提与健美操等其他锻炼方式的不同之处在于，它要求练习者在移动脚步或肩部的时候完全集中自己的注意力，还强调让横膈膜进入规律的活动状态以及掌握正确的呼吸方法，从而使气息变得更加匀称。

坚持练习普拉提可以使全身的骨骼变得更加稳固，并让紧张的肌肉放松下来，从而达到让整个身体更加健康的目的。

使身心变得平静

在怀孕之后，激素分泌量的增多使准妈妈在生理上和心理上发生一系列的变化，随后会出现乳房体积变大，产生恶心感觉等非常明显的症状。

这些身体内部的变化其实是为怀孕和分娩而做的一种准备，所以准妈妈应该把注意力转移到即将出生的宝宝身上，从而让自己的心情愉快起来。普拉提和瑜伽、游泳和散步这些运动一样可以让准妈妈更好地适应身体的变化。

为准妈妈设置的普拉提课程着重强调身体的舒张、休息和调和，在让身体和内心变得平和这一方面，它将起到比其他任何运动都更为明显的效果。

保持正确的姿势

普拉提强调的就是保持正确的姿势，这一点对准妈妈来说尤为重要。

正确的姿势可以解除准妈妈的肌肉紧张感觉，还能够使准妈妈的血液循环变得更加通畅，并促进其自由神经发挥作用。

在练习普拉提的过程中若姿势不正确，将不会得到任何的锻炼效果。

向医生咨询

准妈妈在运动前一定要先咨询医生，运动过程中应该注意避免过量或幅度过大的运动。

准备活动

普拉提的准备活动与其他运动的准备活动有很大的区别，其目的并不是舒张和收缩自己的肌肉并让脉搏数上升，而是要让整个身体变得平静并进入协调的状态。

1.膝盖与墙壁保持15～20厘米的距离，并倾斜地站立，两脚分开与肩同宽，用脊柱靠在墙壁上。

2.头部稍稍抬起，颈部挺直，两臂自然下垂。

3.在站立的同时让肚脐和脊椎之间产生互相吸的感觉。

4.深深地吸一口气再呼出，向上牵拉骨盆的肌肉，下巴下降到胸部的位置（这样颈部和背部都会有向上舒张的感觉，此时手臂可以轻微地自然摆动）。

5.彻底地向前俯下身去，让臀部贴住墙壁，手臂和头自然地垂向地面（身体在下垂的过程中可以得到舒展并松弛下来，呼吸也会在一段时间内保持非常自然的状态）。

6.在呼气的同时确认肚脐是否在向脊椎方向推进，向上紧拉骨盆的肌肉，再次舒展骨盆与背部之间的肌肉。

7.在站立的姿势下慢慢转身，舒张背部的同时让肩膀自然下沉。

8.重复整套动作3次。

在做完准备运动之后，准妈妈的身心会变得平和起来，所有的注意力都会集中到自己的身体上。这时就可以开始慢慢地、小心地进行运动了。准妈妈如果在活动的过程中有疲劳的感觉，应当立刻停止运动并进行充分的休息。

孕早期

考虑到流产的危险，准妈妈不应在孕早期进行负担过重的运动。

挤按枕头

1.平躺，脚底着地。把一只枕头或垫子放在竖着的膝盖当中。

2.确认是否缓解了肩部和颈部的紧张程度。

3.如果不太舒服或者颈部有沉降感，准妈妈可以在脖子下垫一个较小的枕头。

4.运用腹式呼吸的方法（在吸气的同时应该有一种骨盆的肌肉被牵拉起来的感觉，在呼气的时候应该感到肚脐和脊柱相互吸），同时使劲推挤膝盖之间的枕头（身体的其他部位保持不变，而仅对两个膝盖用力）。

5.再次吸气的同时用膝盖轻轻地夹住枕头。

6.将此套动作重复10次。

孕中期

在孕中期，准妈妈的身体已经出现了腹部渐渐隆起等非常明显的变化，孕早期出现的孕吐、疲乏等症状也已逐渐减轻或彻底消失。此时，准妈妈可以做一些伸展、蹲坐动作，若感到疲倦或不舒服则应立即停止。

伸展四肢

1.平躺，左腿伸直，右腿曲膝。

2.右臂向上伸出，左臂自然地放在身体左侧。

3.开始进行腹式呼吸。长长地吸入一口气，在呼出的时候双臂和双腿的姿势分别互换。

4.重复5～10次。

蹲坐

1.把一个体积较大的垫子靠墙放在地面上。两腿分开与臀部同宽，并靠墙站立。

2.在吸气和呼气的过程中曲起膝盖，顺着墙壁慢慢地坐到垫子上面，在臀部碰到垫子的那一刻把双手放在两膝上，用这样的姿势进行休息。

3.保持以上的姿势1～2分钟，将身体的重量集中在下部，完全放松腰部，深深地吸一口气再呼出，在保持背部靠墙的姿势下缓缓起身（注意：在胎位为臀位时不能采用这样的姿势）。

孕晚期

很多准妈妈在孕晚期都会感到呼吸不畅和异常疲惫，并且会经常出现手、足、脚腕浮肿的现象。在这一时期，轻柔的运动和摄取充足的水分会减轻浮肿症状。

坐立抬腿

1.靠墙而坐，两腿向前伸直。

2.在右腿下垫两个枕头，左脚紧贴地面并屈起左膝。

3.慢慢地完全伸直右腿，并继续尽力拉伸。

4.保持脚趾向上并对脚后跟用力。

5.让腿放松下来，并舒适地放在枕头上面。

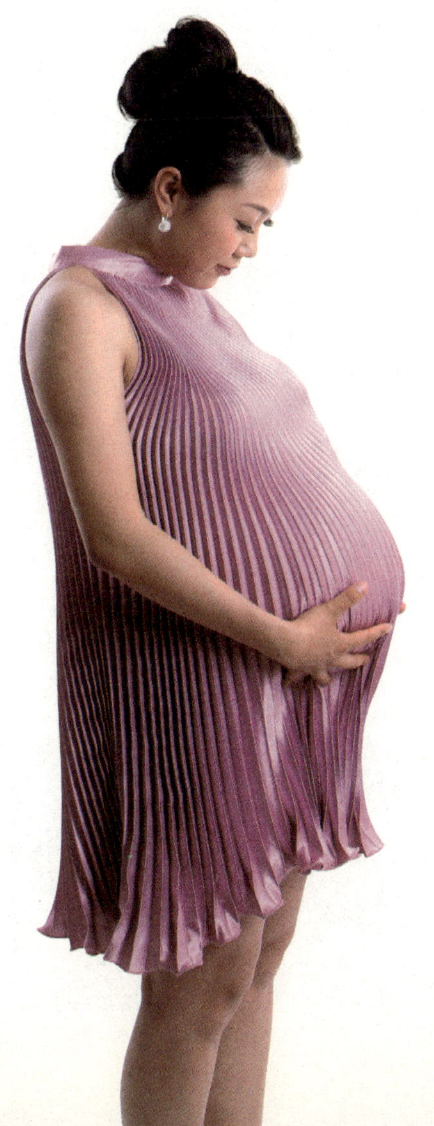

6.重复10次上述动作。

7.换另一只腿做同样动作。

仰卧抬腿

1.用垫子垫住头部，尽量让自己的臀部贴在墙壁上。

2.保证背部处于舒适状态后，在尽可能的范围内让双腿自然伸至墙的上端。保持这一姿势5分钟。

3.双腿向两侧分开，直至起到拉伸的效果为止，注意不要太过吃力。保持这一姿势5分钟。

爱心小叮咛

1.运动前先咨询医生。

2.有规律的运动，1周3次比较合适。

3.认真完成准备活动和整理活动。

4.怀孕时运动能力会有所降低，要随时注意自己身体发出的信号。

5.保证营养，怀孕期间每天应该多摄取300千卡的热量。

6.穿较为舒适的衣服进行运动，饮用大量的水。为了防止脱水，最好不要在天气湿热的时候进行运动。

7.运动结束之后向左侧躺下并保持这一姿势15～20分钟。

8.任何时候都不要让自己的呼吸过于急促，以免造成供氧困难。

清静胎教法

清静胎教迄今为止已经有数千年的历史。古代中国周朝的太任王后曾刻苦修炼8个月时间，最终生下了聪明而又仁慈的周文王。太任王后所修炼的内容其实就是适合准妈妈学习的清静法，她的行为就是我们常说的胎教。

优点

正是因为周文王的母亲太任口中不说污言，脑中不想邪念，修炼身心，认真胎教，才最终诞生了文王这样的一代明君。人们将这种传统的胎教与现代的胎教理论相结合，总结出了一套适合准妈妈的身心修炼法——清静胎教法。

清静法真的可以解除准妈妈心中的不安、忧郁以及身体的各种不适症状吗？有一个精神科的医生曾经以45名准妈妈为对象进行过调查及研究。在观察了这些准妈妈在学习清静法之前、学习2周之后以及学习4周之后所出现的反应后，他得出了清静胎教能够对准妈妈身体和精神的健康产生实实在在的正面影响这一结论。

在采用清静法4周之后，准妈妈曾出现的压力过大、便秘、腰痛、失眠等情况得到了明显的好转。这个医生认为，不适症状的消除是柔软体操所起到的效果，精神上的好转则要归功于冥想和呼吸在运气方面所产生的积极作用。

修炼身心

清静法可以引导准妈妈的身心，使其在身体上和精神上同时保持着健康的状态。

学习清静法以后，准妈妈就可以较好地应对怀孕和分娩过程中身体所产生的所有变化，也可以渐渐消除分娩的恐惧感，从而变得积极、爽朗起来，这会让准妈妈以一种平稳的心态顺利地度过整个怀孕阶段。

清静法不仅可以通过调整准妈妈的身心起到胎教的效果，还可以对分娩过程和产后休养等环节产生很大的帮助。

优化子宫内环境

宝宝出生后具有的品性和气质在一定程度上决定于子宫内环境的好坏。如果准妈妈在怀孕期间修养内心，就一定会使子宫内环境得到优化，并给宝宝带来许多好的影响。

促进交流

清静法可以引导准妈妈的身心，使准妈妈和宝宝之间很快建立起自然的、深层次的交流，并对宝宝的品性以及大脑机能的发展提供帮助。

缓解孕期不适

练习清静法能够消除腰痛，并能减轻四肢酸软、手脚冰凉、腿部浮肿、消化不良和便秘等症状，准妈妈的情绪会很快变得安定下来，失眠和头痛等症状也会得到明显的改善。

进行清静胎教法的准妈妈，练习1个月后就会发现自己沉重的身躯变得轻盈起来。

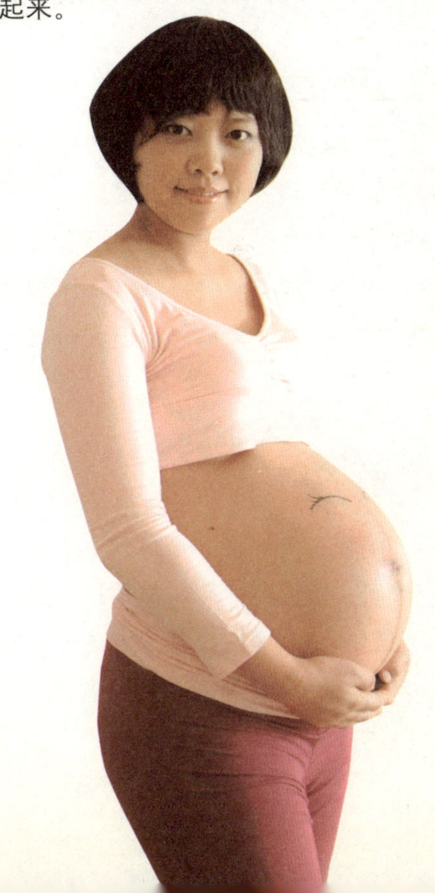

减轻分娩疼痛

许多练习清静法的准妈妈在分娩时都只经历了很少的痛苦。事实上，呼吸法和松弛法可以促进大脑中氨多芬的分泌，这不仅能够减轻疼痛，还能加速分娩过程，这样一来阵痛的时间也就自然减少了。

练习时间

清静法要练习一个月以上才可以看到效果，所以最好从怀孕第16周起一直练习到分娩。准妈妈每天应该练习30分钟到1小时，也可以根据自己的身体状态适当进行选择。

练习场所

如果准妈妈一个人在家练习，往往不能及时纠正自己的错误，因此最好去附近的健身房与别的准妈妈一起练习。这样做不仅可以得到别人的点拨和指正，使练习变得更加顺利，还能够跟别的准妈妈互通有无，一起愉快地度过整个孕期。

学会“运气”

所谓气，是一种能够涵盖宇宙基本信息的能量，在这里气指的也就是促进人体新陈代谢并维持生命活动的原动力。通过呼吸法就可以对气进行操控和调节。

人类得病的根本原因大多是由于体内的气以及血液循环不畅造成的。身体里的气长时间在一个地方停滞不前，就会造成疾病的发生。懂得调节气可以使身体和心灵受到净化，从而达到维持身心健康的目的。

清静体操

准妈妈在练习清静体操时一定要舒展眉梢并面带微笑，可以选择舒适的姿势坐下，同时要注意伸直腰部，正视前方，下巴略微向里收。

在呼吸法上主要采用自然的呼吸方式，有时也要根据情况做出深呼吸的动作。

清静体操可以使人体从大地吸收地气，从天空吸收天气，从而达到天气、地气、人气融和的效果，能够让全身的气息流动顺畅，并提升身体的自然治愈能力。

卧姿

此套动作最好在怀孕的第16～32周期间练习，如果准妈妈的身体不是特别沉重，也可以一直练习到怀孕的后期。练习躺着做的体操动作能促进全身的血液循环，并能够强化腰部力量，还能预防和治疗腿部的浮肿。

两腿一起上抬

1.双手垫住头部，两腿一起上抬，尽量弯曲到胸部位置与胸口接触。

2.收起脚后跟，让脚尖尽量绷直。

效果：促进腿部的气血循环，减轻腿部浮肿和心律不齐的症状，还可以强化腰部肌肉，增强子宫的收缩能力。

双腿轮流上抬

1.平躺，弯曲左腿。

2.抬起右腿与身体呈90度角，与此同时用双手垫住头部。

3.尽可能长时间地保持这一姿势，然后把腿放下来休息片刻。

效果：预防并治疗腿部浮肿，强化内脏器官并帮助消化。

坐姿

这套动作准妈妈可以从怀孕初期一直做到分娩之后，并且最好和准爸爸一起练习。练习“坐行”可以增加准妈妈的肺活量，从而给宝宝带来充足的能量供给，不仅有益于宝宝的健康成长，还能够使准妈妈的消化和排泄恢复正常，手脚渐渐温暖起来，心情也会变得更加愉快。

双手推门

1.双臂分开与臀部同宽，举至肩膀的高度。

2.双手手掌向前方完全张开。

3.一边收缩手臂一边长长地吸气，在伸直手臂的同时再将气息呼出。

4.重复以上动作4次。

效果：让内心安定下来并使腰部变得更加结实。对伸展准妈妈的骨盆也具有一定的好处，还可以疏通全身的气血，给胎儿带来充足的氧气。

叠手

1.两手手指交叉向前推。

2.向上举起交叉的双手，再移动到头部后面。

3.头部向后倾。

4.重复以上动作2次。

效果：疏通上半身的气血，帮助消化，强化肾脏的机能，解除腰部的疼痛。

站姿

此套动作准妈妈可以从怀孕的中期一直做到怀孕的末期，能使大腿和骨盆变得结实，并能够促进全身的气血循环，提高顺产的概率。

四肢运动

1.双脚分开与肩膀同宽。

2.右臂在头部右侧向上伸直，手指朝向天空。

3.左腿向前迈步膝盖弯曲成90度角。

4.两侧的手臂和腿轮流做，各重复5次。

效果：促进血液循环和新陈代谢，强化腿部肌肉和骨盆腔，提高顺产概率。

扭转腰部

1.双臂向两侧伸展，腰部慢慢地朝右侧转动。在此过程中用左手扶住右肩，右手则贴在左侧肾脏所对应的位置上。

2.屈膝，让整个身体的重心下移。

3.双臂向两侧伸展，腰部朝左侧转动。在此过程中用右手扶住左肩，左手贴在右侧肾脏所对应的位置上。

4.屈膝，让整个身体的重心下移。

5.这一动作向左右两个方向各重复5次。

效果：松弛肩部的肌肉以减轻准妈妈肩膀酸痛的症状。在保护肾脏的同时缓解腰部肌肉的紧张状态，使腰痛症状得以消除。

膝胸卧位

在腰痛现象严重或胎儿处于臀位时做这一系列动作可以获得很好的效果。

头部下垂

1. 两膝弯曲，双手分开与肩同宽。

2. 双手撑住地面。

3. 将背部调整到水平位置，头部深深下垂。

效果：稳固宝宝的位置，缓解准妈妈肩、背部的压力并促进血液循环。

拉气法

1. 两手的手掌在肚脐上方10厘米的位置合并，再分开。

2. 重复进行。

效果：在短暂的时间内将宇宙中的元气汇集到准妈妈的身体之内，增加对宝宝的氧气供给。

补肾功

1. 两手摩擦至发热。

2. 把两手分别按在肾脏所对应的位置上。

效果：使能量通过准妈妈的肾脏传递给子宫内的宝宝，可以改善宫内环境，促进胎儿的健康成长。

走姿

1. 在空气清新的地方慢慢走动。

2. 走动的同时重复将手掌向内弯曲再向外展开。

效果：可以将清新的空气传递给宝宝，提高宝宝的供氧量。适量的行走能够强化准妈妈腿部的肌肉并放松骨盆肌肉。

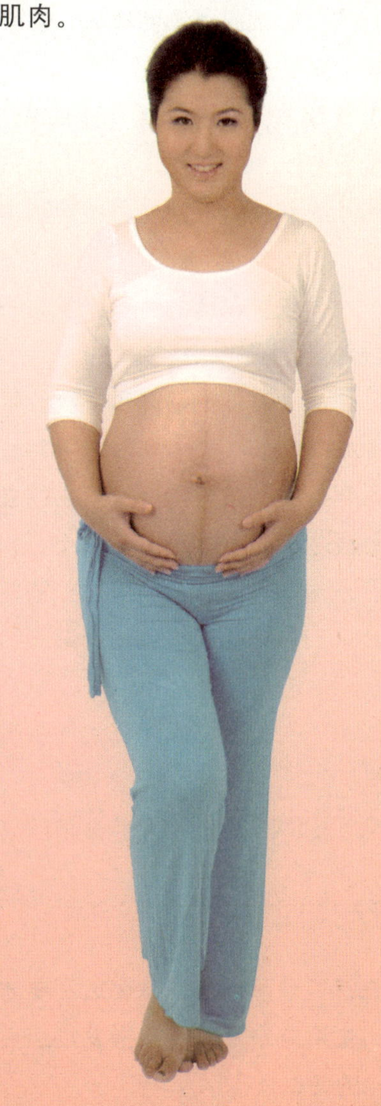

冥想

在平躺的姿势或坐姿下都可以进行冥想。冥想是一种解除内心不安与混乱，寻找真正自我的过程。在怀孕阶段练习过冥想的准妈妈所生下的宝宝懂得进行自我调节，也很少会对外界的事物产生害怕的情绪。

1.采用平躺或侧卧的姿势，舒展眉梢，面带微笑。

2.让颈部、肩膀、手、腿和脚都完全放松下来。

3.让头脑保持一片空白，即集中注意力。

4.想象宝宝俊俏的面容以及其长大成人以后的模样。

5.想象大自然的清静和广袤，可以想象大海、森林和清澈的河水等事物。

6.再次将头脑内的所有景象抹去，让身心都进入清静的状态。

7.忘却猜忌、嫉妒、厌恶、欲望等一切念头，静静地观察自己清澈而纯净的内心。

效果：可以使准妈妈更快地从恐惧感中解脱出来，使孕期生活变得轻松，并使准妈妈更好地忍受分娩时产生的阵痛。

结束操

在练完清静操或冥想之后不要忘记收尾。主要方法是双手互搓发热之后摩擦自己的脸或耳朵。

抚摸脸颊可以增加面部皮肤的弹性，起到美容的效果。

梳头可以促进血液循环，使血压变得安定，还可以起到治疗头部疾病和提升智力的效果。

抚摸耳朵可以对全身起到积极的作用。

抚摸大椎穴（大椎穴在第七节颈椎，也就是弯下颈部时位置最高的那节颈椎的下端）可以预防并治疗感冒，对支气管和肺也有很大的好处。

仙鹤点水（头部先向后倾斜，再往前伸，让自己的下巴在空中画圆）可以辅助治疗颈椎和胸椎的疾病，并能放松颈部和肩部的肌肉。

爱心小叮咛

1.做操前后不要进食。

2.做操之前的一餐不要吃得太饱。

3.做完一套动作之后休息1个小时左右，然后再进行另一套动作。

4.要注意避免让身体在某一瞬间过于吃力。

5.在腹部疼痛或有所不适时要立刻停止运动并改为进行自然的冥想。

6.要在精神上与宝宝融为一体，并带着自己对其的深深爱意去完成每一个动作。

7.做动作时出现暂时的疼痛感觉属于正常现象，如果疼痛一直持续到运动之后，则说明身体承受了过重的负担，一定要将运动量控制在合适的范围之内。

幸福妈妈胎教心得

我直到35岁才怀上了第一个宝宝。身边的人都提醒我：作为一个高龄准妈妈要在各方面多加注意。高龄准妈妈在怀孕的时候很容易患上妊娠期高血压等疾病，生下的宝宝体重过低或患有唐氏综合征的概率也比一般人高，再加上自己的身体较为纤弱，我真的很担心分娩时会遇到很大的困难。

随着对怀孕知识的了解不断加深，我心里不安和焦躁的感觉反而越发严重了。我真不知该怎么办才好。在这个时候，身边的人向我推荐了清静操。当时我也只是抱着试一试的心态开始学习，却没想到它真的帮了我的大忙。

从怀孕第5个月起一直到分娩的前一天，我一直坚持清静操的练习。渐渐地，我发现自己的身体一天比一天轻盈，不安的情绪也很快消失了，取而代之的则是一种安定的感觉。

清静操是一种很轻松的活动，它对于平时不怎么运动的我来说十分合适。在冥想的时候我可以感受到自己身上不安和焦躁的情绪在逐渐消失，内心进入到一种极为平和的状态。

我还经常和丈夫一起在家中做一些简单的清静操动作。我的丈夫虽然并没有对清静操抱太大的期望，但是看到我的状态的确在越变越好，他的态度也逐渐发生了转变。

在分娩的那一天，我突然感觉到一种比月经时稍微强烈一些的阵痛，其程度还在不断地加深。于是我急忙去了医院，结果不到1个小时就把宝宝生出来了，这让医生都感到大吃一惊。我的宝宝出生后无论是在饮食上还是在睡眠上都十分健康，生活也相当具有规律，这让我觉得非常轻松。

体质胎教

一个人的体质主要是由先天因素决定的，体质是一个包括身体、精神以及其他各方面特征的综合概念。应该根据不同准妈妈的不同体质确定具体的胎教方案。对准妈妈来说，了解自己的体质并找到相对应的胎教法是生下既健康又聪明的宝宝的重要前提。

根据体质选择合适的胎教方法

四象医学将人的体质分为太阳、太阴、少阳和少阴四种。虽然人的体质被分成了四种，但很少有体质完全符合某一种体质的人，最好不要把自己完全和某一种体质挂上钩。四象医学也同样强调，人应该在了解自己生理和心理的优缺点的基础上，不带任何偏见地进行身心的保养与调理。

体质胎教中最重要的一件事就是准确了解自己的体质。随着人们对体质问题的关注，社会上流传着各种检测体质的简易方法。尽管如此，咨询医生并得到准确的诊断才是了解自己体质的最佳途径。

太阳体质

太阳体质的准妈妈总是给别人留下孩子一般的印象，她们的某些举动在别人看来就像是不懂事。尽管如此，她们总是以乐观的态度来对待一切事物。太阳体质的人体内的阳气一直充斥到颈部以上，因此她们的大脑往往相当发达。

由于体内阳气过多，太阳体质的准妈妈的子宫往往较为虚弱，不仅受孕的概率比其他人低，还很容易流产，因此在怀孕的早期应该多加注意，感到身体疲倦时就躺下来静静地休息，以安定自己身心的状态。

尽管太阳体质的准妈妈的肺部机能十分强健，但是她们的肝脏常常比较虚弱，在造血过程中很容易出现问题。

除此以外太阳体质的准妈妈体内的元气流动往往不太顺畅，腰部下端也常有不适，所以平时一定要多加注意。

胎教法

太阳体质的准妈妈情绪变化大，还很容易感到焦躁和忧郁，可以通过经常去参观展览或欣赏文艺演出，静静地思考或读书等方法使自己有安定的感觉。当然，准爸爸的爱意与关心也是尤为重要的。

太阳体质的准妈妈兴趣十分广泛，因此音乐胎教和美术胎教能够对其产生很大的帮助。对于具有强烈的进取心和独创精神的准妈妈来说，可以在欣赏名画之余自己动手进行绘画创作。进行音乐胎教时，准妈妈不必仅选择古典音乐，只要是自己喜欢的音乐都可以当作胎教的素材。

子宫较为虚弱的太阳体质的准妈妈可以尝试使用腹带，这被称为“固胎良法”，可以从怀孕第5个月时开始使用。在使用腹带时要注意不要扎得太紧，扎好之后还要记得偶尔解开来放松一下。准妈妈将腹带围绕着自己的腰部包裹起来，并随着宝宝的月龄变化逐渐调整。到临近分娩的时候就不要使用腹带了。

养生法

太阳体质的准妈妈的肝脏功能较为虚弱，应该避免摄取过量的或即食性肉制品，最好选择一些蛋白质和脂肪含量较低的食物，多吃蔬菜和鱼肉，可以常吃荞麦面和海藻类食品。

太阴体质

从身体特征上来说，太阴体质的准妈妈往往身材高大，肠胃发达，可能还会有上腹部较为突出的特点，排汗量也比一般人多。

尽管太阴体质的准妈妈肝脏发达，但是肺部往往较为虚弱，支气管很容易出现一些小毛病。由于怀孕以后不可以随便服药，准妈妈一定要多加小心，尽量不要让自己感冒。

胎教法

太阴体质的准妈妈往往想法比较多，很容易头脑杂乱。这时最好听一听能令人感觉舒适的音乐，看一看通俗易懂的书籍，或者欣赏一部有趣的电影。这些都能够使过热的头脑冷静下来。

体内激素的变化往往会导致准妈妈很难调节自己的情绪，这时如果能通过冥想使自己的内心平静下来，无论对准妈妈还是宝宝都是一件再好不过的事情。

准妈妈可以想象着自己与宝宝合为一体，然后采取舒适的坐姿，慢慢地闭上双眼。刚开始时，准妈妈最好不要强求自己很快进入到冥想的状态，应通过自己的摸索逐步达到这一目标。

怀孕的初期，准妈妈可以采用盘腿而坐的姿势，并将双手轻轻地放在膝盖之上，伸直腰部，慢慢地闭上双眼，然后缓缓地进行深度呼吸。怀孕的中期和后期，准妈妈的腹部往往隆起得较为明显，再采用盘腿的坐姿就会很不舒服。这时准妈妈可以采取坐在椅子上，分开双腿，伸直腰部的姿势。

养生法

太阴体质的准妈妈一旦缺少运动，体重就很容易增长，应避免饮食过量，还要积极地参加活动并维持一定的运动量。

准妈妈如果过于肥胖，就会对自己和宝宝的健康造成不良影响，一定要多活动，争取把摄入的热量尽可能多地消耗掉。

太阴体质的准妈妈若想生出头脑聪明的孩子，应该多吃核桃、栗子和松子等食物。除此之外，梨和杏仁则可以使准妈妈的肺部变得更加健康，五味子、牛奶和牛肉对太阴体质的准妈妈也大有益处。

少阳体质

从身体特征来看，少阳体质的准妈妈的胸内器官十分发达，消化功能十分强健，但是腰部往下的部分则十分薄弱，常常会有腰痛的感觉，排泄器官也很容易出现问题。

少阳体质的准妈妈最常见的症状就是腰痛，如果平时腰部就常感不适，怀孕期间应多加注意。除此之外，少阳体质的准妈妈还很容易出现便秘的症状，所以最好能做瑜伽等运动，从而有效地缓解各种不适症状。

胎教法

对于积极而活跃的少阳体质的准妈妈来说，最好的胎教方法就是不停地说话。准妈妈可以通过电话闲聊或参加好友聚会等方式缓解压力。此外，与宝宝对话也是一个不错的办法。

少阳体质的女性平时会经常操办一些家庭活动，但是在怀孕之后，随着行动变得越来越不方便，她们就会自然而然地感受到来自怀孕的压力。少阳体质的准妈妈很容易出现便秘和上火等症状，可以通过唱歌、听音乐、冥想和运动等方式来解除压力。

养生法

少阳体质的准妈妈可以多吃一些美味的水果、五花肉和鱼肉。除此以外，食用枸杞子、黄瓜、香瓜、豆类、豆制品也可以对身体产生很大的帮助。

少阳体质的准妈妈的消化器官较为发达，可以采取少食多餐的策略。由于体质偏热，最好不要食用较烫的食物或火性偏大的药物。

少阴体质

少阴体质的准妈妈有着像种子一样存在无限可能的体质，拥有很大的发展空间和能力。少阴体质的准妈妈具有过人的独立能力和处理事情的能力，这使得她们在胎教和育儿方面比其他三种体质的人更加有利。

尽管少阴体质的准妈妈做事往往比较花费时间，但是她们总是追求完美并努力将每一件事做到位。

少阴体质的准妈妈很容易受到压力的困扰，从而变得忧郁、消极。她们的性格往往比较内向，并且喜欢较为精细的东西。

从身体特征来看，少阴体质的准妈妈的脾脏功能比较薄弱，会经常感到腹胀难受，消化功能较差，肾脏功能则非常强健。

脾脏是主管胳膊和腿的脏器，因此少阴体质的准妈妈很容易感到四肢无力，全身的骨骼也经常会有酸痛的感觉。在遇到消化障碍或消化液分泌出现问题时，她们很可能因为贫血或体液循环发生障碍而出现手脚酥麻的不适症状。

胎教法

由于少阴体质的准妈妈经常会有一些消极的想法，所以调整自己的心理状态对她们来说比什么都重要。心里想着将要出生的宝宝往往可以帮助准妈妈从消极的想法和压力中解脱出来。

轻松的散步和购物可以有效地转换准妈妈的心情，与胎儿进行胎谈也可以使准妈妈的情绪很快安定下来。

养生法

少阴体质的准妈妈最好多吃一些鸡肉，为了防止消化能力受损，应该控制食量并避免食用过于油腻的东西。让自己的身体里时常充满温暖的元气，是少阴体质的准妈妈获取健康的捷径，还要避免受凉或挨冻。

少阴体质的准妈妈如果运动少会很容易变胖，所以应该尽量多活动。准妈妈可以选择一些自己爱好的运动，并且在身体条件允许的状况下坚持练习。

少阴体质的准妈妈分娩时比其他人相对容易，因此在这一点上不必过于担心，要保持愉快和幸福的心态。

幸福妈妈胎教心得

结婚之后不久我就怀孕了，当时既害怕又担心。在和丈夫一起阅读了与怀孕有关的书籍之后，我逐渐有了一些安定的感觉。

那段时间，我非常偶然地接触到体质胎教这个概念，能够了解自身体质就可以有效地预防各种疾病，对不适症状的治疗过程也会变得轻松而有效，这一说法引起了我的兴趣。

为了了解自己的体质，我特地去了医院。在得出“接近少阴体质”这一结论之后，我开始针对自己应该吃些什么，应该怎样生活等问题进行大量的学习和摸索。由于我怀孕之前就比较丰满，所以对怀孕期间的我来说，最重要的就是减轻压力，避免肥胖。

我知道自己应该多说话并努力进行胎谈，所以我常常找隔壁的邻居聊天，还坚持不懈地与宝宝进行对话。丈夫有时也会参与到胎谈活动中。他认真的态度和积极的行动真的帮了我的大忙。在听他进行胎谈或唱童谣时，我总是感到无比的安定和舒适。

怀孕之后，我不仅在饮食上遵循着少食多餐的原则，还经常在餐后进行适当的活动，因为这样做可以防止发胖。我还常常在社区里散步或在家里做体操。

一个人在完全掌握自己的体质特点之后，就可以非常轻松地养成正确、健康的生活习惯。虽然怀孕的那段日子已经离我越来越远，但现在的我依然保持着良好的生活作息与健康状态。

如今，我的宝宝正非常健康地成长着，他属于那种在身体上和心理上都特别积极、健康的宝宝。

斯瑟蒂克胎教法

美国一对普通的夫妇生下的孩子的智商竟然都是高达160以上，他们所采用的胎教方法一时之间成为人们的话题。根据这对夫妇的名字，此胎教法被称为斯瑟蒂克胎教法，其主要内容是对宝宝说话并通过卡片教授其文字与数字。斯瑟蒂克胎教法的中心思想是，只要以父母对宝宝的爱为基础制订科学、合理的怀孕计划，并积极地将其付诸实践，就可以生下聪明伶俐的宝宝。

宝宝在出生前就开始学习了

“宝宝在出生前就开始学习了”，虽然每个人都知道这句话，但是究竟应该怎样对宝宝进行教育却是一个不折不扣的难题。对于这一点，斯瑟蒂克夫人的心中有着明确的答案，她坚持不断地对宝宝进行胎谈胎教和利用卡片传授数字和文字的卡片胎教法，是斯瑟蒂克胎教法的核心内容。

斯瑟蒂克夫人的做法是以怀孕第5个月为分界线，在怀孕的前半阶段和后半阶段采取不同的胎教方法。

其实斯瑟蒂克夫人的胎教方法并没有什么神秘之处，完全是任何人都能学会的东西。但是由于每个人对胎教的信任程度不同，努力的多少也不一样，造成了不同人之间在胎教效果上的差异。

每一个宝宝都是天才

斯瑟蒂克夫妇一直坚信“每一个宝宝都是天才”，正是在这种观念下他们从怀孕开始的时候起就坚持对宝宝说话，还利用卡片教授宝宝文字和数字。除此以外，他们的胎教方法还包括听音乐和浏览图书，以及将准爸爸和准妈妈的生活趣事用非常自然的语调说给宝宝听。

实际上，斯瑟蒂克夫人对胎教的信念并没有在一开始就达到坚定的程度，她的胎教历程是在丈夫的劝导下开始的。随着时间的推移，她逐渐意识到了胎教的必要性，对胎教的热情也自然而然的高涨起来。

斯瑟蒂克夫人心里十分清楚，不顺应自然而去人为地制造天才是一种徒劳的行为。宝宝可以清楚地察觉到父母的声音和情感，也可以分辨出话语的意图。所以斯瑟蒂克夫妇告诫人们：准父母的心中不能有一丝急功近利的思想，而应该怀着即将与宝宝相见的喜悦心情进行胎教。

进行子宫对话

斯瑟蒂克夫人究竟用了什么方法让四个女儿都那样的聪明伶俐呢？在她的胎教法中有一个不可缺少的要素，这就是所谓的“子宫对话”。子宫对话并不需要高超的技术，却是一种不可或缺的胎教手段。

准妈妈应该以比做任何事都积极的态度来对待与宝宝的谈话。在与宝宝对话的过程中，准妈妈应该把自己在日常生活中所遇到的事情非常详细地说给宝宝听，争取用语言把自己所接受的感官刺激全部表达出来。

斯瑟蒂克夫人在每次怀孕期间都会不停地和自己的宝宝对话。这些对话的直接目的并不是让宝宝进行某种学习，而是要表达自己对宝宝的爱意。

阅读有图画的书籍

童话书对宝宝有很大的益处。斯瑟蒂克夫人是一个思想较为朴实的人，但她牢记着要给宝宝朗读有美丽图画的童话书。有着色彩鲜明、文字内容丰富的图画的童话书可以把梦想、希望和友情的概念传递给宝宝，使子宫对话的内容范围变得宽广起来。

灵活地运用卡片

为宝宝讲解数字、文字和图形等概念的时候，应灵活地运用卡片。在白色的图纸上用鲜明的颜色写下数字、文字和图形等内容，然后把图纸裁剪成卡片。这是一种简单而实用的方法。

接下来，可以先简单地说明卡片上数字、文字或图形的样子，然后描述一下联想到的相关画面，最后再直接拿实际生活中的对应事物举例，给宝宝留下深刻的印象。

制作卡片的方法

文字卡片

1.准备好一叠长15厘米，宽14厘米左右的白色图纸；

2.在图纸中央用鲜艳的颜色写上很大的字；

3.按一定的标准将所有的卡片分开存放和使用。

数字卡片

1.准备一叠与文字卡片大小相同的图纸；

2.准备两套卡片写上1～10的阿拉伯数字，用10种不同的颜色给每个数字着色，但同一个数字的颜色要保持一致；

3.在相同大小的图纸上画上“+”、“-”、“=”等符号，涂上不同的颜色。

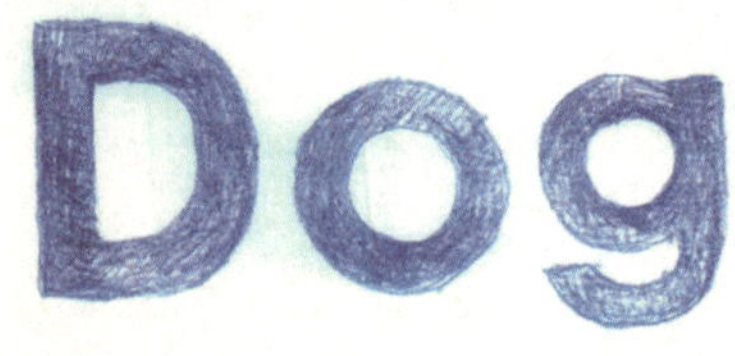

单词卡片

1.准备一叠与文字卡片相同大小的图纸；

2.在卡片的中间位置写上发音相似的单词；

3.在单词的下方画上插图，如果不擅长绘画也可以用相关内容的彩色照片或印刷品代替。

源自心底无限的爱

要想和斯瑟蒂克夫妇一样持有坚定的信念和积极的行动并不是一件容易的事，斯瑟蒂克夫妇的成功告诉我们，胎教的根源和基础是源自心底的对宝宝无限的爱，而不是某一种简单的期望或者目标，只有做到这一点，胎教这棵树才能结出最饱满的果实。

不同时期的胎教法

怀孕之前

确立怀孕计划

每次说起胎教，人们很容易会将其想象成一件从怀孕以后才开始的事情。实际上，胎教这个概念十分广泛，它涵盖了精子和卵子相遇前的注意事项，以及怀孕成功以后父母为即将降临的宝宝所提供的环境和教育。

要想让健康的精子和卵子相遇，夫妻两人就必须将精神和身体调整到最佳状态。斯瑟蒂克夫人也特别看重在怀孕前做好为人父、为人母的心理准备。丈夫和妻子要相敬相爱，随后在确定完整的怀孕计划之后，竭尽全力地创造让健康的精子和卵子相遇的良好条件。

提前做好怀孕计划也很重要。有详细的怀孕计划时，即使不能确定自己是否已经怀孕，也可以在相应的期间里有意识地回避会给宝宝造成危害的行为和言语。有关报告显示，有计划地怀孕可以大大降低畸形儿的出生概率。这种做法既可以减少准妈妈的不安，又可以达到帮助宝宝顺利度过胎内时期的效果。

可以说，怀孕计划的制定既是丈夫和妻子各自做好身心准备的过程，也是给宝宝营造安稳的子宫环境的开端。

为胎教做好准备

确定怀孕计划之后就应该开始准备孕期将要用到的胎教用品。首先需要购买的就是能够使人产生联想和希望的色彩鲜艳的图书。

虽然在怀孕后期才会用到文字卡片和数字卡片，但可以把它们事先做好并保存起来。制作的材料最好选用白色的卡片纸，并将不同的颜色搭配起来在纸上写字，争取达到一目了然的效果。

怀孕前期（从受胎开始到怀孕第16周）

多与宝宝对话

准妈妈可以把自己变成话匣子，从早上起床直到晚上睡觉把自己的所有想法、行动和感觉尽量多地讲给宝宝听。

早上醒来后可以对宝宝说：“多么清爽的早晨呀，宝宝你睡得好吗？”接着在穿衣服时说：“今天穿什么衣服呢？”可以用这样的方式把日常生活中的琐事详细地讲给宝宝听。

在散步或者逛街时准妈妈可以把周围的景物描述给胎儿。天上的云朵、玩耍的孩子、橱窗里漂亮的衣服和道路上穿梭的汽车都可以是描述的对象。准妈妈若能饶有兴致地观察，就可以给宝宝带来感官上和认识上的刺激，从而让其得到丰富的间接体验。

这种进行胎谈的习惯可以使准妈妈和准爸爸更加清晰地意识到宝宝的存在，并迅速传达对宝宝的爱。从怀孕的那一瞬间起，我们就应该把宝宝当作实际存在的对象，在此基础上与宝宝进行积极的交流和对话。

多看有图画的童话书

阅读色彩丰富、内容生动的童话书可以使宝宝的想象力和独创能力得到提高。

斯瑟蒂克夫人曾回忆说，她在怀孕2个月时就开始阅读一些画有动物图片的童话书，那些书籍给她带来一种朴素而美好的感觉。

其实，在进行胎教时宝宝到底能不能理解书里的内容，甚至能不能清楚地听到准妈妈的声音都不重要。对于此刻来说，最重要的是准妈妈是否能够带着兴趣去阅读，并从中感受到乐趣。

阅读的时候，准妈妈要注意根据故事的情节把自己喜、怒、哀、乐的感情用抑扬顿挫的声音表达出来。在厌倦甚至是反感的状态下阅读毫无用处。为了不让自己感到厌倦，准妈妈可以买很多本童话书轮换着阅读。

斯瑟蒂克夫人说，宝宝也对童话书有着自己的偏好。宝宝喜爱那些色彩鲜明、画面简洁的图书。此外，书中最好不要有太多的文字，文字不要超过整个页面的50%。

欣赏音乐或哼唱歌谣

准妈妈应该根据自己的喜好为宝宝播放音乐，或是直接哼唱歌谣给宝宝听。最好选择一些旋律平缓而优美的音乐或歌谣。让宝宝倾听音乐可以丰富宝宝的感性认识能力，并陶冶其情操。

准妈妈和准爸爸可以把宝宝的小名创作到歌词里再唱给宝宝听，也可以把平时喜爱的几首曲子录到一起连续播放，这些做法都会使胎教的效果得到提升。

让宝宝经常听到准爸爸的声音

准爸爸的声音较为低沉，比准妈妈的声音更容易让宝宝听到。一般情况

下，准爸爸陪在宝宝身边的时间十分有限，大多数宝宝对准爸爸的声音并不是特别的熟悉。为了让宝宝熟悉自己的声音，准爸爸应该每天固定拿出一点时间跟宝宝交流。

其实，与宝宝交谈并不需要做什么特别的准备，只要用柔和的声音把日常的琐事说出来就行了。在进行胎谈时，准爸爸要和准妈妈的腹部距离保持在50厘米左右。

怀孕后期（从怀孕17周到分娩）

用数字卡片教宝宝

5个月以上的宝宝已经具有了学习数字的可能，与宝宝谈话内容也就变得更为丰富了。

怀孕之前就制作完的数字卡片可以在这时派上用场了。取出画有数字的卡片并仔细观察每一个卡片的形状和色彩，直到脑海中的印象变得十分鲜明为止。接着对这些数字的外观和它们的作用一一加以说明，用各种各样的方法使宝宝产生相应的认识。

例如，在看到“1”这个数字时，可以把它描述为“把铅笔竖起来的模样”、“跟黄瓜差不多”，然后拿起身边的某一样物体，说出类似于“1本书”这样的短语。一定要在观察对象的同时用清晰的声音把“1”这个数字表达出来。

斯瑟蒂克夫人一直认为准妈妈和宝宝共同思考的过程能够使宝宝的脑部受到有益的刺激。准妈妈可以在提出“把这边的1个苹果和那边的1个苹果加起来，一共是几个苹果呢？”这样的问题之后，认真地看着放在一起的苹果，体会与宝宝一起思考的感觉，然后再说出“2个”的答案。计算完之后还不要忘记做出“你真行”这样的夸奖和称赞。

用文字卡片教宝宝

宝宝的记忆能力从怀孕第6个月开始提升，在怀孕第8个月时逐渐稳定下来。从第6个月开始对宝宝进行文字教育往往可以取得最佳效果，每天教授其5个韵母或声母是比较合适的做法。

在此基础上，还可以让宝宝接触一些汉字，应该正确读出这个字，并用手指写出来。可以把每一个字再组3个词，最好能把与每个单词相关的画面也一起描绘出来。

散步

散步对准妈妈来说是一项非常有益的运动。它既可以让准妈妈接触到新鲜空气，又可以达到锻炼的效果，还可以给宝宝带来各种各样的体验。

在散步的同时可以把所看到的事物描述给宝宝听。路边的行人、五颜六色的物体、季节的变化以及刮风的景象都是很好的描述对象。

散步时速度过快，或是时间太长很容易使准妈妈感到疲劳，因此准妈妈在散步时最好能做到闲庭信步。除此之外，准妈妈应该在自己的身体状况比较稳定的时候去散步。

阅读童话书

准妈妈可以借助童话书让宝宝了解勇气、情义和友谊等概念。

童话书中的图画可以帮助准妈妈将自己身边难以接触到的东西表达出来。准妈妈可以通过自己的声音把图画里的各种动物、植物、人物、景色等展现给宝宝。

在阅读的过程中，准妈妈也可以让自己的脑海中浮现出一幅幅画面，然后将它们活灵活现地转述给宝宝。

日常生活中的小事情

准妈妈将日常生活中产生的想法和感情说给宝宝听，会明显提高宝宝智力。“硬邦邦的”、“软绵绵的”、“甜丝丝的”……把这些通过感觉器官接收到的信息直接表达出来，就可以使宝宝很快对其产生认识，并起到使宝宝自身的感觉变得更加灵敏的效果。

准爸爸的声音

在怀孕的后期，宝宝的听觉变得像成人一般发达，能够听到许多外部的声音并敏锐地做出反应。准爸爸的声音不仅能够让宝宝的心情变得愉快，更能够对宝宝的脑部起到刺激的作用。

让宝宝从胎儿期开始对父亲产生信赖感是非常重要的。为了达到这一目标，准爸爸应当用清晰、柔和的声音将自己的工作、期望或兴趣爱好一一讲述给宝宝听。

宝宝在成长的过程中会自然而然地产生求知欲和好奇心，其情感也会变得越来越丰富，并最终成长为一个聪明伶俐的宝宝。

有些准爸爸往往会以没时间为借口，在胎教上表现出懈怠的态度。其实在胎谈这种事情上，真正起决定性作用的不是时间的多少，而是对宝宝的爱。

幸福妈妈胎教心得

得知怀孕的消息之后，我和丈夫做的第一件事就是去逛书店，这样做的目的是为了获取与胎教有关的知识。我们看到有很多同类书，其中一本叫做《斯瑟蒂克胎教圣典》的书引起了我们的注意。买回家之后我们一口气读完了由斯瑟蒂克夫妇所写的这本书。

这本以斯瑟蒂克夫妇的经历写成的书，给人一种非常可靠的感觉。它详细地记录了斯瑟蒂克女士生下4个天才女孩的过程。“胎教中最重要的就是对胎儿的爱”这种思想贯穿全书始终，它呼吁人们把对胎儿的爱当作一切行动的开始，然后借助各种认知学习活动来帮助宝宝健康地成长。

我的丈夫读完这本书以后也对胎教产生了浓厚的兴趣。“宝宝在出生前就开始了学习”，我们对这句话深信不疑。我和丈夫一起制作了卡片并用它们来玩游戏，我们还一起读了很多美丽的童话故事。尽管丈夫下班回来已经很疲倦了，但是仍然坚持每天都让宝宝听到他的声音，有时为宝宝读书，有时为宝宝唱歌。

在运用文字和数字让宝宝进行认知学习的过程中，我们一开始还有些放不开，心中也有那么一点疑虑的感觉。但是随着时间的推移，我们的信念变得越来越坚定。我们并不是非要生下天才，而只是想让宝宝从胎儿时期开始就感受到父亲和母亲的爱。

生下漂亮女儿的那一天，简直不能用文字来表达我们欣喜的心情。女儿出生之后不知道是不是因为记得爸爸的声音，每次丈夫给她读书时都会露出开心的笑脸。尽管她的年龄还小，但我们已经在她身上看到了斯瑟蒂克胎教法的成效。

附录：准妈妈饮食禁忌

准妈妈忌摄入过多糖分

准妈妈摄入过多糖分会对宝宝产生不利影响。

准妈妈如果大量摄入糖分，会引发妊娠糖尿病。妊娠糖尿病不仅影响准妈妈健康，对宝宝的生长发育也构成严重危害。妊娠糖尿病除易引发准妈妈感染、流产、早产、羊水过多外，还会因母体血糖水平过高、体重增加而造成宝宝巨大，从而导致分娩困难，增加难产、剖宫产及产后出血的发生概率。

因此，准妈妈应合理安排饮食和保持良好的生活习惯。水果的补充最好是在两餐之间，每日最多不能超过300克，并应尽量选择含糖量低的水果，或以蔬菜代替，如西红柿、黄瓜等，千万不要因为贪嘴而无限量地吃高糖分水果。

准妈妈忌吃油条

准妈妈摄入铝过量对宝宝的大脑发育极为不利。

炸油条时，每500克面粉能炸10根油条，需要用15克明矾，也就是说，如果准妈妈每天吃两根油条，就等于吃了3克明矾。而明矾是一种含铝的无机物，这些明矾中含的铝会通过胎盘侵入宝宝的大脑，导致宝宝大脑障碍，增加痴呆儿的概率。

准妈妈忌多吃动物肝脏

准妈妈需要吃一些动物肝脏，以补充足够的维生素A，但不宜食用过多。这是因为肝脏中维生素A的含量极高，过量食用动物肝脏会发生维生素A中毒，从而导致宝宝畸形。

准妈妈忌食螃蟹和甲鱼

螃蟹、甲鱼等水产品有活血软坚作用，孕早期食用后会增加胎盘出血、流产的概率。螃蟹有活血化瘀的功效，尤其是蟹爪有明显的堕胎作用；甲鱼有较强的通血络、散瘀块作用。

准妈妈忌多吃山楂

山楂有收缩子宫的作用，所以准妈妈应少吃山楂。

准妈妈忌多饮冷饮及汽水

怀孕后，人体的胃肠功能减弱，冷饮会使胃肠血管突然收缩，致使消化功能进一步减弱，导致腹泻、腹痛等症状。汽水会消耗准妈妈体内的铁质，从而导致贫血，影响宝宝的发育。

准妈妈忌食木耳菜

木耳菜别名落葵、藤菜、承露、无葵、软浆叶、篱笆菜、御菜等。木耳菜以幼苗、嫩梢或嫩叶供食，质地柔嫩软滑，营养价值高。其味清香，咀嚼时如吃木耳一般清脆爽口，故名木耳菜。但是，木耳菜性属寒滑，有滑利凉血的功效。多吃木耳菜会造成准妈妈流产，所以准妈妈应忌食，尤其是在怀孕早期以及有习惯性流产（即中医所说“滑胎”）的准妈妈，更应忌食。

准妈妈忌多吃火锅

羊群中弓形虫的感染率为61.4%，猪为0.6%，牛为13.2%，鹅为35%，狗尤为惊人，达70%以上。而弓形虫的幼虫往往藏匿在这类受感染的动物肌肉的细胞中，肉眼是无法看到的。人们吃火锅时，习惯把鲜嫩的肉片放到煮开的开水中稍微一烫就拿出来吃，这种短暂的加热并不能杀死寄生在肉片细胞内的弓形虫幼虫（寄生虫卵），可能使人受到传染。准妈妈食用后，可给母体造成危害，而且准妈妈感染时并无明显不适，或仅有类似感冒的症状，往往易被忽视。但弓形虫的幼虫可通过胎盘传染给宝宝，严重时可发生流产、死胎或影响宝宝脑的发育，而发生小头、大头（脑积水）或无脑儿等畸形。因此，为了使宝宝能够健康发育，准妈妈不宜多吃火锅，偶尔食用时，一定要将肉片煮熟煮透。

准妈妈忌多食酸性食物

很多女性在怀孕初期常出现恶心、呕吐等妊娠反应，而我国民间有用酸性食物缓解孕期呕吐的做法，甚至有些人还滥用酸性药物止呕，故有“准妈妈爱吃酸”的经验之谈。

其实，孕期多吃酸性食物并不好。近来国外研究指出，酸性食物和药物是致畸胎的元凶之一。研究人员分别测定了不同时期宝宝组织和母体血液的酸碱度（pH值），认为在妊娠最初半个月左右，不食或少食酸性食物或含酸性的药物（如维生素C、阿司匹林等）为好。

孕期忌专吃精米、精面

人体中含有氢、碳、氮、氧、磷、钙等11种常量元素（占人体总重量的9.95%），还有铁、锰、钴、铜、锌、碘、钒、氟等14种微量元素（只占体重的0.01%），称为微量元素。

对准妈妈和宝宝来说，人体必需的微量元素非常重要，一旦缺乏，会引起更严重的后果。准妈妈在生活中应注意不偏食，尽可能以未经过细加工过的食品作为热量的主要来源，例如，少吃精制大米和精制面等。这些食品中含有人体必需的各种微量元素和物质（铬、锰、锌和维生素B_1、维生素B_6、维生素E等），这些营养素在精制加工过程中常常被损失掉。所以越是多吃精米、精面的人，越缺乏上述必需的微量元素和维生素。有的准妈妈和新妈妈不了解这个道理，专吃精米、精面，结果反而造成营养缺乏。

准妈妈忌多食方便食品

一项新的研究表明，准妈妈营养不良会造成新生儿体重不足。这些准妈妈吃得太少，过分依赖方便食品，尤其是在怀孕的前3个月，虽然摄入了足够的蛋白质，但必要的脂肪酸却不够。

研究人员发现，那些生下瘦小婴儿的母亲，在怀孕的前3个月平均每天仅消耗1304卡热量，比通常推荐的摄入量几乎少了1000卡；她们摄入的蛋白质和脂肪较少，多种维生素和矿物质的摄入量也较低，主要是她们吃方便食品太多，营养供应不足所致。科学研究表明，在怀孕早期，要形成良好的胎盘及其丰富的血管，特别需要脂肪酸，这对宝宝大脑的发育也有益处。奉劝准妈妈，千万不要过多地食用方便面之类的方便食品。

准妈妈忌吃罐头食品

罐头食品是食物经过加工，加入调料及适量防腐剂，并密封消毒而制成的。它具有营养丰富、食用方便、容易保存等特点，深受人们喜爱。一般说来，只要购买罐头食品时注意出厂日期、保存期限以及罐内食品质量，饮食都是安全的。但罐头食品在制作、运输、存放过程中如果消毒或密封不严，可导致食品受细菌污染，一旦细菌在罐内生长繁殖，可产生对人体有害的毒性物质，食入后可造成食物中毒。因此，怀孕后，为了母体的健康和宝宝的安全，若能够吃到新鲜的鸡、蛋、鱼、肉和新鲜的蔬菜、水果等食物，最好不要吃罐头食品，以防误食变质的罐头。